U0948193

价格博弈

赵立新 张更华 鲁杰钢 等 编著

中国市场出版社
China Market Press
·北京·

图书在版编目（CIP）数据

价格博弈：上市公司并购中的估值与定价 / 赵立新等编著. —北京：中国市场出版社有限公司，2021.10

ISBN 978-7-5092-2120-4

Ⅰ. ①价… Ⅱ. ①赵… Ⅲ. ①上市公司-企业兼并-估价-研究-中国 Ⅳ. ①F279.246

中国版本图书馆 CIP 数据核字（2021）第 197053 号

价格博弈：上市公司并购中的估值与定价

JIAGE BOYI：SHANGSHI GONGSI BINGGOUZHONG DE GUZHI YU DINGJIA

编　　著：赵立新 张更华 鲁杰钢 等

责任编辑：宋　涛

出版发行：中国市场出版社

社　　址：北京市西城区月坛北小街 2 号院 3 号楼（100837）

电　　话：（010）68034118/68021338

网　　址：http：//www.scpress.cn

印　　刷：河北鑫兆源印刷有限公司

规　　格：170mm×240mm　1/16

印　　张：18.5　　**字　　数：**250 千字

版　　次：2021 年 10 月第 1 版　　**印　　次：**2021 年 10 月第 1 次印刷

书　　号：ISBN 978-7-5092-2120-4

定　　价：68.00 元

《价格博弈：上市公司并购中的估值与定价》

编 写 组

组　长： 鲁杰钢

成　员： 俞明轩　蔡曼莉　左　迪　韩斐冲　段毅宁　钱　程
陶玏艺　李　博　孟鸿鹄　李亮节　郝坤鹏　郭宇琛
王新东　雒　京　张　辉　许　曦

本书主要内容源自中国资产评估协会

“上市公司并购重组企业价值评估和定价研究”课题

课题组主要成员

赵立新　鲁杰钢　马　骁　陈　洁　俞明轩

序言

资本市场是我国现代金融体系中的重要组成部分。从服务国企改革起步，到中小板、创业板、新三板、科创板、北交所相继推出，中国资本市场已经形成全方位多层次格局，并发展成为全球市值规模第二大市场。截至2020年年底，沪深两市上市公司已经超过4000家，总市值近90万亿元。与此同时，资本市场作为资源有效配置的场所，通过上市公司并购重组为诸多优良企业提供了资源整合、优化行业结构、提升市场竞争力的高效平台。

并购重组交易中，企业价值评估和定价涉及并购双方的核心利益，是双方的关注焦点和交易的核心环节，也是最为复杂的并购课题。随着上市公司并购金额、数量的快速增长，交易形式的日益多样化，上市公司治理的逐步完善，目前国内绝大部分上市公司并购重组的定价都依赖于专业机构提供的估值意见。企业价值评估不仅为并购定价提供了参考依据，同时也为并购双方厘清重组后发展战略，把握和控制并购风险提供全面审视的专业意见。随着我国资本市场的不断发展，监管制度和市场机制的日益完善，并购重组的价值评估不断创新和完善，并购重组的定价机制越来越成熟和市场化。然而，并购重组交易的定价工作是复杂的、综合性的工程，其首先需要基于目标资产或股权的公允价值，同时又受到多重因素的影响。特别是对于上市公司而言，并购重组交易尤其是关联交易的定价，不仅会涉及市场定价机制的运作及交易双方的利益分配，还涉及是否损害中小股东利益。而从近年监管政策的演变和上市公司并购实践来看，我国上市公司并购定价的确定目前主要依据企业价值的评估结果，差异化定价实践不足，有必要进一步强化对交易对价相关因素的讨论研究。

上市公司并购重组已成为资本市场规范发展和资源整合的最重要途径之一。科学合理的估值是上市公司并购重组合理定价的基础和前提，资本市场监管部门本着公开、公平、公正的原则与立场，从提升资本市场资源配置水平出发，发挥专业评估机构的作用，在合理估值基础上推动建立有效的定价机制。因此，对于当前资本市场并购重组企业价值评估和定价中遇到的这些新形势新情况，本书在完成中国资产评估协会“上市公司并购重组企业价值评估和定价研究”课题的基础上，以问题为导向，根据国内的实际情况提出有关我国并购重组企业价值评估的意见和建议，进而寻求解决方案，完善价值评估理论和方法。同时通过国际比较与借鉴，理论与实务结合，剖析国内上市公司并购重组中的估值与定价关系，就完善我国上市公司并购重组定价机制提出相关建议。凡此成果，对更好发挥专业机构在并购交易定价中的作用，打造健康活跃的并购市场，进一步提升上市公司质量也大有裨益。希望本书能从源头揭示上市公司并购重组中价值评估与定价的内在逻辑，引导建立科学合理的价值评估和定价机制与体系，营造良好的外部市场环境，在合理估值基础上，推动建立有效的定价机制，为上市公司并购重组中的价值评估和定价实践提供参考。

中国资产评估协会会长

贺 旭 红

目录

引　言

2020 年的中国并购活动继续活跃。中国政府的对外开放政策，以及“产业升级”、“双循环”、区域经济一体化等政策和战略正在影响中国并购市场。《区域全面经济伙伴关系协定》（RCEP）也将为中国和东亚带来机会，大幅提升中国优势产业和优秀企业的全球竞争力，推动更多有实力的中资企业“走出去”。截至 2020 年底，沪深两市上市公司已经超过 4000 家，总市值达到 79.72 万亿元，形成了主板、创业板和科创板并存的格局，随着资本市场的发展，上市公司与非上市公司、上市公司资产与非上市公司资产之间出现了相互注入、互换、置换等不同类型的资产交易。这些交易的目的从最初的挽救企业危机发展成为现在的实现产业升级、结构调整和提升竞争力，其中以重大资产注入表现尤为突出。2015—2020 年境内上市公司并购重组共完成 9803 单。

随着国内上市公司并购重组活动日益活跃，在并购重组交易中，价格的确定是最重要的核心问题，也是交易各方关注重点。并购重组交易定价需要基于目标资产或股权的公允价值，但在目标资产或股权公允价值的基础上定价又会受到多重因素的影响，比如交易的商业驱动、交易的特殊背景和情况、交易双方的博弈、议价能力和预期、买方的支付对价形式及成本、交易方案及结构的设计等多种因素。

特别是对于上市公司而言，并购重组交易，尤其是关联交易的定价，不仅涉及市场定价机制的运作及交易双方的利益分配，还涉及是否损害中小股东利益的问题。随着我国资本市场的不断发展，监管制度和市场机制的日益完善，并购重组的定价机制也越来越成熟和市场化。目前，上市公司并购重组主要交易类型中，要约收购和吸收合并等交易的定价机制已出现了市场化的趋势。对于发行股份购买资产的交易，目前的定价制度设计仍有一定局限。作为我国资产市场目前最为主要的一种交易类型，发行股份购买资产的定价制度需要进一步研究和优化，如何对企业资产进行合理估值定价已经成为社会和市场重点关注的问题。只有真实客观地对并购重组中涉及的企业进行评价，才能在交易中确保各方利益得到公平有效的体现。这就从客观上要求对企业价值估值和定价方法和理论的研究更加深入。

同时对于并购双方来说，交易对价的确定除了企业估值的核心要素的因素外，还与控制权、流动性、协同效应等因素有关，但是当前传统企业价值评估在支付方式不同、收购股份比例不同、协同效应量化、并购对象稀缺性等方面的考虑还存在一定局限，而从近年监管政策的演变和上市公司并购实践来看，我国上市公司并购定价的确定目前主要依据企业价值的评估结果，但差异化定价实践不足，非价值因素考虑相对欠缺，因此有必要进一步强化对交易对价相关因素的讨论研究。总结如何合理地对并购重组企业进行价值评估和定价，其中重点需要解决以下几方面的问题：

1. **合理应用企业价值估值方法**

不管采用哪种评估模式，都涉及三种基本评估方法，即市场法、收益法和资产基础法。考虑到产业并购一般购买的是盈利性资产，收益法是最常见的评估方法。市场法包括可比交易法、可比公司法，是成熟市场最常见的估值方法。在A股市场现在适用也越来越多。在意向性谈判阶段，双方一般使用市盈率法来取得共识，市盈率法也属于市场法评估的范围。估值是双方交易谈判的结果，可能受到多种因素的影响。上市公司本身的股价、拟定的股份发行价格、标的公司所处的行业成长性、盈利预测、增长率、方案设计等各种因素均会对估值和定价产生影响。市场化并购中的估值和定价并不是独立的单一的要素，而是多角度综合评判。

2. **并购重组中价值评估与定价的关系**

估值和定价均是并购重组交易的两个核心环节，是两个独立的过程。并购交易价格的确定基于目标资产或股权的公允价值，但在目标资产或股权的公允价值的基础上，一宗并购交易最终价格的确定又会受到多重因素的影响。比如是否获得控制权，获得的股份是否具有流动性，交易所能产生的协同效应，买方的支付对价形式及成本等。此外，定价也是由市场供需决定，是交易双方博弈的体现。因此，并购重组交易的定价工作是一项复杂的、综合性的工程。

目前国内企业价值估值和定价所依据的理论和使用的方法多是借鉴国外相关经验发展而来。这些理论和方法为企业价值评估和定价的开展奠定了基础，为相关行业的发展完善提供了帮助。但是，由于我国宏观经济环境和制度环境与国外有较大差异，这些理论和方法在实践中的运用也遇到了一定的问题。

3. **完善上市公司并购重组监管的体系和举措**

上市公司并购监管的重心之一应当是对交易定价的公平性和合理性的信息披露进行监管，提高估值透明度，从而保护中小股东和关联方的利益。目前，对上市公司并购估值的监管主要涉及两个方面，即上市公司并购和重大资产重组。通过改善外部环境，加强制度建设，形成联合监管，促进上市公司并购，促进资产市场健康发展。

将结合上市公司并购重组中企业价值评估实施情况的研究，分析企业价值评估在并购重组中的作用以及并购重组的实践对评估技术发展的作用，探究资产评估和财务估值两种企业价值评估体系的特点，梳理各类评估方法在资本市场的运用情况，归纳总结各种评估方法的使用特征，发现不同评估方法在实践中产生的问题，根据国内的实际情况提出我国并购重组企业价值评估的意见和建议，进而寻求解决方案，最终达到完善价值评估理论和方法的目的。此外，本课题还将通过国际比较与借鉴，结合理论研究，剖析国内上市公司并购重组中的评估与定价的关系，为完善我国资本市场上市公司并购重组定价机制，提出相关建议。

4. **区分定价与估值责任**

从我国资本市场的发展现状来看，上市公司并购重组交易中参考评估结果进行定价具有一定的必要性和合理性，对于维护中小投资者的利益起了重要的作用。但是对于独立的第三方评估机构而言，仅是对于交易资产定价方面提供了估值意见，其估值结果具有一定的参考性，并非是该项资产的定价，需要对估值责任和定价责任进行一定的区分。

本书共 8 章，主要内容如下：

第一章，主要论述企业价值评估和定价“是什么”和“为什么”的问题，逐步阐述“企业”“企业价值”“企业价值评估及定价”“并购重组中的企业价值评估和定价”等概念，进而分析了并购重组与企业价值评估的相互促进作用，提出了企业价值评估及定价在并购重组中的重要性。

第二章，主要阐述了 2015—2020 年境内境外上市公司的并购重组情况、各行业的活跃度、宏观因素对并购重组的影响以及通过案例分析讲述如何选用上市公司并购重组评估方法。

第三章，深度剖析了并购重组中评估方法，结合数据分析收益法、市场法和资产基础法的实务操作和运用情况。

第四章，阐述了投资价值和协同效应的定义，通过实操案例分析和现状分析其作用，并对其提出了有关应用场景的建议。

第五章，主要介绍境外并购重组估值与定价体系的特点及估值和定价实践中需要考虑的重要因素，并结合典型案例分析，为企业价值评估与定价在并购重组中应用提供国际比较与借鉴。

第六章，阐述新经济企业的并购现状及特征。探索新经济企业在评估方法上的运用，结合案例分析其在实务中的可实现性并对于如何更好地促进新经济企业并购市场提出建议。

第七章，阐述了并购重组交易定价时的重要考虑因素，并在分析研究境内并购重组现行定价方式和相关规定基础上，提出了关于完善境内并购重组交易定价机制的相关思考。

第八章，主要对本书的研究结论进行归纳、汇总，并在此基础上，对上市公司并购重组企业价值评估和定价的发展领域和方向进行了展望，有针对性地提出了制度及监管政策建议。

第一章

企业价值评估及定价概述

估值和定价均是并购重组交易的两个核心环节，目前国内估值和定价所依据的理论和使用的方法多是借鉴国外相关经验发展而来。这些理论和方法为企业价值评估和定价的开展奠定了基础，为相关行业的发展完善提供了帮助。首先我们在理论定义上需要先对估值及定价进行一定的区分，清晰表明估值和定价的关系是相互独立、相互依存的。

第一节 企业价值概述

一、企业

古典经济学认为，企业是把土地、劳动、资本和管理等生产要素组织起来，进行讲究效率的经营，以达到创造利润的目标[1]。马克思认为，企业是商品生产的物质承担者，也是商品价值的承担者。企业的生产经营过程，是价值形成、价值增值和价值实现过程的统一，而价值规律的作用，本质上要求企业最大限度地追求经济利益和效率。从现代企业的一般特征看，企业是重要的微观经济活动主体，是产品及劳务的生产经营单位，是从事生产经营活动的最基本的经济组织。科斯（1973）从交易费用的角度研究了为什么企业会存在，并指出企业的边界存在于当企业内部组织一笔额外交易的成本等于在公开市场上完成这笔交易所需的成本时的一点。因此，企业是社会生产力与社会生产关系有机集合的产物。企业是以提供产品、服务以及资本为手段，以实现资源增值为目的的经济实体。企业的本质是多种合同或契约的综合体。企业是社会生产力发展到一定阶段的产物，更确切地说，是商品生产的产物。

企业是指由各个要素资产围绕一个系统目标，发挥各自特定的功能，共同构成的具有生产经营能力和盈利能力的有机载体及其相关权益的集合

[1] 俞明轩．企业价值评估［M］．北京：中国人民大学出版社，2004：2.

或总称[1]。企业包含的要素有资产、契约、利益相关者、持续经营这几个方面。

二、企业价值

从企业的经营目的看，企业价值是企业在特定时期、地点和条件约束下所具有的持续获利能力。在管理学领域，企业价值为企业遵循价值规律，通过以价值为核心的管理，使所有与企业利益相关者（包括股东、债权人、管理者、普通员工、政府等）均能获得满意回报的能力。在金融经济学领域，企业的价值是该企业预期自由现金流量以其加权平均资本成本为贴现率折现的现值，它与企业的收益能力密切相关，体现了企业资金的时间价值、风险以及持续发展能力。

（一）不同视角的企业价值观点

1. 劳动价值论之企业价值观

商品的绝对价值来源于商品消耗的无差别人类劳动，即生产商品所花费的社会必要劳动时间。价值是商品的社会属性。价值不可能在交换、分配、消费领域产生，只能在生产领域中产生。商品价值是交换的基础，它不能等同于由市场交易决定的、表现为一定货币量的商品价格。也就是说劳动是价值的唯一源泉，价值决定价格，市场上商品的交换都是以内在价值为基础，价格围绕价值上下波动。

2. 边际效用理论之企业价值观

商品的价值由商品为其占有者带来的效用所决定，占有企业的效用就

[1] 俞明轩，王逸玮．资产评估［M］．2 版．北京：中国人民大学出版社，2020：226.

在于企业能够带来未来预期收益，未来收益决定着企业的价值。企业的未来收益体现在未来现金的流入，而现金是有时间价值的。因此，为了估算企业的现时价值，就必须把未来的现金流量按照一定的贴现率折为现值，这正是收益法评估企业价值的基本思想。

3. **均衡价格理论之企业价值观**

企业价值来源于生产和消费两个方面。生产方面（成本）主要是企业获得或重建各项单项资产的价值。购买方面是指企业购买者对企业的综合评估，即购买者能够得到的效用水平。在市场经济条件下，企业的价格由供需双方共同决定，并受市场经济条件影响。市场达到供需均衡时的价格就是企业的价值。

4. **期权定价理论之企业价值观**

这一观点受新经济时期的市场特征和高新技术企业的发展启发，认为企业价值是由企业的未来获利能力决定的。企业的未来获利能力包括两部分，即企业在现有基础上的预期获利能力，以及潜在的获利能力（企业当前尚未形成但以后可能形成获利能力的投资机会）。因此，企业价值是企业现有的各种经营业务所产生的未来现金流量的贴现值与企业所拥有的潜在的获利机会的价值之和。

（二）企业价值的特点

在市场经济条件下，企业作为一种特殊的商品，可以买卖和交易，也具有价值、使用价值和交换价值。企业价值本质上是企业资源配置和利用的反映，是企业效率的综合体现。企业价值具有如下特征：

1. **企业价值具有持续性**

对企业而言，其价值的体现，不但反映了过去和现在，最重要的是未来获利的能力。企业价值的实现是一个长期的过程。企业价值反映了企业利益相关者对企业未来实现其利益要求程度的预测，尤其是对企业未来盈利能力的预期。这种预期越强，企业价值越大。另一方面，企业价值反映的是企业管理者对企业的一种管理预期，它既包含企业管理者对企业经营外部环境的预期因素，又包括管理者对其自身管理能力的一种判断。因此，企业价值实际上是企业在未来时期有效配置和利用资源的能力的体现。企业可持续盈利能力越强，意味着企业在未来可预见时期内越有望获得足以补偿各项成本并稳定增长的现金流量，从而企业价值越高。

2. **企业价值具有整体性**。

企业价值是一个涵盖内容丰富的概念，是衡量企业整体状况、属性和业绩最全面、最准确的指标，因为它包含了企业有形资产和无形资产的全部状况。企业价值的内容不但包括内部资源的配置、运用、管理能力，以及企业整体资产的规模，还包括所有涉及的企业外部的影响。企业的整体价值是由企业各种资产通过有机组合产生的。当企业内部各种资产和各类资源配置合理，并得到有效利用时，企业的整体价值将大于企业各单项资产的价值之和。

3. **企业价值具有多元性**

企业是众多利益相关者的契约连结体，其经营的主要目的就是为这些利益相关者带来收益，创造财富，并承担社会责任，即为客户、股东、员工、债权人、社会等相关群体创造价值，并对其承担责任。因此，企业价值不仅仅是企业经营状况的全面反映，而且是企业利益相关者利益的最佳体现。这就需要管理者注重发展企业的持续竞争力，使企业实现可持续发展。

4. **企业价值具有可估计性**

不同的信息需求者由于偏好、判断能力和视角不同，对同一个企业的企业价值的评估会得出不同的结果。正因为企业价值表现出这种属性，人们建立了多种计量企业价值的方法来估计持续经营状态下的企业价值，从而可以从不同的角度来认识和理解企业价值。

第二节　企业价值评估与定价理论及文献综述

企业是价值、使用价值和交换价值相统一的一种特殊商品，而企业价值评估的任务就是要评估这个特殊商品的价值。企业价值评估也称公司价值评估，是指对企业的整体盈利能力进行综合评判，从而得出其价值的活动。中国资产评估协会2018年发布的《资产评估执业准则——企业价值》中，对企业价值评估的定义为：资产评估机构及其资产评估专业人员遵守法律、行政法规和资产评估准则，根据委托对评估基准日特定目的下的企业整体价值、股东全部权益价值或者股东部分权益价值等进行评定和估算，并出具资产评估报告的专业服务行为[1]。国际评估惯例中，当交易对象为企业股东（或投资人）权益或部分权益时，对此进行的评估一般称之为企业价值评估。

一、估值与定价理论

综观西方财务理论界对企业价值的研究，可以看到有三条路线。第一条路线是研究资本结构与企业价值之间的联系，试图寻找一些规律，以MM定理为开端；第二条路线是从资产定价的角度探讨企业价值问题，以

[1]《资产评估执业准则——企业价值》第二条。

CAPM 为代表；第三条路线是探讨如何通过更多有效的方法来评估企业的价值，从而发现市场中的投资机会。这三条路线的研究相互影响、相互渗透、相互借鉴[1]。

（一）估值理论概述

根据以有效市场理论为代表的传统金融理论，资产的价格应该完全理性地反映其基本价值。但是自 20 世纪 80 年代以来，随着金融学在理论和实证方面的发展，人们发现了越来越多传统金融学无法解释的金融市场异象。传统金融理论的某些基本假设与投资者在金融证券市场上的实际投资行为是不相符的，而且，大量的实证研究发现，金融产品的价格经常偏离其基本价值，从而产生投机泡沫。例如，Shiller（1979、1981）认为经济的基本因素不能解释债券和股票价格的超常波动性。Mehra 和 Prescott（1985）发现股票投资的历史平均收益率比债券投资要高很多，这个收益率的差距无法用风险来解释（股权溢价之谜）。由此，他们发表了经典文章《股票风险溢价，一个谜》。West（1988）的研究表明，理性投机泡沫和传统的收益确定模型也都不能解释股票价格的波动性。如果市场对资源的配置是有效的，那么只有当新信息改变了投资者对股息的预期时，证券市场价格才会改变。但在现实中，却普遍存在证券价格偏离内在价值或基本价值的现象。这种偏离究竟由什么原因所导致？基于 EMH 的传统金融理论难以解释这些异象，因而金融经济学家尝试从其他角度进行金融证券研究的创新和发展，通过研究投资者实际行为和证券市场真实价格变化来探讨其深层次的原因。而建立在投资者心理和行为及社会学基础之上，并融合了传统经济学和金融学所形成的行为金融学，对证券市场上的资产价格偏离和其他“异象”给出了比较合理的解释。

---

[1] 周炜．企业价值分析［M］．北京：中国人民大学出版社，2008.

国内学者对企业价值评估和资产评估理论与方法进行了大量的创新性研究工作。王少豪（2001）结合高新技术企业的特点，分析了三种基本评估方法在我国高新技术企业评估中的应用特点及利弊。王国平和徐扬东（2009）从创业板的角度进行了分析并认为，创业板上市公司的估值方法主要有绝对估值法、相对估值法和实物期权法。绝对估值法和实物期权法在我国应用价值不高，建议按照投资价值进行合理估值，并以其他方法进行补充，折算出一个投融资双方均能接受的价格。

刘水兵（2020）指出，目前实务界在运用市场法进行企业价值评估时，对价值比率的选取存在多样性不足与整合应用欠妥的问题，并提出了建设价值比率体系的建议。

李健和张洪波（2005）研究了实物期权方法在科技成果评估中的应用。郑征（2020）通过将FAHP模型与回归方法相结合，对影响企业期权价值的因素进行了重要性排序。

1. MM理论

MM理论从资本价值理论入手，着眼于收入与资本的关系，研究价值的源泉问题。这也是现代财务预算理论的基础。

经典资本结构理论阶段开始于1958年，持续至20世纪70年代后期。资本结构理论认为，在完美的资本市场条件下，公司的价值与其资本结构无关。在考虑了公司所得税后，公司使用负债时的价值会比未使用负债时要高，其高出的金额等于公司所得税率与负债总额之积。在其他因素保持不变的条件下，公司举债越多，其税收节约额和价值也就越大。尽管权益成本也会随着财务杠杆程度的提高而上升，但其上升速度比未考虑公司所得税时来得慢。另外，由于负债利息可以抵税，公司所使用的负债越多，其加权平均资本成本就越低，公司的价值也会更高。根据修正的MM资本结构理论，公司的资本结构与公司的价值不是无关，而是相关性很高，并且与公司债权比例成正相关关系。这个结论与早期资本结构理论的净收益观点是一致的。按照 MM 的公司税模型，企业似乎应完全使用负债来筹措所需资金，但这一结论与事实并不相符。Miller（1977）建立了一个既考虑公司所得税又考虑个人所得税的模型，得出的结论是：个人所得税的存在某种程度上抵减了利息的节税利益，但在税率正常的情况下，负债的节税利益并未完全消失。

MM 理论最重大的贡献在于，首次清晰地揭示了资本结构、资本成本以及企业价值各概念之间的联系。企业价值的大小主要取决于投资决策与运营，而与股利分配政策无关，这就是著名的 MM 理论。MM 理论给出了在企业价值评估中使用的资本化率，即加权平均资本成本的定义及论述。至此，收益现值法完整的理论框架得以确立。简言之，MM 理论利用数学模型，揭示了资本结构与企业价值之间的关系，成为现代企业价值评估理论的标志。随后的资本结构理论都是围绕它展开的。由此，企业价值评估理论进入了实用性阶段。

权衡价值评估理论是在 MM 理论的基础上发展起来的。该理论认为，在存在所得税情况下，虽然公司负债越多越好，但随之而来的风险也会进一步增大，这时公司和投资者就不得不考虑风险对公司价值的影响。该理论表明，在综合考虑负债所带来的利益和成本后，公司存在最佳的资本结构，这一结构可以使公司的价值达到最大。

2. 资本资产定价理论

资本资产定价模型（Capital Asset Pricing Model，CAPM）是由美国学者夏普（William Sharpe）、林特尔（John Lintner）、特里诺（Jack Treynor）和莫辛（Jan Mossin）等人在资产组合理论的基础上发展起来的，是现代金融市场价格理论的支柱，广泛应用于投资决策和公司理财领域。

资本资产定价模型：

$$E(r_i)=r_f+\beta_{im}(r_m-r_f) \tag{1}$$

该模型强调的是资产与资本市场的风险相关性，并用它们来衡量资产收益能力的大小。它基于以下假设：证券市场是有效的；存在无风险证券，投资者可以自由地按照无风险利率借入或者贷出资本；总投资风险可以用方差或者标准差表示，系统风险可用贝塔系数表示；证券不征税，也没有交易成本，证券市场是无摩擦的；每种证券的收益率分布均服从正态分布；每项资产都是无限可分的，投资者可持有某种证券的任何一部分。

这些假设严格限制了 CAPM 的应用和发展。目前，国外发展已经进入多因素模型阶段，如三因素模型、四因素模型等。Fama 和 French 在模型中加入公司规模（Firm size）和账面市场价值比（Book-to-market），对美国证券市场股票的平均收益率进行实证研究，得出三因素模型大体能解释股票收益率的波动，在包括中国在内的新兴市场也能够作出解释的结论。但三因素模型不能解释收益动能（momentum）现象。Carhart（1997）在三因素模型的基础上，增加了证券收益率的态势变量，建立了四因素模型，对美国 1962—1993 年间基金的持续性进行了检验。该模型显著降低了三因素模型的平均定价误差，很好地解释了横截面平均收益率的变动。理论界尽管普遍接受了三因素模型和四因素模型，但对这些因素的解释存在很大的争议性。Fama 和 French 认为其三因素代表的是风险因素，三因素模型属于传统模型的延伸，但行为金融学家认为规模因素、价值因素以及动能因素反映的是投资者固有的行为偏差带来的结果。

但 Lieven De Moor and PietSercu（2008）提出了另一个包含规模、动能和困境的三因素模型，并得出规模和困境之间不存在相关性的结论。其在美国和其他 39 个国家的测试，得到了比较好的市场表现。Lieven De Moor and Piet Sercu 在此基础上，加入了汇率因素，使之成为国际化的资产定价模型。这些四因素的资产定价模型为传统的单因素模型提出了新的方向，一方面说明资产评估对风险的衡量越来越复杂、考虑的因素越来越多，另一方面说明资产评估并不是简单地根据几个数据就可以给资产进行定价，其有待深入研究的内容还很多。

3. 套利理论

Ross（1976）采用无套利分析方法提出了套利定价理论。该理论而后由 Shanken（1982）、Grinblatt 和 Titrnan（1983）等人进一步发展起来。套利理论（APT）依据完全竞争市场中不存在套利机会的假设，直接将资产收益定义为一个满足以多因素为解释变量的线性模型。APT 的核心思想是市场不允许套利机会的存在，即市场价格将调整到使投资者无法在市场上通过套利获得超额利润。它与资本资产定价模型的不同之处在于：资本资产定价模型认为资产收益率只受市场风险的影响，而套利模型则强调资产收益率受多个因素的影响。然而，套利理论与其他多因素资产定价模型一样，在实证检验中需要确定模型的因素及其个数。此外，Reinganum（1981）、MacKinlay（1995）、Fama 和 French（1992）通过研究发现，通过因子分析法或者指定因素分析法确定的因子也都不能够解释资本资产定价模型中存在的横截面异常现象[1]。

4. 其他评估理论

汤姆·科普兰（Tom Copeland）与蒂姆·科勒（Tim Koller）于 20 世纪 80 年代末所著的《价值评估》堪称企业价值评估研究的里程碑。书中明确表明了企业的价值源于它产生的现金流量和基于现金流量的投资回报能力的观点，并提出了企业市场价值的估值模型。企业的市场价值基于企业未来的预期绩效而不是企业的历史绩效，企业的价值等于企业以适当折现率所折现出的预期现金流量的现值。

---

[1] 吴冲锋，穆启国．资产定价研究［M］．北京：科学出版社，2008.

1973年，费希尔·布莱克（Fischer Black）和迈伦·期科尔斯（Myfon Scholes）提出了被理论界和实业界广泛接受和使用的Black-Scholes期权定价模型。该模型可以用来检验价值取决于不确定的未来资产价值的任何合约的定价。美国麻省理工学院教授Myers提出的实物期权评估思想，发展及延伸了金融期权理论在实物或非金融投资领域的应用前景。1975年，Cox、Ross和Rubinstein得出一般的欧式和美式期权定价公式后，国外评估界开始使用期权定价模式来进行评估。进入20世纪90年代，实物期权理论方法有了进一步的发展。Kogut等（1994）指出在利率波动的情况下，跨国企业面临的进入投资、增资生产和转移投资以转换生产等问题，都可以使用实物期权的方法进行决策。

需要指出的是，西方公司财务领域的企业价值评估以经济学价值理论及公司财务金融相关理论为基础，在经过百年的发展历程后，也形成了不同的理论派别。其中具有代表性的是“价值学派”和“市场效率学派”两个对立学派。前者探索企业的内在价值，从内部挖掘价值，发现价值洼地；后者建立在充分有效市场的基础上，依据资本市场的价格信息，紧跟市场变化，从外部发现企业价值。这种学派间的对立，衍生出不同的价值评估路径：第一种路径以巴菲特等价值投资者为代表；第二种路径以对冲基金以及趋势投资者为代表。

（二）企业定价理论概述

企业定价理论与企业价值评估理论的渊源基本相同且关系密不可分。但是，企业的交易定价除了与企业价值密切相关外，还与控制权、流动性、协同效应、支付方式等因素有关。例如，随着收购的股份比例的逐渐上升，收购方对被收购方日常经营的话语权与管理的控制权也逐渐提升，收购方所需要的支付的溢价也会逐步增加。因此，企业价值评估虽然是企业交易定价的核心基础，但并非唯一标准。程凤朝、刘旭、温馨（2013）

研究认为，资产价值评估和交易定价是两种不同性质的工作，以评估值为交易定价的唯一依据不科学也不合理，应促进资产价值评估与交易定价的有机结合，正确发挥评估在并购重组各阶段的作用，并对此提出了建议。苏站站（2018）在研究中指出资产价值评估和交易定价既有区别又相互联系：资产价值评估是对标的公司价值客观、独立的评定，是并购重组中交易定价的重要基础；交易定价是交易各方主观协商的结果，是在资产评估价值的基础上综合考虑各项因素充分博弈后确定的。

于德炜（2020）从并购估值和定价风险的定义出发，研究了防范并购估值和定价风险在战略层面和经营层面的重要性，分析了协同效应和定价风险的直接和间接、客观和主观上的成因，最后从操作层面和决策层面给出了协同效应导致高风险的防范对策。胡晓明（2020）指出并购中健全的定价机制可以促进公司资源的优化整合，而并购有可能实现控制权的转移，引发控制权溢价的现象。

郭雨露（2018）指出并购过程的关键在于评估被并购的非上市公司价值，由于市场异质性，可比上市公司和被并购的非上市公司的价值有所不同，这是由于流动性引起的，因此对缺乏流动性折扣的度量至关重要。

赵强（2019）以考虑缺少流动性折扣为例，指出实务中采用上市公司比较法评估企业股权价值时，通常的做法是先选择可比上市公司，计算上市公司的股权 E 的市场价值，然后加上债权 D 的市场价值，得到全投资 EV 的价值。王宇（2020）指出定向可转债因为包括债权价值和内含选择权价值两方面的价值，而导致对价价值高于现金支付和股份支付，增加了并购交易的谈判弹性，从而使并购溢价率趋于合理。范雨雨（2020）研究发现关联关系、板块因素、交易地位、评估方法和支付方式对企业价值评估值与交易价格间的差异具有显著影响，交易规模对其影响不显著。

二、企业价值评估方法概述

在介绍企业价值评估方法前，首先对企业价值评估的对象进行简要说明。企业价值评估的对象有三类：企业整体价值、股东全部权益价值以及股东部分权益价值。企业整体价值与股东全部权益价值之间的关系，可以体现为下方的等式。

企业整体价值 = 总资产价值 − 非付息债务价值

= 股东全部权益价值 + 全部付息债务价值

股东部分权益价值是企业一部分股权的价值。需要注意的是，受控股权溢价和少数股权折价因素的影响，股东部分权益价值并不必然等于股东全部权益价值与对应股权比例的乘积。

评估主体对企业价值进行评估时，有三种基本方法：将预期收益资本化或折现，确定评估对象价值的收益法（常用的具体方法包括股利折现法和现金流量折现法）；将评估对象与可比上市公司或者可比交易案例进行比较，确定评估对象价值的市场法（常用的具体方法包括上市公司比较法和交易案例比较法）；以被评估单位评估基准日的资产负债表为基础，合理评估企业表内及可识别的表外各项资产、负债价值，确定评估对象价值的资产基础法（也称成本加和法）[1]。由于不同的企业情况各不相同，因此在评估时，应具体情况具体分析。当然，随着金融理论的发展，期权法在知识产权、金融衍生工具价值评估中发挥着越来越重要的作用。在此，考虑到传统方法的应用范围较广、影响程度深，我们将重点放在传统三大方法上。

[1] 《资产评估执业准则——企业价值》第十九条、第二十九条、第三十五条。

（一）基本方法介绍

传统的经济学理论用劳动价值论、效用价值论和均衡价值论等解释企业价值。它们是企业价值评估中资产基础法（成本加和法）、收益法和市场法等基本方法的重要理论基础。在对财务估值和资产评估进行分析时，我们发现，三大方法基本的指导思想并没有多大的差别，所不同的是估值视角，即估值的技术路线、参数选取的不同。比如收益法都是基于未来的预期，需要测算企业收益、期限和折现率。资产基础法都是依据资产的购建成本进行估值，然后对有关价值减损进行修正。市场法都是基于可比实例价值，将估值企业与可比实例的不同点用价值反映出来，调整可比实例的价值得出估价企业的价值。不同的是收益法中财务估值与资产评估获得企业收益、折现率的路径不同，对期限的选择也有一定的差别。资产评估注重企业的价值，而财务估值注重企业的价格。资产基础法中财务估值依赖于财务数据，以历史资产基础法为基础的价值并不能反映资产的现实状况，而资产评估对资产的现实状况，特别是资产价值减损的界定较准确。市场法中财务估值注重的是财务数据，这容易导致对现实资产的状态、属性等因素的忽视，而资产评估在参数调整上需要比较的因素较多。三大方法的基本原理和要素分述如下：

1. 收益法

（1）基本原理。

是指通过估算资产未来预计收益的现值进而确定被估资产价值的评估方法。收益法以预期收益为基础，通过对被评估资产未来预计收益进行折现或资本化的方式确定评估值。

收益法的基本公式为：

$$V=\sum_{i=1}^{n}\frac{R_i}{(1+r)^i} \tag{2}$$

其中：R 为净收益；

n 为收益期数；

r 为折现率。

（2）运用前提[1]。

第一，被评估企业的未来净收益能够预测，并能基本保证预测收益数额的合理性和可用性。

第二，与企业获得未来收益相联系的风险能够估量，并能提供令人信服的根据。

企业价值评估中的收益法是指通过估测被评估企业未来的预期收益现值，来判断企业价值的各种评估方法的总称，即采用资本化和折现的途径及方法来判断和估算企业价值。收益法中常用的两种具体方法是股利折现法和现金流量折现法。

股利折现法是将预期股利进行折现以确定评估对象价值的具体方法，通常适用于缺乏控制权的股东部分权益价值评估。股利折现法的预期股利一般应当体现市场参与者的通常预期，适用的价值类型通常为市场价值[2]。

收益法主要涉及企业收益界定、企业收益预测、折现率选择三个核心问题。其中，折现率的测算过程复杂且主观判断性较强，目前一定程度上仍存在执业标准不统一、参数取值较为随意等问题。这对上市公司信息披露质量以及资产评估结果的公信力产生了不利影响。

针对前述问题，中国资产评估协会于2021年1月4日发布了《资产评估专家指引第12号——收益法评估企业价值中折现率的测算》，中国证监会于2021年1月22日发布了《监管规则适用指引——评估类第1号》

［1］ 俞明轩，王逸玮．资产评估［M］．2版．北京：中国人民大学出版社，2020：233.

［2］《资产评估执业准则——企业价值》第二十一条。

（以下简称《适用指引》），就折现率测算涉及的参数估计作出了监管规范。在此，主要引用专门对资产评估机构从事证券服务业务进行监管规范的《适用指引》中的相关内容。根据《适用指引》的要求，资产评估机构执行证券评估业务，应当遵循以下与相关参数的确定相对应的要求。

①无风险利率。

一是应当关注国债剩余到期年限与企业现金流时间期限的匹配性，持续经营假设前提下应当选择剩余到期年限10年期或10年期以上的国债。

二是应当选择国债的到期收益率作为无风险利率，并明确国债的选取范围。

三是应当在资产评估报告中充分披露国债选取的期限、利率、范围、确定方式、数据来源等。

②市场风险溢价。

一是如果被评估企业主要经营业务在中国境内，应当优先选择利用中国证券市场指数的历史风险溢价数据进行计算。

二是计算时应当综合考虑样本的市场代表性、与被评估企业的相关性，以及与无风险利率的匹配性，合理确定样本数据的指数类型、时间跨度、数据频率、平均方法等。

三是应当在资产评估报告中充分披露市场风险溢价的计算方法、样本选取标准、数据来源等。

③贝塔系数。

一是应当综合考虑可比公司与被评估企业在业务类型、企业规模、盈利能力、成长性、行业竞争力、企业发展阶段等多方面的可比性，合理确定关键可比指标，选取恰当的可比公司，并应当充分考虑可比公司数量与可比性的平衡。

二是应当结合可比公司数量、可比性、上市年限等因素，选取合理时间跨度的贝塔数据。

三是应当在资产评估报告中充分披露可比公司的选取标准及公司情况、贝塔系数的确定过程及结果、数据来源等。

④资本结构。

一是如果采用目标资本结构，应当合理分析被评估企业与可比公司在融资能力、融资成本等方面的差异，并结合被评估企业未来年度的融资情况，确定合理的资本结构。如果采用真实资本结构，其前提是企业的发展趋于稳定；如果采用变动资本结构，应当明确选取理由以及不同资本结构的划分标准、时点等。确定资本结构时，应当考虑与债权期望报酬率的匹配性以及在计算模型中应用的一致性。

二是应当采用市场价值计算债权和股权的比例。采用账面价值计算的，应当在资产评估报告中充分说明理由。如果被评估企业涉及优先股、可转换债券等，应当予以特别关注。

三是应当在资产评估报告中充分披露资本结构的确定方法、分析过程、预测依据等。

⑤特定风险报酬率。

一是应当明确采用的具体方法，涉及专业判断时应当综合考虑被评估企业的风险特征、企业规模、业务模式、所处经营阶段、核心竞争力、主要客户及供应商依赖等因素，确定合理的特定风险报酬率。

二是应当综合考虑特定风险报酬率的取值，其在股权折现率整体中的权重应当具有合理性。

三是应当在资产评估报告中充分披露特定风险报酬率的确定方法、分析过程、预测依据等。

⑥债权期望报酬率。

一是如果参考银行贷款市场利率（LPR），应当充分考虑被评估企业的经营业绩、资本结构、信用风险、抵质押以及第三方担保等因素；如果采用非市场利率，应当综合考虑被评估企业的融资渠道、债务成本、偿债能力以及与市场利率的偏差等因素，确定合理的债权期望报酬率。

二是应当在资产评估报告中充分披露债权期望报酬率的确定方法、分析过程、数据来源等。

此外，选择折现率时，还应当注意把握以下三个基本原则：第一，折现率不低于投资的机会成本；第二，行业基准收益率不宜直接作为折现率，但是行业平均收益率可以作为折现率的重要参考指标；第三，银行票据的贴现率不宜直接作为折现率。

2. 资产基础法

企业价值评估中的资产基础法也称成本加和法，是指在合理评估企业各项资产和负债价值的基础上确定评估对象价值的评估思路。资产评估机构及其专业人员运用资产基础法进行企业价值评估时，各项资产的价值应当根据其具体情况选用适当的具体评估方法得出，并充分考虑影响各项资产价值的现有和潜在因素、企业所承担的负债情况等。运用资产基础法时，需要特别注意以下事项。

第一，在不同的评估假设下，运用资产基础法评估出的企业价值是有区别的。在持续经营假设下，对各单项资产的评估应当按照贡献原则进行；而在非持续经营假设下，对各单项资产的评估应当按照变现原则进行[1]。

第二，如果被评估企业存在长期股权投资项目，需要在考虑到其对长期股权投资项目的实际控制情况以及长期股权投资对评估对象价值的影响程度等因素的基础上，确定是否需要单独对长期股权投资进行评估。

第三，企业自创的商誉与知识产权等资产的价值，通常很难在资产基础法中得到反映。

[1] 俞明轩，王逸玮．资产评估［M］．2版．北京：中国人民大学出版社，2020：246.

第四，资产基础法是以企业要素资产的再建为出发点，通常没有充分考虑到企业的整体盈利能力，有忽视企业获利能力的可能性。因此，以持续经营为前提对企业进行评估时，资产基础法一般不作为唯一使用的评估方法。但对于一些传统的、无形因素对于企业整体价值贡献不大的行业，例如重资产型行业，资产基础法也有着其他方法不具备的优点。而且资产基础法由于在开展具体评估过程中对资产状况了解的程度要远深于其他方法，在部分企业的价值评估中的作用依然不可替代。

3. 市场法

（1）基本原理。

企业价值评估中的市场法，是通过在市场上找出一个或几个与被评估企业相同或相似的参照企业，分析、比较被评估企业和参照企业的重要指标，在此基础上修正、调整参照企业的市场价值，最终确定被评估企业的价值[1]。

基本公式：

$$V_1 = X_1 \times \frac{V_2}{X_2} \tag{3}$$

其中：V_1为被评估企业价值；

V_2为可比企业价值；

X_1为被评估企业与企业价值相关的可比指标；

X_2为可比企业与企业价值相关的可比指标。

（2）运用前提。

第一，需要有一个充分发育和活跃的公开市场；

第二，参照物资产与被估资产的差异，可通过搜集其他相关指标和技术参数在价值形态上量化。

---

［1］ 俞明轩，王逸玮．资产评估［M］．2 版．北京：中国人民大学出版社，2020：243.

市场法中常用的两种方法是上市公司比较法和并购案例比较法。上市公司比较法是指通过对资本市场上与被评估企业处于同一或类似行业的上市公司的经营和财务数据进行分析，计算适当的价值比率或经济指标，在与被评估企业进行比较分析的基础上，得出评估对象价值的方法。并购案例比较法是指通过分析与被评估企业处于同一或类似行业的公司的买卖、收购及合并案例，获取并分析这些交易案例的数据资料，计算适当的价值比率或经济指标，在与被评估企业进行比较分析的基础上，得出评估对象价值的方法。

不论是上市公司比较法还是并购案例比较法，确定适当的价值比率或经济指标均是其核心。价值比率通常包括盈利比率、资产比率、收入比率和其他特定比率。确定价值比率时，有以下两个关键之处。

第一，可比企业的选择依据，通常是行业指标和财务指标。同行业的企业通常具有一定的可比性，但这并不是绝对的。公司所处市场环境的不同、主营产品的差异同样会对可比性产生影响。此外，跨行业的并购行为，也可能使企业的主营业务发生变化。这些都是需要纳入考虑的因素。

第二，需要对可比指标进行选择。市盈率、市净率和市销率是上市公司比较法中常用的三个指标。评估专业人员应当同时考虑被评估企业的行业特点、所处的生命周期阶段、企业自身状况等因素，恰当选择可比指标。

此外，评估专业人员还应当考虑评估对象与可比企业在控制权和流动性方面的差异，以及其对评估对象价值的影响。

市场法的具体应用可以分为以下几个基本步骤：

首先，选择被评估企业的可比企业；

其次，确定恰当的价值比率或经济指标，以用于后续计算；

再次，根据各可比企业的价值与对应价值比率或经济指标，计算出一组被评估企业价值的初步结果；

最后，对上一步得到的被评估企业价值的初步结果分别赋予权重，得出对被评估企业的评估结果。

市场法的重要性在于，它是一个基于市场的估值方法，不管市场是否合理，其结果是十分重要的，因为市场给出了交易价格水平，在考虑控制权溢价后还可以获得收购价格。这是一种在交易市场上普遍会运用的估值方法。此外，市场法对于现金流贴现法中终值计算有重要的参考意义。

然而，运用市场法进行企业价值评估仍存在两个主要障碍：一是企业个体之间存在差异，很难找到两家完全相同的企业；二是交易背景、市场状况等因素的差异，使得交易案例的价格难以直接反映被评估企业的价值。

目前，境内并购重组交易对可比公司的应用较为简单：从可比公司的选择来看，缺乏详细的分析；从估值方法来看，不同行业的差异不大，主要使用市盈率和市净率作为可比公司估值指标。在境外并购重组交易中，市场法的应用将更为复杂，相关内容将在后文国际考察部分展开论述。

（二）企业价值评估不同评估方法的选择应用

我国的《资产评估执业准则——企业价值》第十八条规定："对于适合采用不同评估方法进行企业价值评估的，资产评估专业人员应当采用两种以上评估方法进行评估。"第三十九条规定："对同一评估对象采用多种评估方法时，应当结合评估目的、不同评估方法使用数据的质量和数量，采用定性或者定量分析方式形成评估结论。"

评估方法本身没有优劣之分，每一种评估方法都有其自身的适用条件和假设前提，侧重价值的不同方面，从各自独特的视角反映了价值的驱动因素。同时，评估方法是实现评估目的的工具和手段，相关逻辑路径是：并购动因的差异决定了评估目标企业价值目的的差异，从而决定了价值类型的差异，而价值类型又直接规定和制约了评估方法的选择。因此采用哪种或哪些评估方法，某种意义上是由并购决策和并购性质决定的。比如，当并购后目标企业将持续经营时，对于具有持续的较高盈利水平的企业整体资产进行评估，一般采用收益法。在对企业价值评估结果的确定上，则可以辅之以资产基础法和市场比较进行调整、修正；若并购后目标企业不可能持续经营，对于经济效益一般，企业未来收益为正值，但资产的整体性能及各资产之间的相关程度较差的企业，运用收益法应当慎重，而可以用资产基础法，并适当考虑商誉的价值，以此来验证收益法评估的结果；对于亏损企业的整体评估，一般采用资产基础法；而对破产企业一般用清算价值法。如果证券市场上存在类似上市企业，在该类企业市场表现比较稳定，并且各种会计数据及会计比率的可信度及可比性都较强的情况下，可运用市场法。新兴行业和附加值较高的行业风险大、成长性高，而且实物资产比重小，专利和特许经营权等无形资产却很可能在并购后带来巨大的经济利益，这时采用期权定价法或收益法可以较好地考虑这些潜在机会和无形资产的价值。对于一些情况特殊，如处在困境中的企业、周期性企业、拥有闲置资产的企业、拥有专利或者产品期权的企业等，则可借助期权定价法来补充调整估计目标企业的价值。

此外，并购中的企业价值评估还要求评估的高效率。相同的评估目的，可能存在多种可行方法，但是外界评估条件的满足程度和相关资料的可获得程度都不尽相同。在注重方法科学性和适用性的同时，适当考虑评估本身的成本收益。例如，现金流量折现法较理想，但若资料收集成本高、耗时长，资产基础法通过补充调整能较真实地反映企业价值，就可采用。

三、企业并购重组中的价值评估特点

企业并购重组的定义有广义和狭义之分。广义的并购重组是指企业经营过程中导致企业控制权归属和资产的规模与结构发生重大变化的事件和行为，包括兼并、收购、分立、剥离、资产置换等活动[1]，即并购和重组的统一。狭义的定义对并购和重组进行了区分。并购（Merger & Acquisition，M&A）是兼并与收购的总称，是在市场机制下，企业为了获得其他企业的控制权而进行的企业产权交易和资本运营行为。作为并购方和被并购方的企业分别被称为并购企业和目标企业。重组是指上市公司及其控股或者控制的公司在日常经营活动之外购买、出售资产或者通过其他方式进行资产交易达到规定的比例，导致上市公司的主营业务、资产、收入发生重大变化的资产交易行为，或称资产重组。本书所指的并购重组主要采用广义的定义。

（一）企业并购重组价值评估的价值类型

执行企业并购重组价值评估业务，要明确划分评估的价值类型，明确是"市场价值"，还是"投资价值"或"协同价值"。

1. 服务于并购重组目标企业或资产的"市场价值"评估

一般情况下，企业价值评估中的"价值"指的是被评估企业（目标企业）的市场价值，它是并购或重组目标企业定价的目标或者说参照，最终的并购重组价格取决于交易双方的博弈结果。从评估服务的目的看，如果是为并购重组目标企业股权或资产提供公正、合理的价值评估，一般应以公正的市场价值作为并购重组交易行为的基本参考，这也是专业评估价值类型中"市场价值"的要求，从而客观反映标的产权或资产对不同主体的客观、典型的相对价值。

2. 服务于并购企业的"投资价值"评估

由于不同企业之间的协同效应不同，其协同效应创造的价值也就不

[1] 张新．中国并购重组全析（上册）[M]．上海：上海三联书店，2004：7.

同，所以同一标的企业对于不同的战略并购企业具有不同的价值。因此在战略并购中，也需要提供并购企业对目标企业的“投资价值”评估，或者是“协同价值”的评估，即目标企业自身价值加上目标企业与并购企业之间的协同效应创造的价值。

以上不同的价值类型基于不同的评估目的，也能够通过各类主体或特定主体价值评估的不同要求而得以区分。从某种角度看，两类价值类型的评估都是必要的，前者是客观的市场价值，后者是主观的投资价值。

此外，我们研究的是上市公司与并购重组中的企业。对上市公司的研究除了具有一般企业的特点外，还具有一定的特殊性，主要体现在上市公司作为公众公司，是大众持股，并且大众持有的股份可以上市流动，能够很快变现，这是其一；其二，持股公司有控制权与非控制权之分，控股股东能够对公司的生产经营进行决策，这与少数股东的权益存在一定的差别，因此，上市公司的企业价值评估与非上市公司的企业价值评估除了要考虑一般企业的价值评估要素之外，还应考虑上市公司股票的流动性溢价和控制权溢价问题，而这又往往容易被忽视。

（二）国内上市公司并购重组价值评估理论的特殊问题

我国上市公司并购有许多不同于西方国家的基础条件，存在发展的不平衡和较大的波动性，也面临新兴市场国家资本市场所普遍存在的问题，在并购重组价值评估领域同样面临着诸多困惑和难点。

西方主流财务理论以投资组合理论、有效市场理论和资本结构理论作为研究基石。其中投资组合理论将风险通过多样化进行分配，获得在特定风险下的最佳投资回报；有效市场理论认为在有效市场中，当前股票价格是反映所有信息的数据。而中国资本市场的有效性一直存在争议，也存在诸如“弱有效”等观点。市场的有效性判断直接影响评估理论及实践，特别是对资本市场股票价格定价的合理性存在的疑问。这也使目标公司定价的核心由“价值评估”转变为“发盘出价”，如《上市公司重大资产重组管理办法》第四十五条规定：“上市公司发行股份购买资产的价格不得低于市场参考价的 90%。市场参考价为本次发行股份购买资产的董事会决议公告日前 20 个交易日、60 个交易日或者 120 个交易日的公司股票交易均价之一。”以董事会决议日前 20 个交易日、60 个交易日或者 120 个交易日的均价作为拟注入上市公司资产的发行价格的市场参考价，而拟注入上市公司的资产以评估价来作价。对上市公司和重组方而言，20 个交易日、60 个交易日或者 120 个交易日的均价是否合理？如果要调整，应该怎么调整？因此，有针对性地进行研究，提出相应的解决思路，就具有非常重要的理论和实践意义。

第三节　并购重组中企业价值评估的运用

我国企业价值评估作用的演变与资本市场发展的大环境密切相关。改革开放以来，随着我国经济的快速发展，产权制度的改革推动了我国价值评估工作的几次飞跃式的发展。

我国企业价值评估工作的发展最早可追溯至 20 世纪 90 年代大量外资涌入、与中方合资组建中外合资企业的阶段。在此过程中，国内专业机构通过学习国际上的估值技术和经验，结合中国国情，总结出一系列企业价值评估方法。之后，随着国有企业改制浪潮的兴起，资产评估在其中发挥了重要的作用，有效地实现了国有资产保值、增值的目标。近年来，随着我国资本市场的不断发展，上市公司掀起了一轮并购重组浪潮，价值评估成为并购重组的核心环节。

从我国上市公司并购重组交易日益活跃的深层次原因来看，上市公司数量和规模不断扩大，大部分都已经能够成为行业的骨干企业或龙头企业，具有更为强烈的扩张需求。上市公司平台为资产定价和大规模并购支付创造了便利条件。通过帮助上市公司以较低的成本实现快速扩张，并购重组能够促进优良的企业以更加快捷的方式进入和运用资本市场，从而促进行业内的资源整合。此外，随着经济全球化进程的发展，中国上市公司受到境外企业的竞争压力日趋紧迫，而通过并购加快行业重组，优化行业结构，能够促使上市公司提升市场运作效率，为企业提升竞争能力提供了良好的途径。从监管机构的要求来看，出于保护市场各方利益、规范和完善交易进程的目的，各监管机构对于估值的规范性越来越重视，相关要求和规定日益完善。

一、企业价值评估在并购重组中发挥的作用概述

价值评估历来都是并购重组中的核心要素。随着我国企业并购重组市场的蓬勃发展，并购中的企业价值评估作为交易各方及监管机构的关注重点，其规范性不断提高，重要性日益凸显。特别是涉及国内资本市场的交易，随着上市公司并购金额、数量的快速增长，交易形式的日益多样化，上市公司治理的逐步完善，目前国内绝大部分上市公司并购重组的定价都依赖于中介机构提供的估值意见。专业机构价值评估工作的重要性与日俱增。

具体来说，企业价值评估在并购重组中发挥的作用主要有如下方面：

（一）企业价值评估为并购重组方提供了定价依据

并购交易中，价值评估和定价涉及并购双方的核心利益，是双方的关注焦点，也是最为复杂的并购课题。价值评估是并购交易双方拟定最终交易价格的最核心基础，是并购交易定价服务也是企业价值评估最基本的功

能。目前，在国内市场的并购交易中，提供价值评估服务的专业机构主要有资产评估机构和独立财务顾问。具体来说，估值机构作为独立第三方的独特地位使其成为重组各方乐于接受的价值确定方式。

在一些市场化、商业化的并购交易中，估值机构还可以更多地关注并购交易的商业驱动因素，通过深入参与并购方案的设计，深刻认识并购各方的战略意图以及行业特点。对企业价值进行评估时，除了对标的资产基于历史业绩及可比公司的估值情况确定其基础价值外，还可结合并购重组带来的协同效应，以及企业为此付出的融资成本和机会成本，并全面考虑收购的收益与成本，为企业设计符合其利益最大化的一整套并购、融资以及战略发展规划方案提供建议，为企业决定最终并购定价提供重要依据。

随着我国企业并购重组的进一步发展及与国际接轨，并购重组交易结构越来越丰富，对价支付手段也越来越多样化。除了传统的现金和股权外，上市公司还可以向特定对象发行可转换为股票的公司债券、定向权证、存托凭证等用于购买资产或者与其他公司合并。专业机构在未来的并购重组定价中将发挥更大的作用。

（二）企业价值评估有利于企业厘清发展战略

企业价值评估不仅能帮助企业在并购重组过程中确定相关股权或资产的价值，同时也是企业结合相关经营战略、管理能力、财务实力和人力资源情况等因素，对企业价值进行深入审视的手段，是企业认识目标公司、发现价值、理清未来战略管理思路的一个全面综合的思考过程。

在对目标公司股权或资产价值进行评估的过程中，企业能够逐渐了解目标公司的各个方面，将定性的理解转换成定量的分析，将自身对于目标公司的发展思路贯彻其中，为确定符合自身最大利益的出价提供科学依据；同时，这也是一个企业对自身的经营战略、财务实力、管理能力进行全面审视的过程。

（三）企业价值评估有助于企业全面把握和控制并购风险

企业价值评估的过程是逐步深入了解目标公司，发现其特点和优势，挖掘其内在价值的过程。同时，价值评估的过程亦是发掘和度量潜在风险的过程。

量化风险亦是价值评估的重要工作之一。价值评估的结果不仅需要反映对目标公司内在价值的认可和判断，也需要充分反映潜在的风险，并对其预防和控制措施作出判断。并购交易中常见的宏观风险包括目标公司所在国的宏观经济风险、市场风险、政治风险等，微观风险包括目标公司自身业务相关的风险等。

以海外收购为例，在发达国家由于资本市场的繁荣和商业环境的相对成熟，目标公司往往会在业务经营中采取一些特殊的商业行为，如使用金融衍生工具等。如果运作不当，这些衍生工具可能会造成目标公司巨大的潜在支付义务。此外，一些发达国家的公司都设有员工私人养老金计划。此类计划由于计算十分复杂，且相关的法律法规过于烦琐，可能导致中国公司对目标公司上述安排的风险及估值考虑不充分。上述问题均是在价值评估过程中需要考虑的重点。

（四）企业价值评估亦发挥了保护中小投资者利益等积极作用

我国企业的产权关系纷繁复杂，利用关联方交易等方法操纵利润的动机一直存在。在并购重组的过程中，广大的中小股东往往既无法掌握实质性的话语权，也无法了解并购重组事项的全部信息，在这样的情况下，专业评估机构作为独立第三方对交易资产价值出具的公正客观的评估结果，为最终交易价格的确定提供了一个公允的参考标准，可以有效降低信息的不对称性，对维护广大中小投资者的利益起到至关重要的作用。资本市场上投资者间的交易从某种程度上说是信息的交易：投资者依据自己所掌握的信息进行风险判断。就企业并购重组过程而言，中小投资者与大股东之间往往存在着严重的信息不对称，这就难免会产生“逆向选择”和“道德风险”等问题。处于信息弱势的一方无法获得对方所掌握的信息，或不能保证所获取信息的真实性。这都需要利用在并购重组过程中独立的资产评估机构，来约束市场交易主体的行为，以修正信息不对称所带来的消极后果。

（五）企业价值评估在稳定资产价格、剔除经济波动影响方面发挥了积极作用

并购重组价值的合理评估可以在一定程度上遏制资产泡沫的形成，促进资本市场的持续健康发展。在当今世界经济一体化的国际经济秩序中，金融是一个国家经济的命脉和核心，金融安全关系到一个国家的经济安全。2007 年由美国次贷危机引发的金融危机，造成了世界经济的衰退，对全球经济影响深远。金融市场机制定价失灵是次贷危机产生的原因之一。对并购重组价值评估的监管加以要求，也是要强调和发挥独立评估的金融风险防范作用。

专业机构在对目标企业价值进行评估的过程中，不仅考虑评估时点的市场状况，更要结合企业历史经营业绩、行业未来发展趋势、企业所面临的风险等诸多因素进行收益预测和参数确定，通过对资产真实价值的挖掘，避免因过度依赖市场条件，而导致价格剧烈波动对价值结论的影响。同时，专业机构对企业价值发表的专业意见往往较为严谨，最终估值结论的确定通常是综合比较多种方法后得出的意见，可以在一定程度上遏制资产泡沫的形成，助推资本市场的健康持续发展。

二、并购重组实践促进企业价值评估的发展

与国际成熟资本市场相比，我国资本市场具有“新兴加转轨”的特

征，在交易类型、交易规模等方面还存在一定的差距。近年来国内并购重组市场化日趋成熟，交易类型逐渐复杂，跨境并购日益活跃，这些都对价值评估系统的发展提出了更高的要求和挑战，促进了并购重组价值评估的不断创新和完善。

综观企业价值评估在中国的发展历程，可以看到，价值评估的应用，特别是估值方法的采用，一方面是从实现国有资产保值增值的社会功能出发，另一方面也是在不断适应市场经济发展需要的过程中逐渐完善：在中外合资初期，由于中国企业资产账面价值的金额通常较低，单纯以账面价值与外资进行对价存在明显的不合理性，价值评估应运而生，通过对企业价值的重新估算，为对价提供了相对合理的价值基础；而在企业改制中，由于诸多国有企业的经营效益并不理想，以收益法/现金流量法进行估值往往不利于国有资产保值、增值，因此资产基础法依然是这一时期企业价值评估中的主导方法；但随着中国企业不断成熟，近年来中国企业的整体经营与获利能力有了巨大的变化，同时，随着市场的不断完善，收益法/现金流量法、市场法等方法在企业整体价值评估中的应用渐趋广泛。企业价值评估方法体系正随着中国市场的成熟和完善而逐渐得到更加客观、科学、合理地应用。随着市场主体的日益成熟和专业机构经验的不断积累，并购重组交易双方也越来越依赖专业机构对估值的意见和判断。

总体来看，随着并购重组实践的不断发展，其对企业价值评估的促进作用主要体现在以下方面：

首先，随着市场化并购交易行为的日益增加，价值评估的重要性显著提升。大量的上市公司并购重组行为催生了对相应企业价值评估业务的需求。随着我国资本市场的不断发展和完善，上市公司数量和质量的不断提高，并购重组行为日益频繁，价值评估的重要性也显著提升。

在目前的管理规定下，涉及国有资产的并购重组行为大部分需要进行法定的资产评估。同时，非国资背景上市公司在重组实践中也比较倾向于聘请独立的资产评估机构对交易涉及的资产进行估价，这为资产评估机构业务的发展提供了良好的空间。国内资本市场并购业务的蓬勃发展，特别是一些商业化交易、海外收购交易的发展，一方面给专业评估业务带来了前所未有的发展机遇，另一方面也迅速推动了国内并购交易的价值评估技术逐渐与国际一流水平接轨。

其次，并购重组交易的日益复杂化和多样化，能够推动价值评估技术不断提高。这是因为需要考虑的因素数量的增加，促进了专业机构执业水平的提升。

企业价值评估是一项具有前瞻性的工作，在执业过程中必须对很多变量加以考虑并进行分析预测，而这些变量往往是企业在未来经营中非常重要的决定性因素，在很大程度上决定着并购后企业的发展方向。随着价值评估体系的不断完善，需要考虑的因素也逐渐增多，涉及政治、文化、后续整合、协同效应等多个方面。

并购战略的不同、目标行业的特点、目标公司所在的国家和市场都会对价值评估提出新的要求和挑战。以中国企业为例，现在越来越多的企业开始进行海外收购，其在定价时需要了解境外的相关政策、会计准则和通行惯例，估值方式和国际接轨，难度和挑战也在加大。

而上市公司并购重组价值评估往往具有经济行为复杂、估值对象价值确定过程复杂等特点。同时由于上市公司重大资产重组相关信息需进行公开披露，专业机构及人员面临的操作的规范性和估值工作的科学性、合理性要求都要高于非证券类业务。大量的上市公司并购重组活动给价值评估专业机构提出了挑战，也促使专业机构不断提升执业水平，以适应资本市场的发展。从另一个角度看，上市公司估值业务所面对的严格的监管和高度公开的信息披露环境，促进了专业机构从业人员职业道德教育的加强和内部管理水平的提高，这对提升行业整体的自律意识和执业水平产生了积极的作用。

此外，大量的上市公司并购重组行为的发生为企业价值评的实务操作提供了更多的可比数据信息，增强了专业机构进行估值的科学性和合理性。企业价值评估是一个数据依赖性很强的行业，没有充足有效的数据支持，很难得出合理且令人信服的结论。但由于中国的市场经济起步较晚，且很长一段时间内，真实交易数量较少、信息公开程度较差，市场化程度依赖较高的估值方法的应用在一定程度上受到了不利影响。伴随着中国市场经济的不断发展与完善，特别是信息公开度高的资本市场的发展，上市公司数量迅速提高，上市公司不断开展的并购重组等交易行为更是为专业机构提供了大量可比的交易案例，以及确定折现率等参数时的参考对象，从而为更加全面地运用各种估值方法创造了有利的客观条件。

第二章

企业价值评估在中国上市公司并购重组中的实践

2020 年，在国际贸易摩擦不断、突如其来的新冠肺炎疫情导致全球经济衰退的背景下，中国成为全球主要经济体中唯一实现经济正增长的国家。伴随着中国经济的发展和经济全球化日趋明显，企业面临复杂的竞争环境，同时也获得了广阔的发展机会和发展空间。近年来上市公司不断通过并购重组方式实现产业升级、资源配置优化、企业竞争力提升。

为了对中国上市公司并购重组中企业价值评估情况有一个全面的了解，我们对 2015—2020 年中国上市公司公告的并购重组项目进行了全面统计分析，以客观反映企业价值评估在中国上市公司并购重组中的实践情况。同时，结合代表性案例，对近年来并购重组中被高度关注的“三高问题”进行分析、对不同行业评估方法的适用性进行分析。

第一节　上市公司并购重组概况

一、A 股市场并购重组整体情况

据统计，2015—2020 年境内上市公司并购重组共完成 9803 单，其中 2017 年数量最多，交易总单数达到 2267 单，2018 年后交易总单数和交易总金额呈波动下降趋势，上市公司并购重组逐渐回归理性。相关情况见图 2-1。

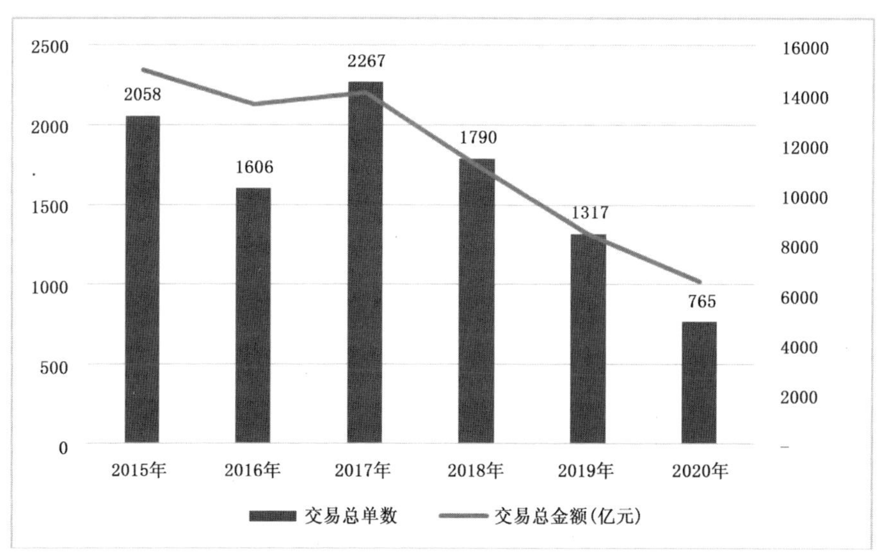

图 2-1　2015—2020 年境内公司并购重组概况

数据来源：Wind。

A 股市场并购重组活动整体比较活跃。从许可类并购重组交易单数来看，2015—2020 年间 A 股市场并购重组呈现逐年下降趋势（见表 2-1、图

2-2）。2015 年许可类并购重组交易单数 341 单，后续逐年下降。从每年的统计数据来看，近年来 A 股市场并购重组逐渐回归理性。通过梳理发现，A 股市场并购重组的发展趋势与监管政策环境、宏观经济形势、资本市场情况等因素密切联系。

表 2-1　2015—2020 年许可类重组交易单数及金额

年份	许可类重组案例的交易单数	许可类重组案例的交易金额（亿元）	许可类重组案例的交易金额占比（%）
2015 年	341	12015.09	80.10
2016 年	299	10939.53	80.30
2017 年	154	5612.30	39.76
2018 年	138	7809.17	70.00
2019 年	91	5425.79	64.46
2020 年	77	1839.84	28.20
合计	1100	43641.72	63.40

数据来源：Wind。

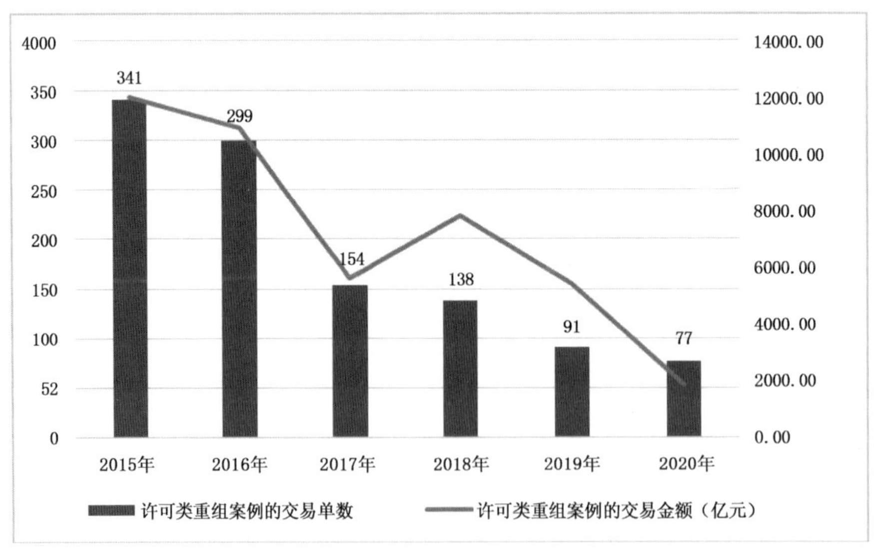

图 2-2　2015—2020 年许可类重组交易单数及金额情况

随着监管趋严，并购重组项目审核通过率呈现下跌趋势。根据统计，2015—2020 年许可类并购重组的审核通过率从 94% 下跌至 83%（见图 2-3）。数据显示，2015—2017 年期间，许可类并购重组项目的审核通过率在 90% 以上，其中，2015 年审核通过率最高，达到 94%；2018 年以后，许可类并购重组项目的审核通过率不断下跌，维持在 80% 左右的水平。

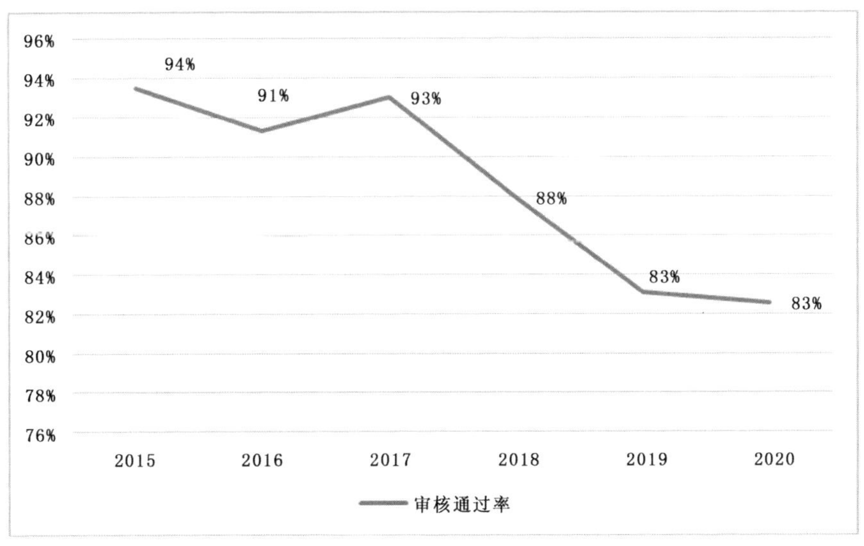

图 2-3　2015—2020 年许可类重组项目审核情况

二、不同行业、企业类型的并购重组活跃度情况

从上市公司并购重组标的的行业来分析市场活跃度，可以看出，2015—2020 年间上市公司并购重组标的行业活跃度排名前三名的行业分别为制造业、信息产业、金融业，其占比分别为 41%、19%、9%（见图 2-4）。

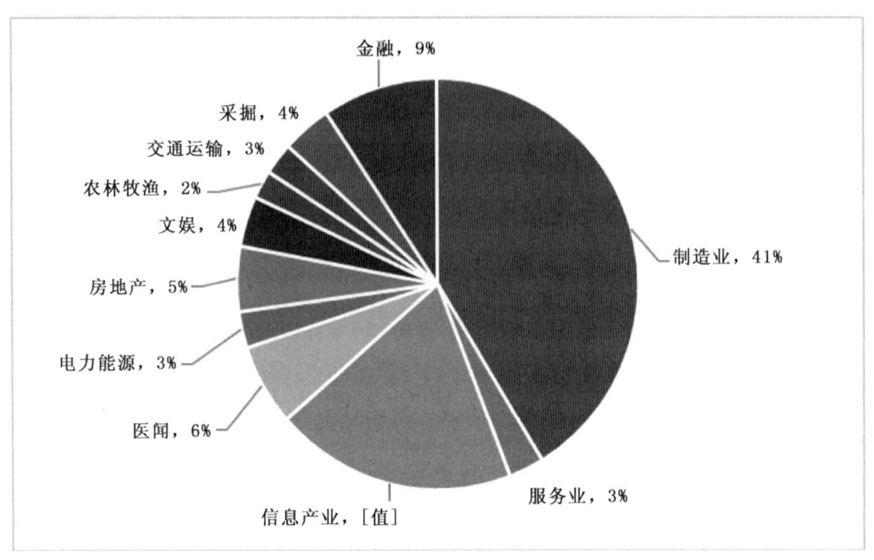

图 2-4　2015—2020 年并购重组标的行业分布

2015—2020 年期间，制造业及信息产业一直保持着上市公司并购重组标的行业活跃度前两名的位置，主要原因是近年来 4G/5G 技术发展速度较快，带动大批相关产业（见图 2-5）。

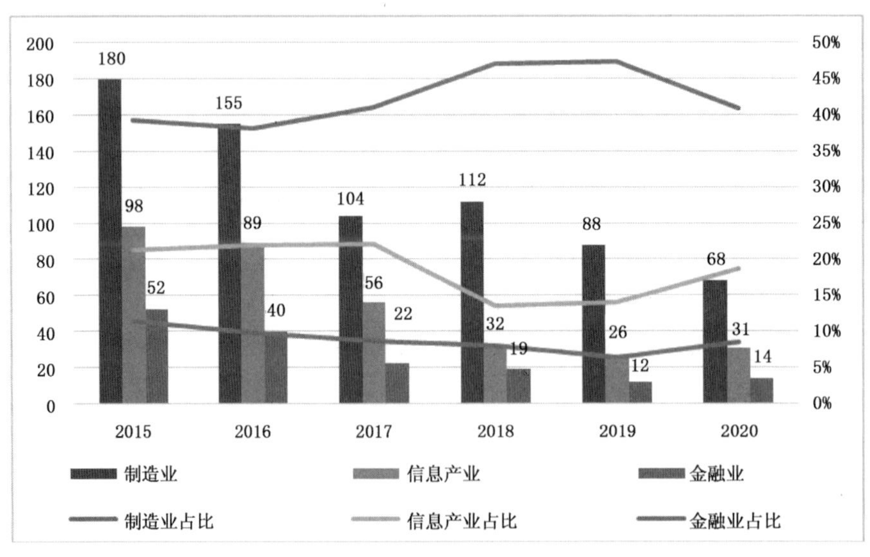

图 2-5　2015—2020 年制造业、信息产业、金融行业并购重组分布数量

2015—2020 年，上市公司在节能环保、新兴信息产业、生物产业、新能源、新能源汽车、高端装备制造业和新材料等战略新兴产业并购规模迅速提高，交易金额由 2015 年的合计 271.5 亿元增长至 2020 年的合计 2092.2 亿元，年化增长速度高达 54.1%，与此同时，新兴产业大型重组交易数量明显增加。

通过企业所有制类型来看，2015—2020 年间上市公司并购重组交易中，民营企业上市公司最为活跃，其次为地方国企上市公司和中央企业上市公司。其中，2015—2020 年间民营企业上市公司并购重组交易数量占比达到 60%以上，地方国企上市公司并购重组交易数量占比在 16%～20%之间，中央企业上市公司并购重组交易数量占比在 7%～9%之间（见图 2-6）。

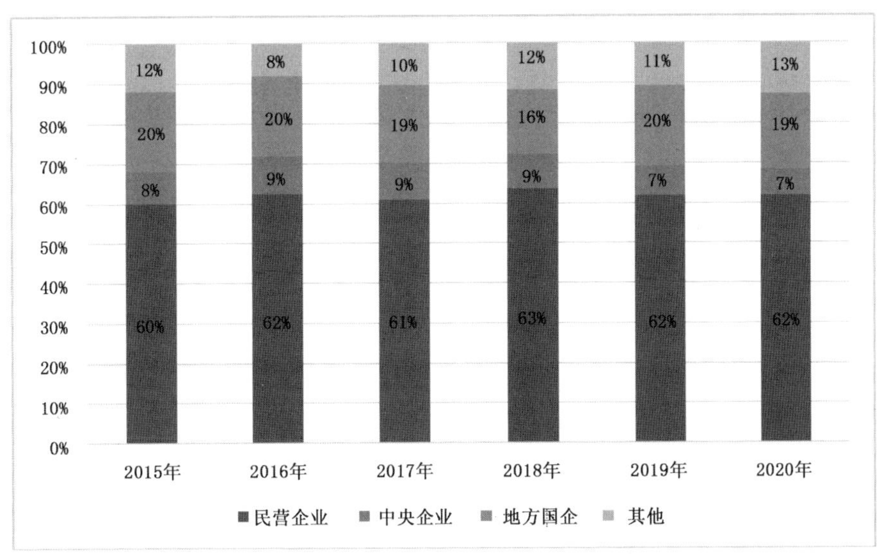

图 2-6 发生并购重组的上市公司类型及交易单数占比情况

注：其他类型主要包括无实际控制人企业、外商投资企业、集体企业等。

从交易数量来看，2015—2020 年间并购重组交易中上市公司企业性质以民营企业为主，主要原因是民营企业的行业覆盖面更广、基数较大、市场参与度较高（见图 2-7）。

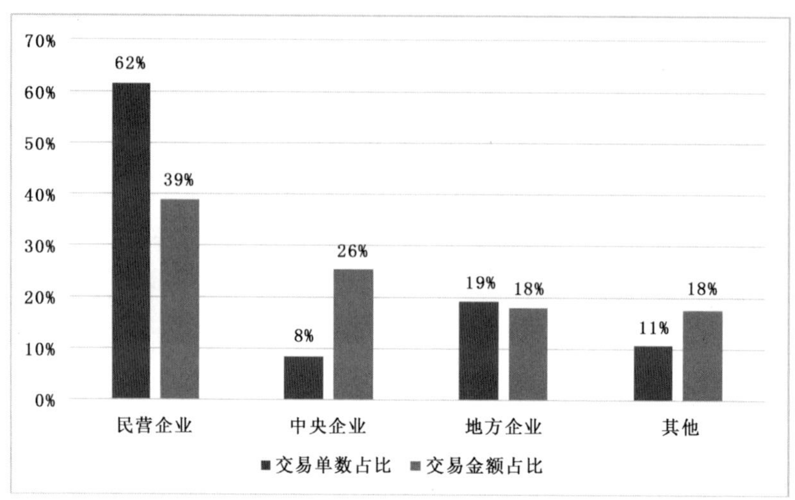

图 2-7　2020 年全部上市公司属性及总交易金额占比情况（家）

注：其他类型主要包括无实际控制人企业、外商投资企业、集体企业等。

从交易金额来看，国企上市公司并购重组交易金额（地方国企上市公司和中央企业上市公司总体并购重组交易金额之和）超过民营企业上市公司，国企上市公司并购重组交易金额占比为 44%，民营企业上市公司并购重组交易金额为 39%。其中，中央企业上市公司单笔并购重组交易金额最大，其次为地方国企上市公司，民营企业上市公司并购重组交易金额最小（见图 2-8）。

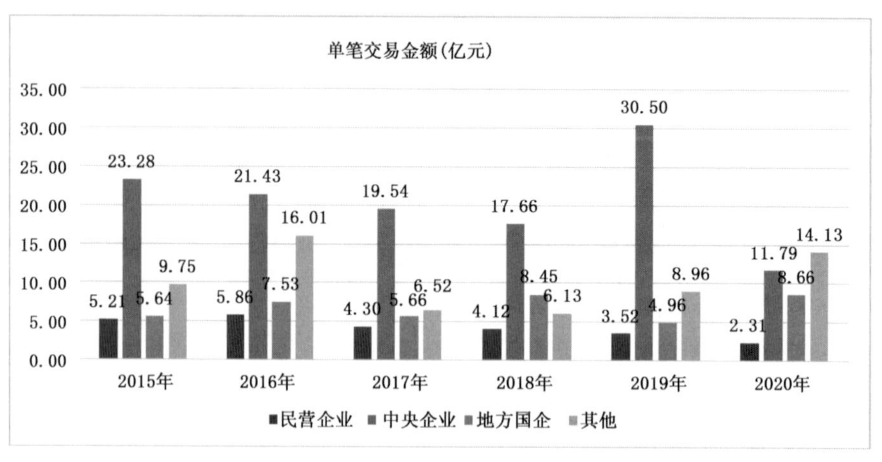

图 2-8　平均单笔交易金额情况（亿元）

三、A股市场活跃度的影响分析

(一) 产业结构调整的影响

随着中国经济结构升级，产业结构不断优化，部分行业从朝阳产业向夕阳产业过渡，部分传统主业的上市公司往往盈利能力较差、业务发展空间有限，亟待寻找新的增长动能。通过出清式重组，能推动A股上市公司中传统资产的快速出清，引入优质资产获得资本市场的支持，实现供给侧结构性改革的目的。2015—2020年资产出售和出清式重组规模占全市场的比例均在20%～30%。

通常而言，出清式重组包括两种类型。其一为传统重组上市项目，即上市公司在与拟上市企业交易过程中（或交易前60个月内），通过发行新股或/且由上市公司原大股东转让存量股的方式实现上市公司控制权变更，拟上市企业业务成为交易完成后上市公司主营业务。其二为部分出清式重组，以上市公司实际控制人未发生变更为前提，上市公司与实际控制人进行重组交易，上市公司置出原有资产，新资产实现置入，上市公司主业发生“脱胎换骨”式变更。

对于部分出清式重组，比较典型的案例大多发生在国有控股上市公司“腾笼换鸟”，国有股东将集团内部盈利能力较强的非上市资产注入上市公司，同步将上市公司原有业务置出，充分利用上市公司平台，优化配置资源和保值、增值国有资产，有效改善了上市公司的持续盈利能力。非借壳的出清式重组有明显的供给侧改革特征。

该类型交易，拟注入资产多发生在金融、高端装备制造等发展前景较好、盈利能力较强的行业中。如金融行业相关的案例包括中原特钢（中粮资本整体上市，上市公司原有特殊钢业务同步置出，2019 年 1 月取得核准）、＊ST 金瑞（五矿资本整体上市，上市公司原有新能源电池业务后续置出，2016 年 12 月取得核准）、＊ST 济柴（中油资本整体上市，上市公司原有内燃机业务同步置出，2016 年 12 月取得核准）；如高端装备制造行业相关的案例包括北汽蓝谷（北汽新能源上市，上市公司原有业务同步置出，2018 年 6 月取得证监会核准）、中铁二局（中铁装备等高端装备制造业务上市，上市公司原有建筑工程施工、房地产开发和物资销售业务同步置出，2016 年 9 月取得核准）。

（二）注册制对并购重组的影响

2020 年 3 月 1 日起修订后的《中华人民共和国证券法》（即新证券法）正式施行。新修订的《证券法》确立了证券发行注册制，提高了对欺诈发行等违法行为的处罚力度，规定了“责令回购”、“先行赔付”以及“明示退出、默示加入”民事诉讼制度等投资者保护措施，为深化注册制改革打下基础。

以建立符合注册制要求的高效并购重组机制为目的，本次改革对重组制度做了调整、优化。首先强调并购重组要符合创业板定位，本次改革通过制度安排，提出并购标的要符合创业板定位，要求与上市公司属于同行业或上下游，立足于创业板上市公司发展需求，持续推动强强联合或者上下游紧密衔接。其次价格形成机制上给予更多弹性，市场选择的核心是依靠市场机制形成合理的价格。这次改革通过调整发行股份的定价标准，在并购重组价格形成中给予创业板上市公司更多弹性，使市场在资源配置中发挥更好作用，让并购双方得到更充分博弈。最后实施注册制支持上市公司发展，在制度设计中，更加强调发挥市场机制作用，尊重市场规律，通过调整一些指标的认定标准、设置较短时间的注册程序，为创业板上市公司自主、便利和高效地利用并购重组做大做强主业提供制度支撑。

（三）金融监管环境的影响

金融市场监管政策环境对企业并购重组有一定的影响。当监管政策较为宽松时，企业并购重组活动明显增多；当监管政策趋严时，企业并购重组活动则相应减少。2015 年 8 月证监会等四部委联合发布《关于鼓励上市公司兼并重组、现金分红及回购股份的通知》，从并购重组制度、审批程序等方面鼓励上市公司兼并重组；2015 年 10 月证监会修订《〈上市公司重大资产重组管理办法〉第十四条、第四十四条的适用意见——证券期货法律适用意见第 12 号》，该修订将上市公司发行股份购买资产同时募集的部分配套资金的比例由 25% 提高至 100%。在政策推动下，2015 年上市公司并购重组活动非常活跃，A 股市场许可类并购重组交易单数达到 341 单，交易金额达到 12015.09 亿元，为近六年最高值。2016 年后金融市场监管趋严，监管机构陆续出台多项政策以整治并购重组中的行业乱象，“依法监管、全面监管、从严监管”成为资本市场监管新常态。受监管政策趋严的影响，2016 年后 A 股市场许可类并购重组交易单数逐年下降。

（四）资本市场影响着并购重组的活跃度

资本市场也影响着并购市场。当股票市场处于牛市背景下，股价上涨，收购方因对未来充满乐观的预期而愿意支付更高的收购溢价，被并购方因对收购方股票有上涨预期而更愿意接受股份支付方式，从而减轻收购方资金压力，进一步增加企业并购重组意愿；反之，当股票市场处于熊市背景下，企业并购重组意愿下降。2015 年资本市场曾处于牛市背景下，股票市场指数一度达到近几年高点，之后股票市场指数回落，相应的 A 股市场并购重组热度也有所下降。

（五）新冠肺炎疫情影响

2020 年暴发的新冠肺炎疫情，对世界及我国的社会经济产生了重大影响。

新冠肺炎疫情发生后，各地采取了延长春节假期、居家隔离等防控措施，避免人口大规模流动和聚集，导致消费需求骤降；企业停工减产、工厂复工延迟又导致制造业、房地产、基建投资在短期内基本停滞。新冠肺炎疫情并购交易的影响主要包括：交易时间推迟、买方及其聘请的顾问无法进行现场尽职调查、为并购交易提供融资的融资活动受阻、现有的标准化交易条款难以适应新冠疫情对并购交易的影响等。

根据 2017—2020 年全市场口径并购重组统计，2020 年较以前年度存在不同程度的下跌（见图 2-9）。

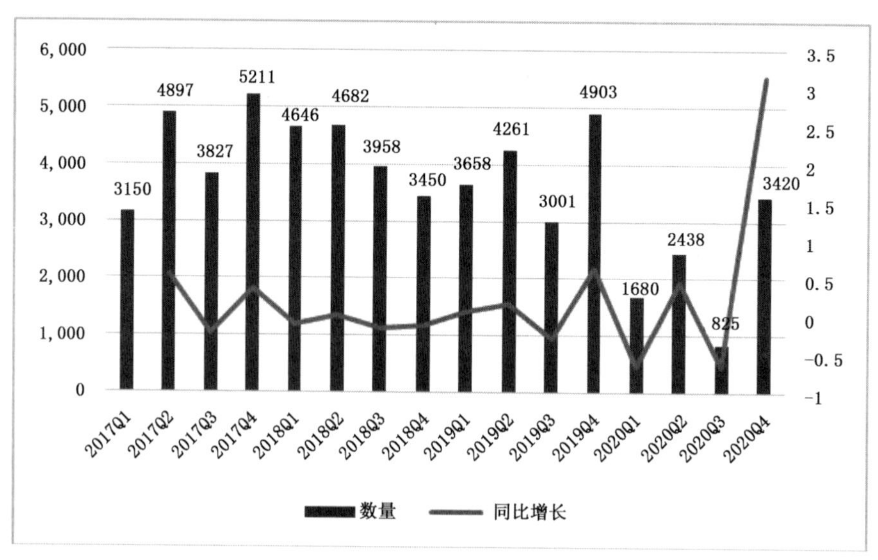

图 2-9　2017—2020 年全市场口径并购重组数量统计

数据显示，2020 年前三季度并购重组数量下跌幅度较大，第四季度逐渐回升。受新冠肺炎疫情影响，2020 年第一季度并购重组数量锐减至 1680 单，同比下降 62. 83%，环比下降 59. 75%；第二季度期间情况略有好转，并购重组数量为 2438 单，较第一季度有所增加，主要原因是疫情情况有所好转，2020 年第一季度的部分重组项目推迟到了第二季度进行；第三季度并购重组数量再次下降，主要原因是多地疫情反弹，市场积极度不高；第四季度全市场回弹迅速，并购重组数量激增至3420例。

四、上市公司并购重组中的“三高问题”

2019年10月，证监会发布《关于修改〈上市公司重大资产重组管理办法〉的决定》，严格规范重组上市行为，持续从严监管并购重组“三高”问题。

所谓“三高”，是指高估值、高商誉、高承诺。在并购重组中，并购标的企业为了追求高估值，往往会作出高业绩承诺，高估值、高业绩承诺给并购方带来高额商誉。之所以出现“三高”问题，是因为在并购重组中标的企业业绩承诺过于乐观，到期却难以完成，同时由于前期寻求高估值导致高商誉，使高商誉面临计提大额减值准备的风险。

（一）并购重组中标的资产评估增值率统计分析

根据统计，2015—2020年间，上市公司并购重组中并购标的平均评估增值率分别为548.45%、467.86%、506.83%、436.28%、327.56%和272.92%。从评估结论选取方法来看，市场法评估结果作为最终评估结论且作为交易定价依据的标的资产平均评估增值率最高。以收益法评估结果作为最终评估结论且作为交易定价依据的标的资产平均评估增值率波动较大，在2017年之前评估增值率逐年增大，到2017年达到最高值746.60%，之后走低。以资产基础法评估结果作为最终评估结论且作为交易定价依据的标的资产平均评估增值率最低，且波动幅度相对较小，评估增值率维持在150%左右（见图2-10）。

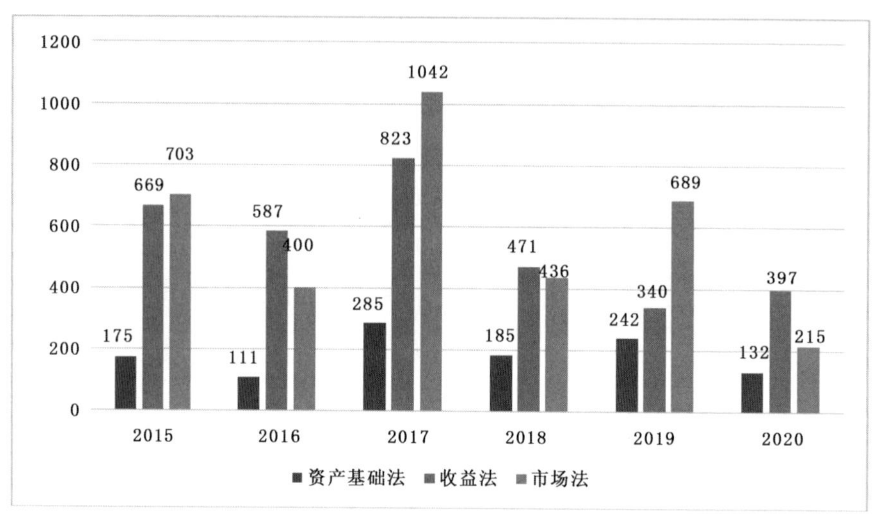

图 2-10　2015—2020 年并购重组中标的资产评估增值率情况（%）

（二）上市公司商誉统计及分析

近年来 A 股上市公司商誉呈持续上升趋势，存在商誉的上市公司数量逐年增加，商誉主要形成于并购重组。2011 年存在商誉的上市公司数量为 812 家，以后逐年增加，至 2020 年底存在商誉的上市公司数量已达 2226 家。同时，商誉净额也呈现上涨趋势。2011 年上市公司商誉净额为 1346.10 亿元，占全部上市公司总市值的比例为 0.63%；2020 年底上市公司商誉净额达 12830.09 亿元，占全部上市公司总市值的比例为 1.61%。其中，2015、2016、2017 三年上市公司商誉净额增长最快，上涨趋势尤其明显（见表 2-2）。

表 2-2　2011—2020 年 A 股上市公司商誉规模情况

项目	上市公司总数	存在商誉企业数量	占比（%）	商誉净额合计（亿元）	总市值（亿元）	商誉占总市值的比例（%）
2011	2342	812	34.67	1346.10	214758.09	0.63
2012	2494	1039	41.66	1624.43	230357.62	0.71
2013	2489	1104	44.36	2103.48	239077.19	0.88
2014	2613	1241	47.49	3241.29	372546.96	0.87

续 表

项目	上市公司总数	存在商誉企业数量	占比（%）	商誉净额合计（亿元）	总市值（亿元）	商誉占总市值的比例（%）
2015	2827	1490	52.71	6372.97	531304.20	1.20
2016	3052	1695	55.54	10393.02	507685.88	2.05
2017	3485	1905	54.66	12938.94	567086.08	2.28
2018	3584	2041	56.95	13006.30	434924.02	2.99
2019	3777	2102	55.65	12544.88	592934.57	2.12
2020	4139	2226	53.78	12830.09	794274.34	1.61

数据来源：Wind。

2015—2017 年上市公司商誉净额上涨迅速，每年存在约 3000 亿元的增幅。2015 年初商誉净额为 3241.29 亿元，到 2017 年底商誉净额迅速增长至 12938.94 亿元，共增长了近 9700 亿元，涨幅近 300%（见图 2-11）。

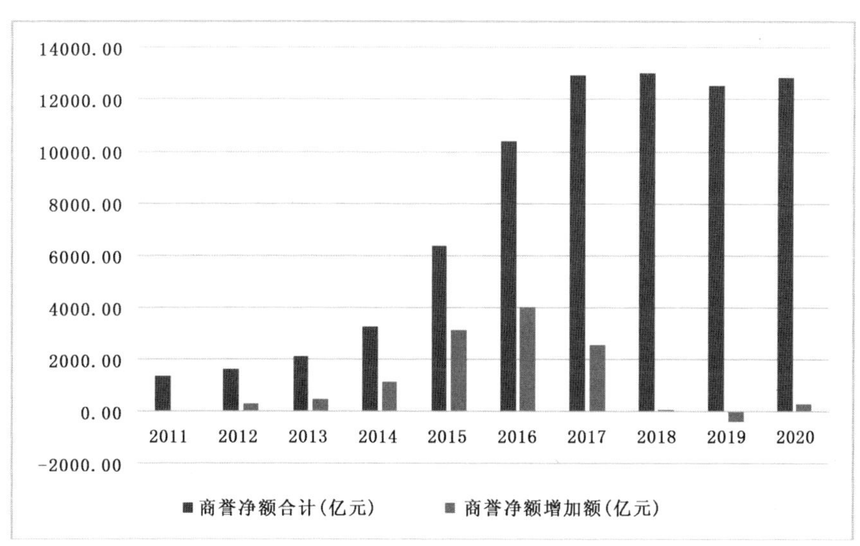

图 2-11　2011—2020 年商誉净额合计（亿元）

（三）业绩承诺完成情况统计分析

根据统计，2015—2020 年间许可类并购重组案例中共有 875 单约定业绩承诺，其中，614 单许可类并购重组案例已过业绩承诺期，261 单许可类并购重组案例仍在业绩承诺期。在已过业绩承诺期的许可类并购重组案例中，共有 465 单许可类并购重组案例完成了业绩承诺，占比 75.73%；149 单许可类并购重组案例未完成业绩承诺，占比 24.27%（见图 2-12）。

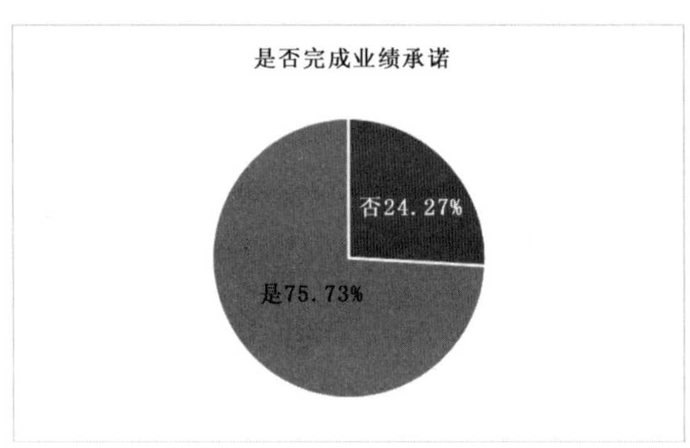

图 2-12　2015—2020 年许可类并购重组案例业绩承诺情况

在 149 单许可类并购重组案例未完成业绩承诺案例中，标的公司业绩累计实现金额超过累计承诺金额 80% 的案例占比约为 51.68%，而累计实现金额未达到累计承诺金额 50% 的案例占比为 18.79%（见表 2-3）。

表 2-3　已过业绩承诺期未完成业绩承诺的案例情况统计

业绩承诺完成情况	案例数	占比（%）
90%以上	52	34.90
80%～90%	25	16.78
50%～80%	34	22.82
0%～50%	19	12.75
0%以下	9	6.04
其他	10	6.71
合计	149	100.00

注：其他指逐年承诺案例中存在特别年份未达成业绩承诺，但累计承诺实现情形。

（四）商誉减值的原因及分析

此外，行业趋势及政策、技术替代、团队更替、宏观风险、会计政策等因素变动也将会导致商誉面临减值风险。

例如，天神娱乐是一家以经营网络游戏的研发和发行为主的公司，2013 年下半年加入移动网游的研发。2015—2017 年，天神娱乐先后收购了包括妙趣横生、雷尚科技、幻想悦游等多家公司，同时通过并购基金投资了微影时代、口袋科技等项目，并购资金超过百亿元，涉足多个行业板块，商誉金额一度达到 84.8 亿元，占总资产 64.9%。天神娱乐在 2015—2017 年并购重组中收购标的企业的价格远超同行业平均水平。

表 2-4 天神娱乐 2018 年各子公司商誉及减值

单位：亿元

天神娱乐投资形成商誉公司	2018 年商誉账面原值	累计商誉减值准备	收购价格
深圳市一花科技有限公司	9.01	9	9.86
雷尚科技有限公司	7.82	7.82	8.8
北京妙趣横生网络科技有限公司	5.03	4.87	5.89
深圳市为爱普信技术有限公司	4.93	—	6
北京幻想悦游网络科技有限公司	29.3	17.02	41.59
北京合润德堂文化传媒有限公司	5.2	1.95	7.42
嘉兴乐玩网络科技有限公司	4.36	—	4.68
北京星空智盛科技有限公司	0.063	—	0.15
深圳泰悦投资中心	0.43	—	—
上海凯裔投资中心	0.99	0.52	—
合计	67.08	40.9	84.39

根据天神娱乐公告的2018年年度报告，天神娱乐2018年发生巨大亏损，发生亏损的主要原因是并购形成的商誉计提大额减值。在大幅减值前，天神娱乐收购的雷尚科技2015—2017年业绩承诺完成率为103.88%，妙趣横生2014—2016年业绩承诺完成率为100.55%，上述资产在业绩承诺期内大部分为精准达标，从而天神娱乐被质疑此前财务质量存在问题。天神娱乐创始人朱晔于2018年5月因涉嫌违反证券法律法规，被证监会立案调查。

在本案例中，天神娱乐采用高估值、高频次并购重组方式，累积形成了巨额商誉。但多家子公司的高业绩承诺和行业趋势滑坡导致收购资产总体利润无法满足整体业绩承诺要求，导致商誉发生大额减值。

第二节　并购重组及收购制度框架及其演变

一国的资本市场监管体系取决于与之相对应的资本市场的发展水平与结构分布，同时还受经济体制、政治体制及民族文化等因素的影响。各国的资本市场监管体系各不相同，都有本民族的特点。资本市场的监管没有统一的模式。它是一个动态变量，随着相关条件的变化而变化。资本市场的监管也不存在最优的模式，只有最适合本国的监管模式。

一、并购重组监管制度演变

（一）监管规则体系

证券监管体制是整个证券法律制度十分重要的组成部分。各国证券监管体制因对证券市场并对证券监管手段功能的认识不同以及法律传统不同而各不相同，并随着证券市场的发展变化而不断发展完善。中国的证券监管体制也历经改革，尤其是证券法修订之后，证券监管体制的完善将更加迫切。目前我国证券监管规则体系：

（二）演变过程

证监管规则体系见图2-13。

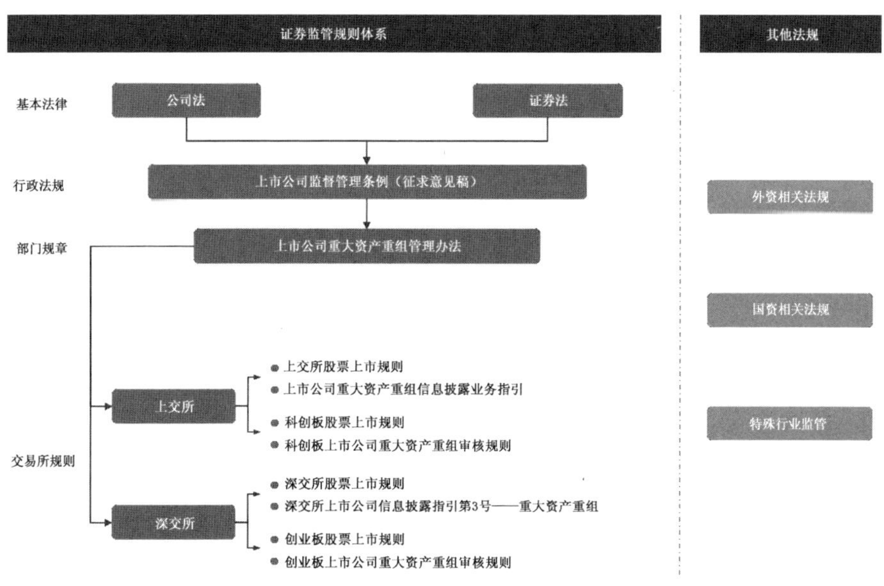

图2-13　证券监管规则体系

1. 1998年以前“缺乏监管”阶段

1998年以前的法规体系，仅将重大资产重组行为列为重大事件履行信息披露程序，没有专门针对重大资产重组行为制定相关规则。这一时期由于受制度和环境的限制，并购重组案例较少。

2. 1998—2000年严格“事前审批制”阶段

党的十五大后，市场开始涌现大量并购重组案例，为完善重组上市等监管制度，1998年12月证监会发布了《关于上市公司置换资产、变更主营若干问题的通知》（证监上字〔1998〕26 号），实施严格的“事前审批制”，开启了上市公司重大资产重组的监管序幕。此阶段实施重大资产重组的企业较少，交易案例不多。

3. 2000—2001 **年放松管制的“事后备案制”阶段**

为落实党的十五届四中全会鼓励企业兼并重组行为的精神，2000 年 6 月证监会发布了《关于规范上市公司重大购买或出售资产行为的通知》（证监公司字〔2000〕75 号），放松了监管制度，简化了监管程序，由“事前审批制”调整为“事后备案制”，重组交易出现一个小高潮。

4. 2001—2008 **年鼓励与规范并举的“事中审核备案制”阶段**

75 号文后的宽松监管，引发了资本市场大量不规范重组行为，2001 年 12 月证监会发布了《关于上市公司重大购买、出售、置换资产若干问题的通知》（证监公司字〔2001〕105 号），上市公司实施重组由“事后备案制”调整为“事中审批备案制”，有效遏制了上市公司虚假重组，对推动实质性重组起到了积极规范作用。

5. 2008 **年后坚持市场化、法治化改革方向的“事中核准制”阶段**

随着 2005 年《公司法》、《证券法》修订以及股权分置改革的顺利推进，2008 年 3 月证监会发布了《上市公司重大资产重组管理办法》及相关配套文件，由在上市公司股东大会前审核的“事中审核备案制”调整为在股东大会后核准的“事中核准制”，并由此确立了充分尊重股东自治、发挥市场主体积极性、坚持市场化法治化改革方向的重大资产重组监管思路与逻辑框架。此后，在坚持市场化、法治化监管改革的方向下，结合国家宏观政策及资本市场情况，审时度势，与时俱进，不断对相应监管规则进行适时调整。

（1）2011 年允许重组配套融资，提升公司融资效率。

2010 年，为落实国务院下发《关于促进企业兼并重组的意见》（国发〔2010〕27 号）提出的进一步推进资本市场企业并购重组市场化改革精神，证监会于 2011 年 8 月修订了《重组管理办法》及配套文件，进一步规范了重组上市的要求、完善了发行股份购买资产的相关规定，首次允许并购重组配套融资，并对破产重整的发股价格进行了修订。

（2）2014 年取消现金类重组的“事中核准”。

2014 年，国务院下发《国务院关于进一步优化企业兼并重组市场环境的意见》（国发〔2014〕14 号）、《关于进一步促进资本市场健康发展的若干意见》（国发〔2014〕17 号），证监会于 2014 年 10 月修订完善《重组管理办法》，以“放松管制、加强监管”为理念，进一步“简政放权”、完善审核分道制，同时在强化信息披露、加强事中事后监管、督促中介机构归位尽责、保护投资者合法权益等方面作出配套安排。

（3）2016 年对重组上市从严监管。

由于市场非理性炒作壳资源，证监会贯彻落实“依法监管、从严监管、全面监管”理念，遏制虚假重组、“忽悠式”重组，促进市场估值体系的理性修复，继续促进并购重组更好地提升上市公司质量、服务实体经济发展，2016 年 9 月证监会再次修订《重组管理办法》及配套文件，完善重组上市（借壳上市）认定标准，取消重组上市配套融资，延长相关股东股份锁定期，强化对违法或失信公司的约束等。

（4）2019 年放开创业板重组上市，持续推进并购重组市场化改革。

随着经济形势发展变化，上市公司借助重组上市实现大股东“新陈代谢”、突破主业瓶颈、提升公司质量的需求日益凸显。2019 年 10 月证监会对《重组管理办法》及配套文件进行修订，取消了重组上市认定标准中的“净利润”指标，缩短“累计首次原则”计算期至 36 个月，恢复重组上市配套融资，更重要的是推进了创业板重组上市改革，允许符合国家战略的高新技术产业和战略性新兴产业相关资产在创业板重组上市，支持深圳建设中国特色社会主义先行示范区，服务科技创新企业发展。

（5）2019 年科创板上市公司并购重组审核实施注册制。

2019 年 6 月，上海证券交易所科创板正式，证券监管试点注册制的改革落地，助力符合国家战略、突破关键核心技术、市场认可度高的科技创新企业快速发展。在科创企业并购重组监管方面，突出科创板制度的包容性和适应性，明确科创公司发行股份购买资产实施注册制，由上海证券交易所进行审核，证监会收到上海证券交易所报送的审核意见等相关文件后，在 5 个交易日内对科创公司注册申请作出同意或者不予注册的决定。注册制的实施，将有效提升科创公司并购重组效率。

（6）2019 年修订《上市公司重大资产重组管理办法》。

本次修订主要为适应《证券法》的修订，主要变化为删除“非公开发行”相关表述，增加“存托凭证”相关表述；增加并单独列出信息披露要求中上市公司控股股东、实际控制人的责任；删除对中介机构人员“责令参加培训”的监管措施；将“科创板”表述修改为“证券交易所相关板块”。修改规则不等于放松监管，证监会持续完善“全链条”监管机制，支持优质资产注入上市公司。监管不局限于行政审批中，而是全过程的监管，同时，证监会将继续严格规范重组上市行为，持续从严监管并购重组“三高问题”，打击恶意炒壳、内幕交易、操纵市场等违法违规行为，遏制“忽悠式”重组、盲目跨界重组等乱象，促进上市公司质量提升和资本市场稳定健康发展。

（三）各板块重组上市（买壳上市）监管规则对比

重组上市是指《重组管理办法》第十三条规定的重大资产重组行为，科创板、创业板在认定重组上市时与《重组管理办法》第十三条认定标准一致。

由于科创板重组上市适用于《科创板首次公开发行股票注册管理办法（试行）》、创业板重组上市适用于《创业板首次公开发行股票注册管理办法（试行）》，因此科创板、创业板以及由证监会审核的重组上市在标的公司要求上有所差异。

不同板块公司重组上市标准见表2-5。

表2-5　不同板块公司重组上市标准

收购方	适用规则	标的公司标准
各板块上市公司	《上市公司重大资产重组管理办法》第十三条	上市公司购买的资产对应的经营实体应当是股份有限公司或者有限责任公司，且符合《首次公开发行股票并上市管理办法》规定的其他发行条件。
科创板上市公司（不包括红筹上市）	《上海证券交易所科创板上市公司重大资产重组审核规则》第十条	符合《科创板首次公开发行股票注册管理办法（试行）》规定的相应发行条件，并符合下列条件之一： 1. 近两年净利润均为正且累计不低于人民币5000万元； 2. 近一年营业收入不低于人民币3亿元，且近三年经营活动产生的现金流量净额累计不低于人民币1亿元。
创业板上市公司（不包括红筹上市）	《深圳证券交易所创业板上市公司重大资产重组审核规则》第十条	符合《创业板首次公开发行股票注册管理办法（试行）》规定的相应发行条件，并符合下列条件之一： 1. 最近两年净利润均为正，且累计净利润不低于人民币5000万元； 2. 最近一年净利润为正且营业收入不低于人民币1亿元； 3. 最近一年营业收入不低于人民币3亿元，且最近三年经营活动产生的现金流量净额累计不低于人民币1亿元。

续 表

收购方	适用规则	标的公司标准
存在差异表决权的科创板、创业板上市公司	《上海证券交易所科创板上市公司重大资产重组审核规则》第十一条 《深圳证券交易所创业板上市公司重大资产重组审核规则》第十一条	科创板与创业板认定相同：除符合《注册管理办法》规定的相应发行条件外，其表决权安排等应当符合《上市规则》等规则的规定，并符合下列条件之一： 1. 近一年营业收入不低于人民币 5 亿元，且近两年净利润均为正且累计不低于人民币 5000 万元； 2. 近一年营业收入不低于人民币 5 亿元，且近三年经营活动产生的现金流量净额累计不低于人民币 1 亿元。

二、收购监管制度演变

（一）上市公司收购相关概念

《证券法》第六十二条规定，投资者可以采取要约收购、协议收购及其他合法方式收购上市公司。

要约收购指收购人通过向目标公司的所有股东发出购买其所持该公司股份的书面意见表示，并按照依法公告的收购要约中所规定的收购条件、价格、期限以及其他规定事项，收购目标公司股份的收购方式。要约收购分为两种形式：全面要约和部分要约。全面要约即向被收购公司所有股东发出收购其所持有的全部股份的要约。部分要约即向被收购公司所有股东发出收购其所持有的部分股份的要约。

协议收购指收购人可以依照法律、行政法规的规定同被收购公司的股东以协议方式进行股份转让，从而实现收购目标公司股份的收购方式。

此外，根据收购形式是否直接、特定收购方身份还可分为间接收购和管理层收购。间接收购指收购人虽不是上市公司的股东，但通过投资者关系、协议、其他安排，间接购买目标公司的股票，实现收购目标公司股份的收购方式。管理层收购是指上市公司董事、监事、高级管理人员、员工或者其所控制或者委托的法人或者其他组织，拟对本公司进行收购或者通过间接收购方式取得本公司控制权的收购方式。

（二）收购监管制度演变

1. 2002 年确立收购行为法律框架

2002 年 9 月证监会出台《上市公司收购管理办法》《上市公司股东持股变动信息披露管理办法》，首次以部门规章形式规范上市公司收购活动，明确收购定义是控制权转让，明确不涉及实际控制权的股份转让和股票交易在信息披露办法下履行公告报告义务。

2. 2006 年开展以鼓励收购为主旨的全面修订

2005 年随着《公司法》《证券法》的修订以及股权分置改革的顺利推进，证监会于 2006 年 7 月修订了上市公司《收购管理办法》，在降低收购成本、转变监管方式、丰富收购手段和工具、明确一致行动人范围、将不同收购方式统一纳入监管体系等方面进行了全面修订，确立了现行收购管理办法的框架。

3. 2008—2012 年对行政许可事项持续优化

2008 年、2012 年对要约收购行政许可、豁免情形、自动豁免情形、报送要求、审批时限等方面进行持续优化。解决了实践中的上市公司控制权变动出现了原规定中未明确或不够完善的事项，进一步优化豁免要约收购的审批时间。

4. 2014 年放松管制、加强监管

以明确收购的信息披露为导向，取消要约收购事前审批及两项要约收

购豁免情形的审批，明确获得上市公司股份比例所履行的信披义务及三类收购行为的信披要求。以“放松管制、加强监管”为理念，进一步减少和简化并购重组行政许可，强化信息披露、加强事中事后监管、督促中介机构归位尽责、保护投资者权益。

5. 2019 年强化事中事后监管机制

明确要约收购豁免行政许可取消后的监管安排，明确超比例增持的股份一定期限内不得行使表决权，延长上市公司收购中收购人所持股份的锁定期。

根据新《证券法》进行的集中“打包”修改，进一步完善对持股 5%以上股东持股变动的监管要求，细化对持股变动信息的披露要求，强化事中事后监管机制。

第三节　中国上市公司并购重组评估方法统计分析

一、评估方法选用总体情况

股权类评估业务评估方法主要包括资产基础法、收益法和市场法三种。根据《上市公司重大资产重组管理办法》规定，评估机构、估值机构原则上应当采取两种以上的方法进行评估或者估值。执行股权类评估业务时，应当根据评估目的、评估对象、价值类型、资料收集等情况，分析收益法、市场法、资产基础法三种基本方法的适用性，选择合适的评估方法。评估方法选用的科学与否事关评估结论的科学性与合理性。为了解目前国内上市公司并购重组企业价值评估中评估方法应用方面的特点，我们对2015—2020年上市公司置入类并购重组案例评估方法选用情况进行了统计。

根据统计，在评估方法使用方面，采用资产基础法与收益法两种方法进行评估的并购重组案例占比最高，其次为收益法与市场法，少数企业采取资产基础法与市场法。此外，由于缺乏收益法及市场法应用的基本条件，存在仅选用了资产基础法一种方法进行评估的情况。各年度评估方法使用情况汇总见表2-6、图2-14。

表2-6　2015—2020年并购重组企业评估方法使用情况

单位:%

使用方法	2015年	2016年	2017年	2018年	2019年	2020年
资产基础法	87.75	87.03	86.67	87.07	91.23	89.06
收益法	91.30	95.60	81.11	80.61	94.74	85.94
市场法	14.43	22.42	16.30	12.17	29.82	14.84

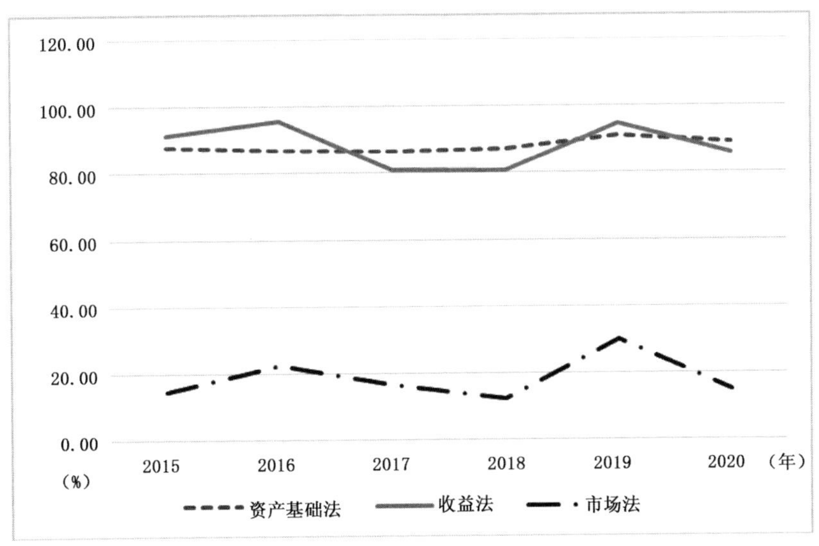

图2-14　上市公司置入类并购重组资产评估方法使用情况

在评估结论选取方面，采用收益法评估结果作为最终评估结论的比例最高，但呈现下降趋势；采用资产基础法评估结果作为最终评估结论占比相对较小，并波动上涨；采用市场法评估结果作为最终评估结论的占比最低，且较为稳定（见图2-15、图2-16）。

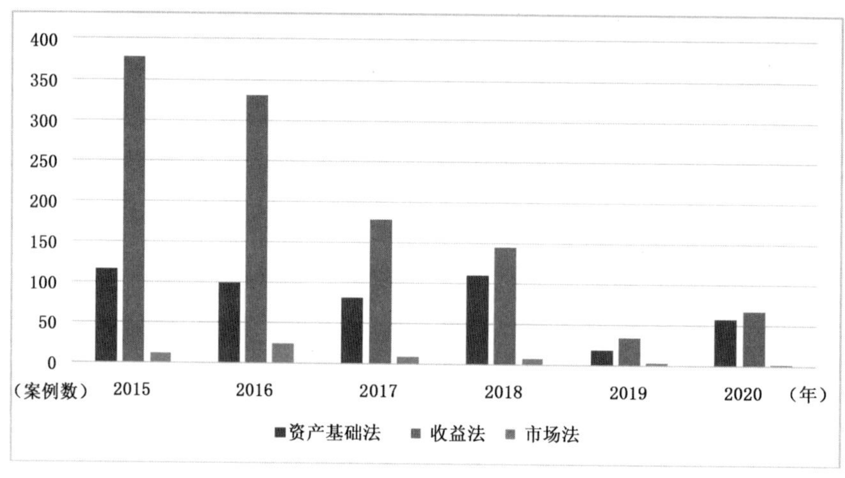

图2-15　2015—2020年置入类并购重组企业评估方法定价采用情况

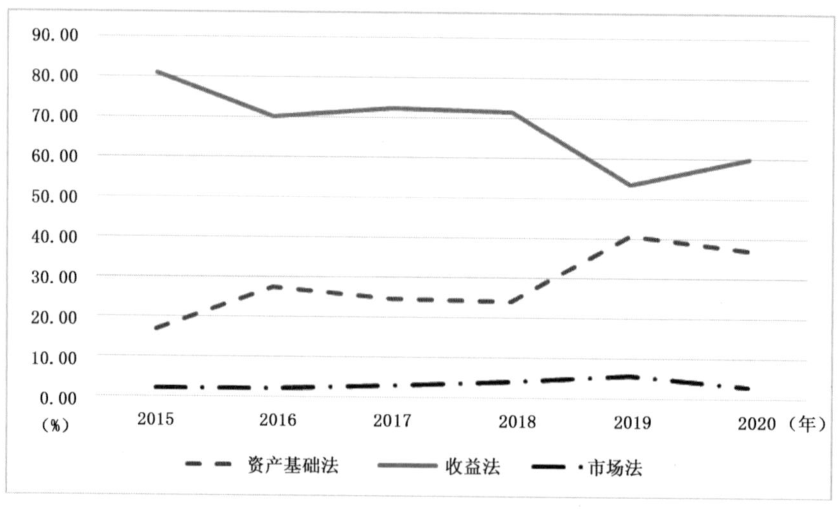

图2-16　置入类并购重组企业的最终评估方法采用情况

本次统计口径为按标的公司计次统计，故存在同一并购重组案例中多个标的公司使用相同评估方法确定评估值的情况。如2018年上海豫园旅游商城股份有限公司收购上海星泓、闵祥地产等26家公司的全部或部分股权均采用资产基础法定价；2020年上海宝钢包装股份有限公司收购河北宝钢制罐北方有限公司等8家公司的全部或部分股权均采用资产基础法定价；2020年东方国际创业股份有限公司收购东方国际集团上海市对外贸易有限公司等6家公司的全部或部分股权均采用资产基础法定价。

剔除特殊案例后，在上市公司并购重组股权类评估对象定价方法选取中，收益法评估结果作为定价方法的案例占比最高，其次为资产基础法，市场法采用率最低。

二、上市公司并购重组评估方法选用情况分析

（一）收益法应用最多

根据统计，2015—2020年约90%的并购重组核心资产价值采用收益法进行评估，约60%的并购重组核心资产以收益法定价。上市公司并购重组中收益法应用较为广泛，这是多重因素共同作用的结果。

上市公司资产重组的核心往往是优良资产的注入，上市公司管理层及投资者最为关注的通常是注入资产的盈利能力，是其能给上市公司带来的未来收益。收益法是指将预期收益资本化或者折现，从而确定评估对象价值。采用收益法进行评估恰能从未来收益角度衡量注入资产的价值，满足并购双方对价值判断的需要，也容易被监管部门、投资者所接受。

此外，收益法在全面反映企业价值方面具有优势，其通常可将影响企业价值的各项有形和无形因素综合考虑，从而能更全面地反映企业价值，特别是对于轻资产企业，收益法能更好地反映渠道、人才等无形因素对企

业价值的贡献。近年来，伴随中国资本市场的不断发展，在相关准则的规范下，收益法应用的技术手段日益完善，收益法在上市公司并购重组企业价值评估中的应用将会得到进一步拓展。

（二）资产基础法最为基础

根据2015—2020年统计数据，上市公司并购重组中资产基础法方法采用率在90%左右，使用资产基础法定价的并购重组案例占总并购重组案例的30%左右。

在企业价值评估中，资产基础法是将各项可以确认的资产、负债的现实价值逐项评估出来，最终确定企业价值。资产基础法可以有效地反映资产的重置成本，多适用于重资产行业和资产置出型企业。

随着中国经济环境的不断变化和中国企业自身经营效益的不断改善，资产基础法的局限性开始体现。资产基础法的理论基础是成本价值论，使用该方法所测算出的企业价值无法从未来收益的角度反映企业真实能为其投资者或所有者带来的收益。在使用资产基础法进行评估时，通常很难将难以辨认的无形资产计入评估资产的价值之中，因此在上市公司并购重组中通常采用资产基础法对标的企业进行评估，但较少将其作为定价方法。

（三）市场法前景广阔

在企业价值评估中，市场法是将评估对象与可比上市公司或者可比交易案例进行比较，从而确定评估对象的价值。市场法常用的两种具体方法是上市公司比较法和交易案例比较法。上市公司比较法是指获取并分析可比上市公司的经营和财务数据，计算价值比率，在与被评估单位比较分析的基础上，确定评估对象价值的具体方法；交易案例比较法是指获取并分析可比企业的买卖、收购及合并案例资料，计算价值比率，在与被评估单位比较分析的基础上，确定评估对象价值的具体方法。无论是上市公司比较法还是交易案例比较法，在应用时都需要有一个充分发达的、活跃的、公平的资产交易市场，且相关资料是公开可获取的。

市场法作为一种最为直观的评估方法一直是国际上较为常用的估值方法，随着国内资本市场的发展和完善，市场法在国内上市公司并购重组中也逐渐应用起来。根据数据统计，上市公司并购重组中市场法使用率占总体比例约为20%，使用市场法定价的并购重组案例占总体比例约为5%，整体应用比例较低。这主要与我国资本市场发展时间较短有关，资本市场相关信息积累不足，可比信息匮乏，市场法使用受限。此外，市场法在应用时技术手段不完善，调整指标标准不一，导致评估中市场法应用较少。随着中国资本市场的不断发展和信息的不断积累，以及市场法评估技术手段的不断完善，市场法在上市公司并购重组企业价值评估中将会得到越来越广泛的应用。

三、置入、置出资产评估方法应用对比

上市公司并购重组活动既包括资产置入，也包括资产置出。为整合上市公司主营业务，突出主业，保持持续盈利能力，需将非盈利性资产或非经营性资产以及其他不符合重组后公司主营业务发展需要的资产置出上市公司；同时，将优质资产或符合重组后公司主营业务发展需要的经营性资产等值置入上市公司。因此，在并购重组中资产置入与置出二者的定价十分重要，关系着交易对价的公平性与合理性。但由于两部分资产在特性上存在着本质的不同，决定了相应评估方法选用上的差异。根据统计，在2015—2020年许可类并购重组交易案例中，置入资产主要采用收益法定价，置出资产主要采用资产基础法定价。

统计显示，在2015—2020年许可类并购重组置入资产交易案例中，采用收益法定价的并购重组案例占比最高，维持在50%以上；采用资产基础法定

价的并购重组案例占比次之，在 10% ~50% 区间波动，并呈现上升趋势；采用市场法定价的并购重组案例占比维持在 10% 以下，占比较低。在2015—2020 年许可类并购重组置出资产交易案例中，采用资产基础法定价的并购重组案例占比最高，2018 年达到统计期间最高值 93%；采用收益法定价的并购重组案例占比相对较小，并在 2018 年发生显著下滑，2018 年后逐渐上升；采用市场法定价的并购重组案例占比最小，且趋势较为稳定。

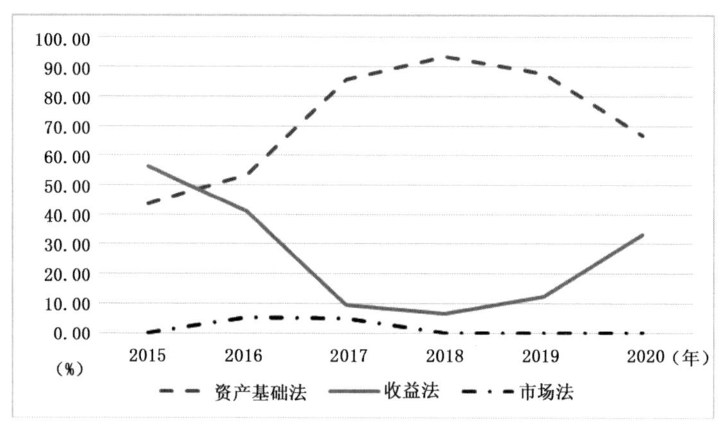

图 2-17 置出资产最终评估方法选用情况

注：2020 年仅有 9 件置出资产案例，6 次资产基础法定价，3 次收益法定价。样本量过小导致百分比变化较大。

置入、置出资产之间的固有差异决定了置入、置出资产评估方法选用上的差别，而市场及投资者对置入、置出资产关注点的不同进一步强化了该差异。

通过并购重组提高公司盈利能力往往是上市公司重组的重要目标，并购重组能为上市公司带来的盈利能力提升直接决定着重组的成功程度。在这样的并购重组目标下，纳入的资产往往具有较好的盈利能力，应用收益法对其进行价值评估既具有技术可行性，也与置入资产的良好收益特性相符，与股东及潜在投资者对衡量置入资产价值的预期相匹配。

对于盈利能力不强或重资产行业的置出资产，其持续经营能力可能面临问题，即便具备了持续经营的前提，运用收益法进行股权价值评估得到的结果也有可能较低，上市公司股东更关注如何能高价卖出资产。因此，采用资产基础法对置出资产进行价值评估通常更具可行性。

四、主要行业的评估方法适用性分析

不同行业企业资产特点、经营特点及核心价值驱动因素等方面存在的差异，使得不同行业企业价值评估过程中的侧重点可能有所不同，甚至会存在较大差异。我们通过理论分析对各行业评估方法适用性进行了探讨，并从实证角度对不同行业评估方法选用上的差异进行了研究。

根据 2015—2020 年上市公司并购重组案例统计，标的企业遍布各个主要行业，其中制造业最多，占并购重组案例总数量的 41%；其次为信息产业，占并购重组案例总数量的 19%；排名第三的为金融业，占并购重组案例总数量的 9%。下文将对代表性行业包括制造业、信息产业、金融业和房地产业评估方法的适用性进行分析。

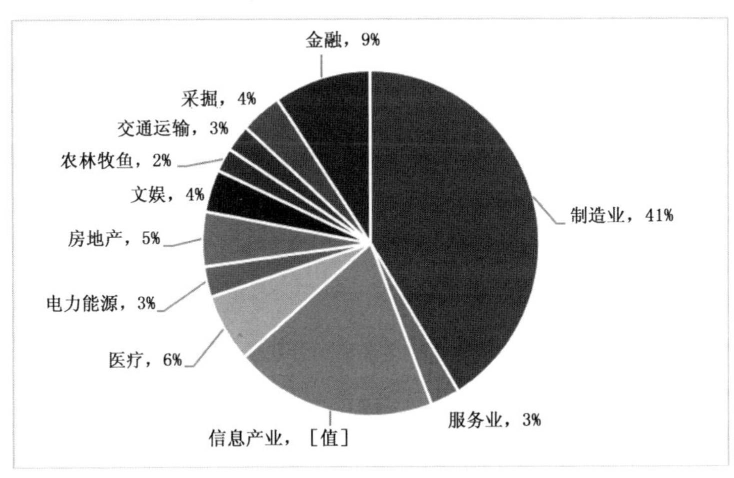

图 2-18　2015—2020 年上市公司并购重组行业分布图

（一）制造业

制造业是各行业中细分最多、产业链最长的行业，参照中国证监会行业分类标准，制造业企业囊括了食品、服装纺织、木材家具、造纸印刷、石化、橡胶、塑料、金属、非金属、机械、设备、仪表与通信电子的制造加工等诸多生产型企业，该行业亦为2015—2020年间上市公司并购重组最多的行业。

制造业企业主要分为以加工、制造为主的传统制造业和以新材料、新能源为主的新兴制造业。其中，新兴制造业企业一般为依托部分核心无形资产技术的企业，与信息技术行业有类似之处；而传统制造业企业作为制造业的主要组成部分，其价值一般体现在主要资产如设备、房屋、土地等有形资产以及企业整体运营价值创造能力两个层次，由于这类企业相对缺少可带来超额盈利能力的无形资产，因此采用不同评估方法得出的评估值往往差异不大。

以2020年德力西新疆交通运输集团股份有限公司并购重组案例为例进行说明。并购重组目的：德力西新疆交通运输集团股份有限公司采用电气产业为主业，环保、交运物联、新材料等领域齐头并进的“1+X”多元化战略规划。东莞致宏精密模具有限公司经营范围主要包括高精密锂电池自动裁切模具、精密工具装夹具、新能源材料生产的辅助设备、锂电池自动裁切模具的研发和技术服务等。德力西新疆交通运输集团股份有限公司收购致宏精密模具有限公司，符合其多元化战略规划，有利于企业的未来发展。

本案例中德力西新疆交通运输集团股份有限公司收购东莞致宏精密模具有限公司100%股权。标的公司东莞致宏精密模具有限公司归属于模具制造行业，主要业务为模具制造，为典型的新兴制造型企业。企业成立以来，盈利情况较好，评估机构对标的企业选用了资产基础法和收益法进行评估，最终采用收益法定价。

表 2-7　东莞致宏精密模具有限公司不同方法的评估结果对比

评估对象	收益法评估结果（万元）	增值率（%）	资产基础法评估结果（万元）	增值率（%）
德力西股份有限公司	74443.90	450.42	25247.18	86.67

东莞致宏精密模具有限公司归属于模具制造行业，企业价值除了包括固定资产、营运资金等可辨认资产价值外，还应包括所处行业发展阶段、现有客户资源、业内声誉、技术研发能力、新产品开发能力、人才团队、所享受的各项优惠政策、区位优势等重要的无形资源带来的价值。资产基础法对企业价值进行评估时，仅对各单项有形资产和可确指的无形资产进行了评估，不能完全体现各个单项资产组合对整个公司的贡献，也不能完全衡量各单项资产间的互相匹配和有机组合因素可能产生出来的整合效应。企业整体收益能力是企业所有环境因素和内部条件共同作用的结果，收益法评估结果包括了上述企业不可确指的无形资源带来的价值，更能够客观、合理地反映评估对象的价值，故以收益法的结果作为最终评估结论。

（二）信息产业

信息产业是包括软件技术与服务、计算机及通信设备制造等在内的技术密集型行业，该行业的发展与科技进步密切相关，是充分体现和运用现代科技成果的行业。信息技术企业的价值核心往往体现在其拥有的核心技术、专利等无形资产中，属于较典型的“轻资产”行业，仅以企业账面所列资产累加计算企业整体价值存在较大地低估企业价值的可能性。对于此类企业，运用收益法对其价值进行评价通常更为恰当。在分析和预测科学合理的情况下，以收益法评估结果作为上市公司并购重组置入信息技术股权资产交易价格参考依据相对资产基础法评估结果更为合理。

珠海汇金科技股份有限公司成立于2005年1月26日，是一家专门从事金融安防电子信息科技产品研发和生产的国家高新技术企业，主要经营范围为电子计算机软硬件、安全防范技术产品、通信设备的设计等。2020年，珠海汇金科技股份有限公司置入卓沃网络科技（上海）有限公司100%股权。

本次交易完成后，标的企业成为上市公司的全资子公司，上市公司能够利用标的企业现有产品和技术，有效提升上市公司的金融行业信息化的整体服务能力，同时，上市公司具备了在非银行金融机构领域推广物联网管控系统和人工智能解决方案等新兴技术的开发成果的条件。通过此次并购，加强上市公司和标的企业优势互补，促进上市公司与标的企业整体协同发展，增强上市公司盈利能力。

标的企业是一家以信息科技领域内的技术开发、技术咨询、技术服务为主的高新技术企业，在技术开发、咨询方面具有一定的优势。评估机构采用资产基础法和收益法两种评估方法对标的企业100%股权价值进行了评估，最终采用收益法评估结果作为评估结论。

表2-8 卓沃网络科技（上海）有限公司不同方法的评估结果对比

评估对象	收益法评估结果（万元）	增值率（%）	资产基础法评估结果（万元）	增值率（%）
卓沃网络科技（上海）有限公司	36800.00	1372.00	4294.27	71.77

资产基础法是从资产重置的角度评价资产的公平市场价值，仅能反映企业资产的自身价值，而不能全面、合理地体现各项资产综合的获利能力及企业的成长性，并且也无法涵盖诸如在执行合同、客户资源、商誉、人力资源等无形资产的价值。收益法是采用预期收益折现的途径来评估企业价值，不仅考虑了企业以会计原则计量的资产，同时也考虑了在资产负债

表中无法反映的企业实际拥有或控制的资源，如在执行合同、客户资源、销售网络、潜在项目、企业资质人力资源、产品研发能力等，而该等资源对企业的贡献均体现在企业的净现金流中，所以，收益法的评估结论能更好体现企业整体的成长性和盈利能力。故本次评估采用收益法评估结果作为本次评估的最终评估结论。

（三）金融业

金融业是指经营金融商品的特殊行业，包括银行业、保险业、信托业、证券业和租赁业。参照中国证监会行业分类标准，金融业囊括了货币金融服务、资本市场服务、保险业和其他金融业。金融企业在经营中表现出许多有别于一般企业的特殊性，在对金融企业进行评估时，需分别对资产基础法、市场法、收益法和其他方法在金融企业价值评估中的适用性加以分析。

以2019年哈尔滨高科技（集团）集团股份有限公司发行股份购买湘财证券股份有限公司股权项目为例。上市公司主营业务主要包括非转基因大豆产品深加工、制药、防水卷材业务、工业厂房及其他业务，本次交易完成后，上市公司的业务范围将增加证券等金融服务业务，实现战略转型、资产与业务调整，业务结构将得到优化，盈利能力将得到增强，上市公司将更有能力为股东创造持续稳定的回报。本次交易也将有助于标的企业在夯实传统优势业务基础上，积极拓展创新业务版图，拓宽融资渠道，持续提升综合服务能力，增强盈利能力和抗风险能力，促进标的企业金融业务更好更快地发展。

本次并购重组中，标的企业湘财证券股份有限公司从事的主要业务为证券经纪，证券投资咨询，与证券交易、证券投资活动有关的财务顾问，证券承销与保荐，证券自营，证券资产管理，证券投资基金代销，融资融券业务，代销金融产品业务（凭经营证券期货业务许可证在核定的期限和范围内开展经营业务）。评估机构选用了市场法和收益法两种方法对标的企业进行评估，最终采取了市场法评估结果作为本次交易湘财证券的最终评估结论。

表 2-9　湘财证券股份有限公司不同方法的评估结果对比

评估对象	收益法评估结果（万元）	增值率（%）	市场法评估结果（万元）	增值率（%）
湘财证券股份有限公司	939765.59	29.87	1063738.32	47.00

从评估本身来看，市场法体现了市场供需关系对资产价值的影响，反映了在正常公平交易下公开市场对于企业价值的评定；收益法以企业整体获利能力为核心，反映企业价值和股东权益价值。标的企业为证券公司，未来收益情况受市场波动和政策影响较大，收益法存在一定的主观性和不确定性。相比而言，市场法可客观地反映市场供需对企业价值的影响，且在参数选择上更具有可靠性。因此，选用市场法的评估结果作为最终评估结论。

（四）房地产行业

房地产行业是指以土地和建筑物为经营对象，从事房地产开发、建设、经营、管理以及维修、装饰和服务的集多种经济活动为一体的综合性产业，是具有先导性、基础性、带动性和风险性的产业。经过 20 余年发展，房地产行业目前已成为国民经济的发展支柱与主要的经济增长点，逐渐成为地方政府财政收入主要来源、社会大众财富的主要载体以及拉动投资、刺激需求、促进增长、扩大就业的主要驱动力。

以 2020 年宁波联合集团股份有限公司收购杭州盛元房地产开发有限公司为例。本次并购活动将增强上市公司房地产开发业务的资本实力，增加上市公司的房地产开发项目储备、扩大业务规模，丰富上市公司产品业态类型，为上市公司引入战略合作资源，提高上市公司的融资能力，提升上市公司房地产开发业务综合竞争力。本次交易符合上市公司的发展战略，有利于上市公司突出主业，增强盈利能力和持续发展能力。

标的公司成立以来盈利情况较好，评估机构对标的公司选用了资产基础法和收益法进行评估，并采用资产基础法评估结果作为最终评估结论。

表 2-10 杭州盛元房地产开发有限公司不同方法的评估结果对比

评估对象	收益法评估结果（万元）	增值率（%）	资产基础法评估结果（万元）	增值率（%）
杭州盛元房地产开发有限公司	250878.50	57.04	241530.53	51.19

数据显示，资产基础法评结果与收益法评估结果相差较小，但由于现行经济及房地产市场环境的不确定因素较多，预测的未来销售进度、费用支出进度、各项税金的汇算清缴等事项均存在一定的不确定性，收益法中未来不确定因素的变动对评估结论会产生较大的影响，故收益法相对于资产基础法存在更大的不确定性，资产基础法的评估结果更能稳健地反映盛元房产公司股东全部权益价值，因此采用资产基础法的评估结果作为最终评估结论。

第三章

中国上市公司并购重组中评估方法的应用分析

评估方法的选择是评估业务中关键的一环，在《资产评估执业准则——企业价值》中明确表示在执行企业价值评估业务时，应当根据评估目的、评估对象、价值类型、资料收集等情况，分析收益法、市场法、成本法（资产基础法）三种基本方法的适用性，选择评估方法。对于适合采用不同评估方法进行企业价值评估的，资产评估专业人员应当采用两种以上评估方法进行评估。因此，选择的评估方法应考虑多个因素。所以，我们将展开各个评估方法在上市公司并购重组企业价值评估业务中的应用。

第一节　收益法的应用

收益法作为评价企业价值最重要的评估方法之一，在近年上市公司并购重组中始终是最主要的应用方法之一。该方法在目前中国上市公司并购重组的应用过程中呈现哪些特点又存在哪些需改进之处？本节将从实证角度对中国上市公司并购重组收益法运用中的重要因素——预测假设、收益预测、收益期限、折现率等问题逐一进行分析。

一、预测假设

收益预测是企业价值评估的基础，结合评估项目具体情况，进行合理逻辑判断后做出必要的评估假设则是收益法评估开展的重要前提。在企业价值评估过程中，评估人员考虑行业惯例、参考数据或行业参数，假定一系列前提条件在资产评估基准日成立，并在此基础上进行收益预测和折现率选取。

（一）有关规范

关于评估假设的应用和披露，中国资产评估协会颁布的《资产评估执业准则——企业价值》（以下简称《企业价值准则》）第二十三条中有如下要求："资产评估专业人员应当对委托人和其他相关当事人提供的企业未来收益资料进行必要的分析、判断和调整，结合被评估单位的人力资源、技术水平、资本结构、经营状况、历史业绩、发展趋势，考虑宏观经济因素、所在行业现状与发展前景，合理确定评估假设，形成未来收益预测。”

中国证监会会计部在《会计监管风险提示第5号——上市公司股权交易资产评估》监管规则中要求：

“充分考虑企业所处政治、经济和法律环境，技术发展，市场前景，资产状况，经营能力，商业化程度等，合理设定与之相适应的假设条件。

“合理确定评估假设，确信相关假设有可靠证据表明其很有可能在未来发生，或者虽然缺乏可靠证据，但没有理由认为这些假设明显不切合实际。对于重要的评估假设，应当说明其使用理由。

“审慎使用委托方或被评估企业提供的盈利预测资料，应充分分析被评估企业的资本结构、经营状况、历史业绩、发展前景，考虑宏观和区域经济因素、所在行业现状与发展前景对股权价值的影响，在考虑未来存在的各种可能性及其影响的基础上合理确定评估假设，形成未来收益预测。

“未来收益预测中主营业务收入、毛利率、营运资金、资本性支出等主要参数应与评估假设及各相关参数相匹配。

“评估报告应当充分披露对评估结论有重大影响的评估假设，特别是针对行业特点的特殊假设或非持续经营前提等，并说明上述假设不成立时对评估结论的影响。”

（二）实务操作情况

汇总和分析各评估机构使用的评估假设可以看到，资产评估机构在操作中使用的假设是全方位的，在设定评估假设时要考虑评估目的、宏观经济因素、所在行业现状与发展前景、被评估单位经营状况等多方面因素的影响。以评估报告披露的假设内容进行划分，评估机构使用的评估假设可划分为以下几类：针对宏观及外部环境的假设、交易原则假设和针对被评估企业的特定性假设。

第一类假设（交易原则假设）主要有：交易原则假设、公开市场假设、持续经营假设等。

第二类假设（宏观及外部环境的假设）主要包括对于宏观经济、政治、社会环境的稳定性假设；行业政策的稳定性假设；关于税率、汇率及通货膨胀的假设；不可抗力及偶然性事件影响假设等。

第三类假设（根据被评估企业自身状况所采用的特定假设）使用相对集中的有：关于企业经营的持续性假设；管理层尽职尽责假设；管理层提供数据真实可靠的假设；某项关系重大的投资或投资计划的如期完成与投产；某种特定销售模式的延续；相关资产不受抵押、担保影响等。

评估专业人员在选用和确定评估假设时考虑的因素主要有：资产评估的特定目的及其对评估的市场条件的宏观限定情况、评估对象自身的功能和在评估时点的使用方式与状态、产权变动后评估对象的可能用途及利用方式和利用效果，以及资产评估所要实现的价值类型和价值目标等。

评估机构通过选用并披露包括宏观及外部环境、交易原则及被评估企业的资产利用程度、使用范围以及利用效果等必要假设，为收益预测、参数选取等创造了可行性条件。

尽管绝大部分案例中，评估机构在上述三方面都使用并披露了完整的评估假设内容，但在个别案例的评估假设使用中，也存在着一些有待改进或完善的方面：

1. 进一步统一对评估假设范畴理解，避免评估假设过于宽泛现象出现

在目前上市公司并购重组企业价值评估的评估报告中，个别评估机构在披露必要评估假设内容同时也将部分限制性条件写入评估假设，如上市公司重大重组评估报告假设部分出现“被评估企业在我国现有法律条件下具有合法经营地位”的假设，以及“本评估报告仅供业务约定书中明确的报告使用人使用，不得被任何第三方使用或依赖；未经书面许可，本评估报告及附件的全部或部分内容不得被抄录或见诸任何书面性媒体上……”

等内容，后者按目前国内评估准则规定应属于评估报告使用限制说明或特别事项说明等内容。评估机构须明确评估假设的准确范畴，区分使用评估假设与限制条件等评估要素。

2. **谨慎使用评估假设**

评估假设的成立往往需要满足一定的前提条件或有其存在的特定背景，评估专业人员必须根据评估时点的可获信息量对假设成立的可能性作出准确判断。对于成立条件不充足，特别是不确定性较大的假设条件评估专业人员应谨慎使用。

3. **强化对于与评估假设相应的条件性内容的解释或披露**

在收益法应用过程中，包括国家现行的有关法律法规政策、国家宏观经济形势无重大变化及利率、汇率、赋税基准及税率等不发生重大变化之类的假设通常具有较广的适用性，但这些条件的变动对某些企业的价值影响可能较大，如利率对于银行、资源税对于矿产企业等，以及新经济企业所处行业的监管政策变化等。对于特定企业而言，其重要影响因素在一段时间内变化概率较大时，评估机构如果依然采用不变性假设，则应该在其他参数如折现率的确定过程中给予一定的风险补偿，或对这些条件变化可能对评估结论产生的影响做出一定披露，更好地引导评估报告的使用者和阅读者。

基于目前绝大部分评估机构在评估假设使用上对于资产评估准则等相关规定的遵循，保持评估专业人员对于关键性评估假设使用的谨慎性，同时进一步减少个别案例上对于争议性或不确定性较大的评估假设的使用，提高与特定假设成立条件相应的解释或披露程度，将有助于进一步提升企业价值评估中收益法的应用水平，也有利于各方正确的理解和使用相关的评估结论。

二、收益预测

（一）相关规范

《企业价值准则》第十九条：

“企业价值评估中的收益法，是指将预期收益资本化或者折现，确定评估对象价值的评估方法。资产评估专业人员应当结合被评估单位的企业性质、资产规模、历史经营情况、未来收益可预测情况、所获取评估资料的充分性，恰当考虑收益法的适用性。”

《企业价值准则》第二十三条：

“资产评估专业人员应当对委托人和其他相关当事人提供的企业未来收益资料进行必要的分析、判断和调整，结合被评估单位的人力资源、技术水平、资本结构、经营状况、历史业绩、发展趋势，考虑宏观经济因素、所在行业现状与发展前景，合理确定评估假设，形成未来收益预测。

“当委托人和其他相关当事人未提供收益预测，资产评估专业人员应当收集和利用形成未来收益预测的相关资料，并履行核查验证程序，在具备预测条件的情况下编制收益预测表。

“资产评估专业人员应当关注未来收益预测中经营管理、业务架构、主营业务收入、毛利率、营运资金、资本性支出、资本结构等主要参数与评估假设、价值类型的一致性。当预测趋势与历史业绩和现实经营状况存在重大差异时，资产评估专业人员应当在资产评估报告中予以披露，并对产生差异的原因及其合理性进行说明。”

《会计监管风险提示第5号——上市公司股权交易资产评估》：

“未来收益预测中主营业务收入、毛利率、营运资金、资本性支出等主要参数应与评估假设及各相关参数相匹配。

“充分了解企业所在行业或地区的特殊产业政策，在预测收益和风险时恰当考虑上述产业政策的影响。

“预测未来收益时，不仅要考虑企业的生产能力，还应对市场需求进行充分了解和分析，合理预测未来年度的销售规模。

“对存在明显周期性波动的企业，在预测企业未来收益时应充分考虑市场需求和价格的变动趋势，特别是对预测期后长期销售价格和数量的预测，应避免采用波峰或波谷价格和销量等不具有代表性的指标来预测收入水平。

“对历史上采用关联方销售定价的企业，在预测企业未来收益时应分析定价的公允性及可持续性，恰当选择预测价格。

“对享有税收优惠政策的企业，在预测企业未来收益时应分析优惠政策到期后企业持续享有该政策的可能性，谨慎考虑长期税负水平。”

（二）实务操作情况

资产评估机构开展企业价值收益法评估中核实收益预测是一个相对复杂的过程。综合分析本次统计各样本披露收益预测内容，可以看到，目前上市公司并购重组企业价值评估收益预测过程中，评估专业人员通常会结合对宏观、中观及微观各项可能对收益前景产生影响的因素的综合分析，以企业在评估基准日的经营生产能力为基础，结合企业已经实施的、可以明确实现的未来生产或扩产计划展开收益预测。评估专业人员的具体工作通常有以下内容：

1. 收集、了解并综合分析相关宏观、产业及企业信息与情况

收集的信息包括但不限于：可能影响被评估企业生产经营状况的宏观、区域经济因素；被评估企业所在行业的发展状况及前景；被评估企业历史沿革、现状和前景；企业内部管理制度、核心技术、研发状况、销售网络、特许经营权、管理层构成等经营管理状况；被评估企业历史财务资

料和财务预测信息资料；被评估企业资产、负债、权益、盈利、利润分配、现金流量等财务状况；评估对象以往的评估及交易情况；资本市场、产权交易市场的有关信息等。

对于宏观经济的分析，例如宏观经济的形势、政策法律法规、经济增长速度、全球经济发展趋势等，将作为后续评估中确定风险程度、增长速度的重要依据。

收集和分析的必要的行业信息通常包括产业的特点、准入制度、市场分割状况以及行业整体发展的情况等，评估专业人员可以对行业进行行业特征分析、行业生命周期分析和行业盈利能力分析，辨认影响企业盈利状况的主要因素和风险，从而为对被评估企业当前经营业绩及其可持续性判断奠定基础。其中，行业特征分析是对财务报表进行有效分析的一个基本前提。评价行业的特征，通常是评价行业的竞争特征、需求特征、技术特征、增长特征、盈利特征等五方面，它们由行业因素组合而成。不同的行业创造价值的方式不同，评估人员通过行业特征分析了解被评估企业所在的行业特征。行业生命周期分析，主要由市场对该行业产品的需求状况决定，一般分为四个阶段，分别是投入期、成长期、成熟期和衰退期，企业在上述不同的发展阶段盈利能力是不同的。行业盈利能力分析，主要是针对不同的行业盈利能力存在差异进行的。分析行业平均盈利能力常用的波特五力理论，包括对以下内容的分析：第一，现有企业间的竞争；第二，新进入企业的威胁；第三，替代产品的威胁；第四，客户的议价能力；第五，供应商的议价能力。对行业的获利能力分析的时候可从这五个行业盈利能力重要影响因素着手。评估专业人员通过上述分析对被评估企业所属行业有清晰的了解。

2. 在进行行业分析的基础上，评估专业人员须对企业的自身状况进行分析，包括但不限于竞争战略分析、会计分析和财务分析等

企业的盈利能力不仅受所处行业的影响，还与企业所选的竞争战略有关。通常给企业带来竞争优势的战略有两种：成本优势战略和产品差异战略。低成本战略是以较低的成本提供产品和服务。企业通过规模经济、学习曲线、提高生产率、简化产品设计、降低投入成本和提高组织效率等方式来获得成本优势。成本优势战略适用于对产品或服务价格弹性较为敏感的顾客。差异化战略是指面对不同收入水平、不同年龄层次、不同性别的顾客，对产品的服务、外观、广告等进行差异化，以满足顾客的不同需求。产品差异化可以通过产品质量、产品多样性、产品捆绑销售、产品外观、产品信誉等方式实现。除此以外，评估专业人员也会从按照内容划分的快速扩张型、稳健发展型和防御收缩型等角度考察公司战略。SWOT 分析、生命周期矩阵分析及波士顿矩阵分析都是常见的战略分析工具，评估专业人员通常也利用这些工具对企业战略优势进行分析。

评估专业人员对被评估企业进行会计分析是通过对会计政策、会计方法、会计披露的评价，揭示被评估企业所提供会计信息的质量；同时通过对会计灵活性、会计估价的调整，修正会计数据，为后续财务分析奠定基础，并保证最终评估结论的可靠性。评估专业人员对包括存货计价方法、固定资产折旧方法、研究与开发费用的处理、收入的确认、非正常性、偶然性项目的调整、财务报表变动等都会给予足够的关注。对于企业提供的财务信息，评估专业人员根据项目的具体情况，在适当的情况下做出必要的调整，如调整被评估企业和参考企业财务报表的编制基础；调整不具有代表性的收入和支出，如非正常和偶然的收入和支出；调整非经营性资产、负债和溢余资产及与其相关的收入和支出等。且在调整历史数据时，评估专业人员应保持应有的谨慎，所做出的调整应当与被评估企业进行充分的讨论。特别是对于非经营性资产、负债和溢余资产，评估专业人员须进行单独分析和评估，必要时要获得企业的说明。

评估专业人员对被评估企业进行财务分析主要是对企业的盈利能力、偿债能力、营运能力和增长能力等面进行分析，从而评价该企业的财务状况、经营成果和现金流量等情况。目前，评估专业人员主要采用的财务分析方法为比率分析法和因素分析法。其中，比率分析法是最常见的方法，即基于两个或若干个与财务报表相关的项目之间的某种关联关系，运用相对数来考察、计量和评价企业状况。该过程中评估专业人员通常会参照经验标准、历史标准及行业标准等，对企业财务状况、经营成果和资金情况进行评价。

在历史财务数据分析调整基础上，必要时，评估专业人员可以对企业进行独立的财务预测，包括利润表预测、资产负债表预测、现金流量表预测等内容，并最终以被评估企业的历史经营数据、未来经营计划以及企业管理层做出的盈利预测为基础，评估专业人员调整并确定收益法评估中采用的未来收益预测数值。

3. 收益法中的预期收益可以现金流量、各种形式的利润或现金红利等多种口径表示

目前，国际上通过的做法是以现金流量口径，国内上市公司并购重组也多是以此口径开展预测。

此外，评估专业人员在进行收益法估值过程中还对企业的税务信息、企业的法律结构、高管人员的薪金报酬、股权的分配、股东红利或合伙人分成、账外的资产与负债、关联交易信息等任何可能对企业价值产生重要影响的因素给予关注。

评估机构的这种基于宏观、中观经济现状及发展趋势，并结合微观实体实际情况的收益预测思路，符合国际上收益预测的基本思路，也符合相关规范要求。评估专业人员在开展收益预测的过程中，综合各类专业机构对于总体经济及行业形势的分析，考虑企业的生产经营历史与现状，并通过对企业管理层等相关人员的访谈，在企业自身未来经营规划基础上，结合评估专业人员对经济发展形势、被评估企业所属行业及被评估企业自身的专业判断开展收益预测的做法，是较为科学、合理的收益预测操作方法。实践中，评估专业人员对于不明事项等对未来收益影响普遍表现得相对谨慎。

在总体做法较为一致的情况下，部分评估报告中也存在收益预测分析与宏观经济形势分析联系不够紧密的问题，评估机构应在披露收益预测过程中，对预测依据展开更为充分的阐述与分析。此外，针对舆论等提出的评估机构收益预测过为谨慎、单一等问题，可以考虑在条件允许的情况下，通过引入情景分析、区间估值等技术手段，提高收益预测的灵活性和对于不同使用条件的适用性。

三、收益期限

（一）相关规范

《企业价值准则》第二十四条："资产评估专业人员应当按照法律、行政法规规定，以及被评估单位企业性质、企业类型、所在行业现状与发展前景、协议与章程约定、经营状况、资产特点和资源条件等，恰当确定收益期。"

《企业价值准则》第二十五条："企业经营达到相对稳定前的时间区间是确定详细预测期的主要因素。资产评估专业人员应当在对企业产品或者服务的剩余经济寿命以及替代产品或者服务的研发情况、收入结构、成本结构、资本结构、资本性支出、营运资金、投资收益和风险水平等综合分析的基础上，结合宏观政策、行业周期及其他影响企业进入稳定期的因素合理确定详细预测期。"

（二）实务操作情况

在企业价值评估中，确定合理的收益期限也是评估工作的重要内容。

所谓收益期限是指资产收益的期间，通常指收益年期，理论上有有限和无限之分。以下为实证性的统计结果（见图3-1）。

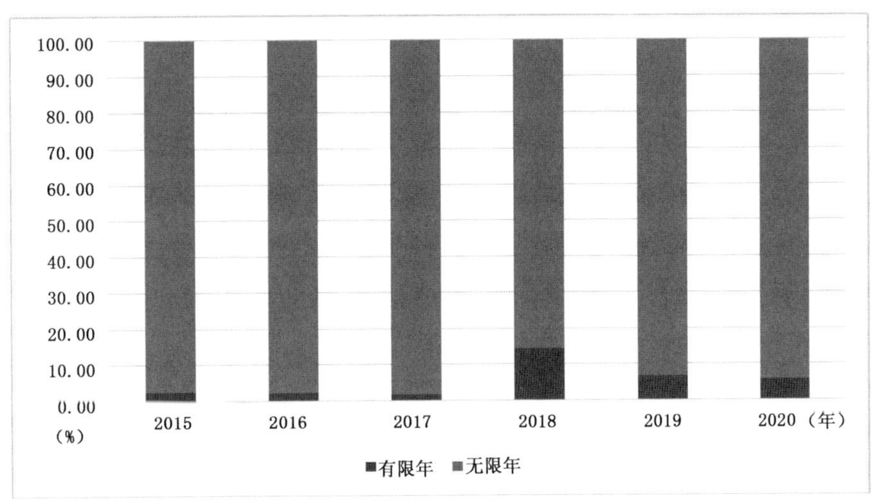

图3-1 收益期为有限期和无限期占比情况

经统计，超过90%收益期为无限期，通过对2015—2020年许可类并购重组交易案例的全面分析，可以将其所涉及的股权类资产收益期限归纳为三大类：

以预计的所开发项目完成销售期限为收益预测期限，销售完成时点能够带来收益的期限即结束，如房地产开发公司；

以所从事的相关业务许可证规定年限或主要收入产生资产自身的耐用年限为预测期，如矿产资源开采企业；

除上述两类外，大部分企业价值评估以企业经营的永续年限为基础进行预测。

原则上，收益期限应根据资产未来获利情况、损耗情况或法律、契约和合同规定而确定，如果企业经营较正常且没有对足以影响企业继续经营的某项资产的使用年限进行限定，或者这种限定可以解除，并可以通过延续方式永续使用的，则认为企业可永续经营，即确定收益期限为无限期限。可见，评估专业人员在上市公司重大重组企业价值评估中所依据的前述三类方法均为相对规范的收益期限确定方法。

此外，理论上达到稳定状态的企业通常具有以下特征：企业的投资回报率接近市场平均水平；企业的风险水平达到市场平均水平；企业的资本性支出较小；企业的财务杠杆接近行业平均水平。本次研究中样本绝大部分采用了3～5年进入稳定期的预测模式，但部分评估报告中未对采用该类预测模式的依据进行阐述。

四、折现率的确定

（一）相关规范

《企业价值准则》第二十六条："资产评估专业人员确定折现率，应当综合考虑评估基准日的利率水平、市场投资收益率等资本市场相关信息和所在行业、被评估单位的特定风险等相关因素。"

此外，《资产评估专家指引第12号——收益法评估企业价值中折现率的测算》中对折现率中各项的具体参数的确定给出了专家指引，旨在指导资产评估专业人员在运用收益法评估企业价值时合理测算预期收益的折现率。对收益法中运用资本资产定价模型（CAPM）、加权平均资本成本（WACC）计算折现率所涉及的无风险利率、市场风险溢价、贝塔系数、特定风险报酬率、债权期望报酬率等参数的确定给出了专家建议。

（二）实务操作情况

折现率是直接影响收益法评估结果的重要参数。折现率数值的微小变化对评估结果影响重大。在折现率确定过程中，根据所对应采用的不同类别现金流，折现率主要涉及权益报酬率和企业资本报酬率两类，相关的确定模型或方法主要有资本资产定价模型（CAPM）、风险累加法和加权平均资本成本模型（WACC）等。其中，应用资本资产定价模型过程涉及无风险利率、市场风险溢价和风险相关系数的选取；风险累加法涉及无风险报酬率、行业风险报酬率和企业个别风险报酬率。国际上估值操作中第一类方法即应用资本资产定价模型确定折现率占主流；第二类方法主要用于资本市场信息不充足情况下，近年伴随中国资本市场数据积累的不断增加应用逐渐减少。我们对上市公司并购重组案例折现率确定过程中涉及的主要参数无风险利率 R_f、市场风险溢价（R_m-R_f）和风险相关系数 β 值的确定分别进行了统计分析。

1. **无风险利率** R_f

无风险利率，是指投资者可以任意借入或者贷出资金的市场利率。在美国等债券市场发达的国家，无风险收益率的选取有三种观点：观点一是用短期国债利率作为无风险收益率；观点二是使用即期短期政府债券作为第一年的无风险收益率，同时利用期限结构中的远期利率估计远期的无风险收益率；观点三是用即期的长期国债利率作为无风险收益率[1]。

目前，评估实践中，国际上通行的做法是参考不存在违约风险的政府债券确定。在对企业未来（股权）现金流进行折现时，无风险利率的理想采用情况是对应每一个现金流使用一个到期日与其相同的政府债券利率。但实际估值操作中上述理想状况显然较难实现，通常选用中长期政府债券代替。国际上企业价值评估中最常选用的年限为 10 年期政府债券。更长期的债券，由于缺乏流动性，其价格和回报溢价具有一定的滞后性。

国际上，无风险利率的确定并无绝对标准，目前大部分评估机构在实务中的做法也不完全统一。资产评估机构测算无风险利率时，通常参考中

[1]（美）布瑞德福特·康纳尔．公司价值评估［M］．张志强，等，译．北京：华夏出版社，2001.

国国债利率确定，但在债券期限、利率、范围选择等方面存在差异。从全部样本来看，目前上市公司并购重组企业价值评估中对于无风险利率的选择较为趋同。

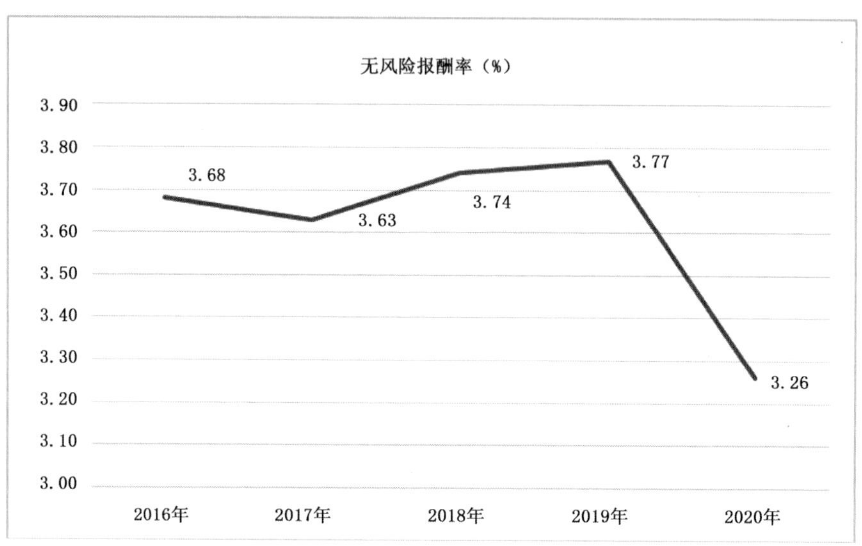

图 3-2　2015—2020 年许可类并购重组交易案例无风险报酬率平均值

2. **市场风险溢价** $R_m - R_f$

市场风险溢价是某一时期的市场平均收益率和无风险证券平均收益率之间的差额。

与对无风险利率的统计相似，我们对于统计期间内涉及的大部分评估机构的市场风险溢价确定原则趋同，细节性差异主要体现在所选择的参照性市场存在的差异中，目前较为集中的市场风险溢价确定方式主要有：

（1）股票市场若干年相关收益的平均值与无风险利率之差，此方法确定市场风险溢价的比例占公布了市场风险溢价确定方法样本比例过半。

其中：参考股票市场有沪深 A 股、沪市、上证综指及深成指、上证 180 指数和深证 100 指数中的成分股等多种；参考年限选取有 1 年、3 年、10 年等；选取的收益计算方法主要有净资产收益率、股票投资收益率两种；收益的平均值有算术平均值和几何平均值两种。

（2）考虑成熟市场与新兴市场风险溢价。选用成熟市场（美国市场）的风险溢价并在其溢价基础上考虑中国状况加以调整或直接参考新兴市场风险溢价。此方法确定市场风险溢价的比例占公布了市场风险溢价确定方法样本的比例约为三成。

（3）参照评估对象所属行业的若干家上市公司在评估基准日前一定年限内的净资产收益率的平均值、优秀值。（注：此类别通常适用于通过风险累加法“折现率=无风险报酬率+行业风险报酬率+公司特有风险”途径确定折现率的情况。）

此外，也存在个别评估机构、境外并购项目参照国际市场风险溢价经验数据等情况，以及在确定市场风险溢价过程中考虑政治风险、经济波动、市场结构等带来的相应的风险补偿。

综观评估机构在市场风险溢价过程中的主要做法，可以看出对于风险溢价确定的原则业内已达成一致，导致最终取值差异的原因主要源于技术层面的操作差异。

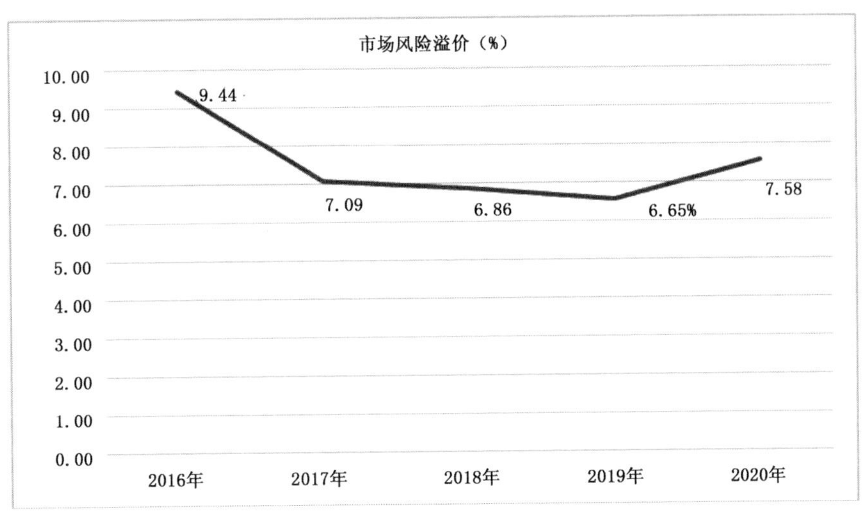

图 3-3　2015—2020 年许可类并购重组交易案例市场风险溢价平均值

随着国内资本市场的快速发展，市场化信息数据的不断完善，上述第一种方式正逐渐取代第三种方式成为确定市场风险溢价的主流模式。中国证监会在《监管规则适用指引——评估类第 1 号》中要求："资产评估机构应当研究制定内部统一的测算原则及方法，且一经确定不得随意变更。在执业过程中应当按照制定的统一要求，保持折现率测算原则及方法的一致性。""如果被评估企业主要经营业务在中国境内，应当优先选择利用中国证券市场指数的历史风险溢价数据进行计算。"

基于目前行业的实践、技术改进路径以及监管要求，预计未来在以下几方面业内可以进一步统一操作：

历史数据的时间序列选取。市场风险溢价的确定历来为财务估值理论中颇具挑战的内容。国际上常用的市场风险溢价估价方法可分为三类：历史数据推断、市场变量回归预测和现金流估值反推。本次研究统计显示，目前国内上市公司并购重组中资产评估专业人员在企业价值评估中所选用的方法均为第一类，即历史数据推断法。

因为是市场风险溢价，因此通过历史数据推断法需尽量选择能够代表市场整体收益的数据，又因市场收益经常表现出一定的波动性，选取周期内不同时点计算出的市场收益率很可能有较大差异，为了得到相对合理的市场收益率，历史数据选取期间不宜过短。

市场代表性指数的选取。因为全部市场收益数据获取具有一定的难度，实务中通常选用特定股票市场收益指标作为代表。本次统计样本涉及的股票市场及相应收益率指标有沪深 A 股、沪市、上证综指及深成指、上证 180 指数和深证 100 指数中的成分股等多种。尽管同一时期上述不同收益指标间相关性非常高，但不同股指对于整体市场的代表程度仍有差异，评估专业人员应注意选择成分股票数量充足、市场代表性较高的指数作为测算市场收益率的基础。同时，操作过程中评估专业人员也应注意选取的市场代表性指数与后续确定的风险相关系数 β 值之间的对应关系。

较长期间隔数据均值的技术处理方法。通常认为，样本数据的算术平均值与几何平均值不会有较大差异，但实际上采用算术平均值还是几何平均值对于结果是有影响的。当市场收益率不稳定时，其算术平均值总是大于几何平均值。统计学上普遍认为，在估算任意随机变量均值时，算术平均值更接近于总体的无偏估计，但是对于远期现金流也不适合用单一时段的风险溢价来折现，而应选择复合回报率进行折现，并对复合折现率进行适当的修正。

3. **风险相关系数β（β_u）**

β系数用来衡量个股风险与市场风险间的相关程度，由于该系数受企业杠杆率影响，因此实际操作中通常有杠杆调整β系数（β_L）和无杠杆β系数（β_u）之分。本次研究选取各家评估机构披露的所确定的无杠杆风险相关系数β_u（无杠杆风险相关系数）进行了分析。

通过对各家机构披露的评估说明逐一分析，可以看到，评估机构在上市公司重大重组股权类资产价值收益法评估中β值确定的主要模式为：

参考市场中同行业若干家上市公司评估基准日前一定期间的β值，计算相应均值后，根据被评估企业杠杆率进行调整计算出被评估企业的β值。

理论上β值反映的是特定股票与股票市场同向变动的幅度，故企业价值评估中可以以可比企业的β值模拟目标企业的收益与市场收益间的关系。为提高β值估计的精确度，国际上通行的做法是采用目标企业所属行业的β值，因在各公司的估算误差不相关的情况下，对于各β值估计的波动可得到平抑，行业β均值成为一个相对合理的估计值。可见，目前国内评估机构的做法也是国际上较为通行的做法。

各家机构在确定原则上是一致的，且与国际主流做法相符，但在具体操作中存在部分个体性差异：

一是可比公司，在行业分类、样本数量等方面存在不同情形，如行业分类存在证监会、Wind、申万等不同分类，可比公司数量存在5家及以下、5~10家、10家及以上等不同情形；

二是贝塔周期，存在100周、2年、3年、5年等不同情形；

三是数据调整，在布鲁姆调整法、异常值剔除等方面存在不同情形。

4. **个别风险** R_c

折现率确定过程中的个别风险调整主要是考虑被评估企业与所参照的上市公司相比在个体风险上的差异进行的调整。国际评估准则委员会（IVSC）发布的《国际评估准则》对收益法进行企业价值评估过程中与特定现金流相关的内在风险亦明确提出要给予考虑。

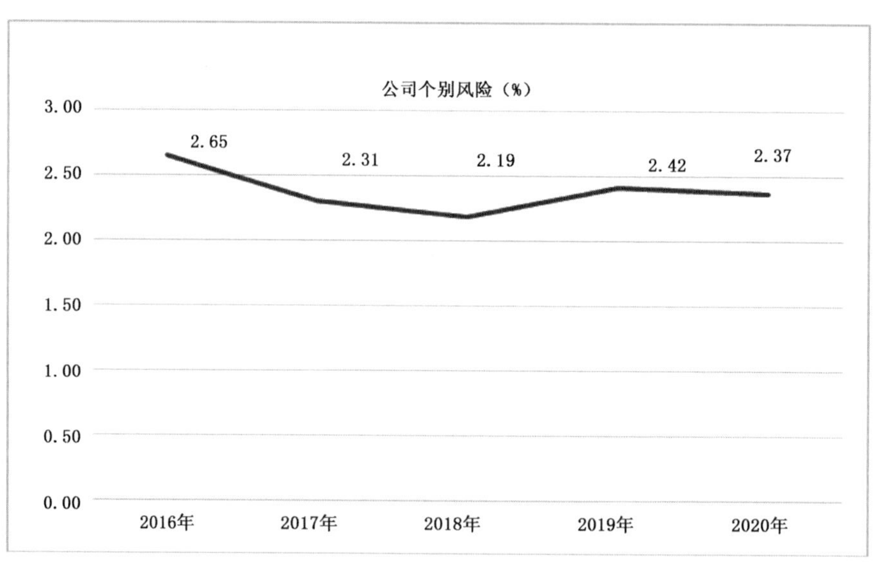

图3-4　2015—2020年许可类并购重组交易案例公司个别风险平均值

本次上市公司并购重组企业价值评估统计的收益法折现率确定过程中，评估机构都明确地披露了对于被评估对象个别风险的考虑，各评估机构在个别风险确定过程中披露的主要考虑因素有企业规模、企业所处经营阶段、历史经营状况、企业的财务风险、主要产品所处的发展阶段、企业经营业务、产品和地区的分布、公司内部管理及控制机制、管理人员的经验和资历以及对主要客户及供应商的依赖等。所涉及的因素与相关准则等规范中要求基本一致。

在收益法评估企业价值过程中，个别风险的确定并非一项独立性工作，它与评估假设、收益预测等密切相关。折现率是对现金流对应风险的衡量与量化，与评估假设及收益预测实现的可能性直接相关，而这种相关性在个别风险调整系数中体现尤为明显。目前实务操作中，个别风险调整更多的是根据经验值进行，相关数值的确定缺乏细致的分析及量化、细化的数据支撑。

考虑到目前个别风险调整应用实践，有必要结合中国市场情况开展深入研究和分析，形成个别风险调整系数更加科学的参照体系或指导，并在报告中予以适当披露。

表3-1　折现率各项参数指标值统计表

单位:%

年度	参数	WACC	权益资本成本	债务资本成本	无风险报酬率	市场风险溢价	公司特有风险
2016年	平均值	12.05	12.95	3.94	3.68	9.44	2.65
2017年	平均值	11.93	13.00	3.54	3.63	7.09	2.31
2018年	平均值	11.80	13.16	4.45	3.74	6.86	2.19
2019年	平均值	11.07	12.51	4.60	3.77	6.56	2.42
2020年	平均值	10.89	13.49	4.12	3.26	7.58	2.37

综观折现率确定过程中各参数的选取可以看出，目前评估机构对各主要参数的确定原则已基本达成一致，同一通用性参数的最终确定数值在大部分评估机构间具有较强的可比性和趋同性。但由于一些技术操作层面的问题，如数据选取期间的差异、参照对象的差异、技术处理方式的差异等

的存在，最终参数的数值在合理范围内存在一定的差异。

针对目前企业价值评估收益法中关键参数折现率的测算过程复杂、执业标准不统一、参数取值主观性较强、信息披露不充分的情况，随着中国证监会《监管规则适用指引——评估类第1号》以及《资产评估专家指引第12号——收益法评估企业价值中折现率的测算》等文件出台，预计将进一步明确统一、推动行业形成共识，规范收益法折现率的测算标准。

五、收益法应用情况小结

随着国内资本市场的发展及评估实践的不断积累，国内评估机构运用收益法对上市公司并购重组中企业价值进行评估的技术渐臻成熟，收益法评估结果已经成为上市公司并购重组企业价值评估最重要的评估结论参考方法。

在收益法的具体应用过程中，评估机构对于大部分参数的确定方法，特别是通用性参数的确定已达成共识。评估机构对于预测假设、收益预测及各项参数的确定操作方法符合国内外评估准则要求，也与国际同行的主流做法保持了一致。可以说上市公司并购重组企业价值评估中收益法应用水平一定程度上代表了评估行业收益法应用的最高水平。

在原则与方法趋同的情况下，评估行业应进一步加强评估专业人员对预测假设科学合理地使用、对于收益预测进行相应的核查验证，提高评估专业人员对于评估参数最终选取的专业判断水平，发布并规范收益法应用参数确定规范及操作细则性指引，以为并购重组定价提供更为科学的收益途径价值参考。

第二节　市场法的应用

在三种企业价值评估的基本方法中，市场法在中国上市公司并购重组中的应用是起步较晚的，作为国际通行的主要估值方法之一，市场法在信息积累日益丰富的中国资本市场同样有着良好的应用前景，在部分上市公司并购重组企业价值评估中也得到了一定程度的应用。

根据2015—2020年通过证监会并购重组委审核的上市公司发行股份购买资产交易案例中，排除吸收换股的案例，采用市场法评估定价共38单。其中采用上市公司比较法确定评估值的共27单，可比交易案例法仅11单（详见图3-5）。

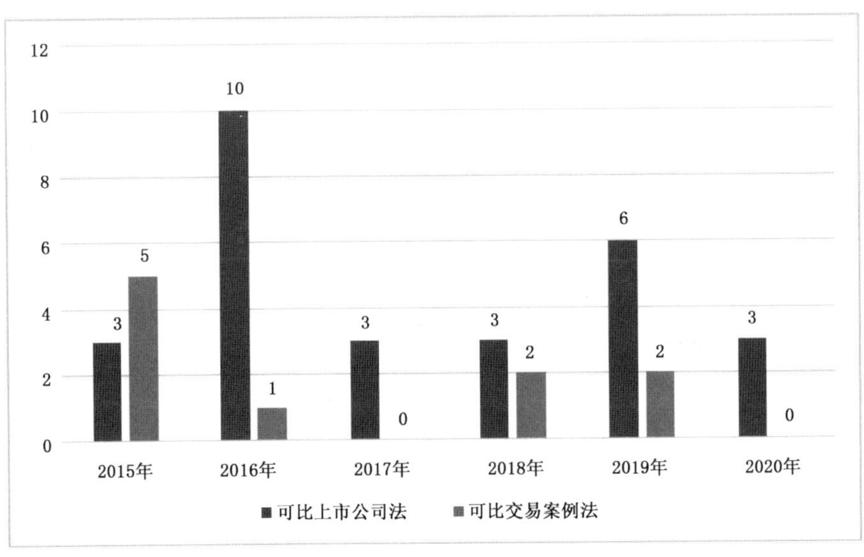

图3-5　2015—2020年许可类并购重组交易案例中市场法确定评估值案例统计（件）

一、可比对象的选取

（一）有关规范

《企业价值准则》第二十九条指出："企业价值评估中的市场法，是指将评估对象与可比上市公司或者可比交易案例进行比较，确定评估对象价值的评估方法。资产评估专业人员应当根据所获取可比企业经营和财务数据的充分性和可靠性、可收集到的可比企业数量，考虑市场法的适用性。"

《企业价值准则》第三十三条："资产评估专业人员应当关注业务结构、经营模式、企业规模、资产配置和使用情况、企业所处经营阶段、成长性、经营风险、财务风险等因素，恰当选择与被评估单位进行比较分析的可比企业。资产评估专业人员所选择的可比企业与被评估单位应当具有可比性。可比企业应当与被评估单位属于同一行业，或者受相同经济因素的影响。"

（二）实务操作情况

企业价值评估中的可比对象通常是指具有最相似的经营和财务特征的公司。可比对象选择在量与质上的把握是影响市场法评估结论科学性与合理性的重要因素。理论上，在运用可比公司法进行分析时，需建立同类企业组，并通过对组内企业的经营、增长等多因素进行分析，最终确定与被评估企业有相同驱动因素的公司作为可比公司。此过程中，最重要的衡量因素在于可比公司与目标公司的可比性，但目前评估准则等对于可比性的判断标准仅为原则性规定，操作性不强，相关判断多依赖评估专业人员的判断，这在很大程度上也限制了评估机构对于市场法的应用，导致在大多数情况下市场法评估结论多用于辅助验证另外一种评估方法的合理性。

我们从实证出发对可比对象选取进行了分析，发现目前评估专业人员在选择可比企业时考虑因素主要分为以下三类：

1. 基本面

如企业所从事的行业及其成熟度；企业在行业中的地位（领导者、跟从者）及其市场占有率；企业的业务性质、自成立起的发展历史；企业所提供的产品或服务；企业所处地域及其服务的目标市场；企业构架（控股公司、经营多种业务的公司），企业的股票交易情况及股票价值的可获得性等。

2. 财务指标

企业的规模（资产、收入、收益及市值等）；企业的资本结构及财务风险；企业的经营指标，包括盈利能力、收入及收益趋势、利润率水平等指标；企业的资产及盈利的质量；企业未来发展能力。

3. 资源类指标

企业的知识产权储备情况、矿产企业的资源储量情况、核心业务的产能、产量规模等。

研究的样本中大部分评估机构倾向于至少选择 3 家可比公司数据进行价值估算。评估机构对所选的各可比对象都经过了行业和企业个体因素等的逐一分析，可比对象的选取相对合理谨慎。

二、比较乘数（变量）的确定

（一）有关规范

《企业价值准则》第三十四条指出：价值比率通常包括盈利比率、资产比率、收入比率和其他特定比率。在选择、计算、应用价值比率时，应当考虑：选择的价值比率有利于合理确定评估对象的价值；计算价值比率的数据口径及计算方式一致；对可比企业和被评估单位间的差异进行合理调整。

（二）实务操作情况

应用市场法对企业价值进行评估，另一项重要的工作即是对比较乘数（变量）的选择和调整。与收益法各参数的确定方法原则相对明确补贴，关于市场法的乘数（变量）选择及比较修正国内外并无统一标准，乘数选择的灵活度相对较大。评估机构在选择比较乘数过程中，普遍基于对被评估企业价值驱动因素的分析，选择并确定相应的比较乘数。

价值比率通常包括盈利比率、资产比率、收入比率和其他特定比率，如市盈率（P/E 比率）、市净率（P/B 比率）、市销率（P/S 比率）等权益比率，或企业价值比率（EV/EBITDA）等。在实践中，不同的评估标的所适应的价值比率不同。P/E 指标的驱动因素为企业的增长潜力、股利支付率、风险等，最主要的驱动因素是企业的增长潜力。最适用于连续盈利的企业。而 EV/EBITDA 更广泛地用于巨额基础设施投资的资本密集型公司，且当折旧方法在各公司间差异较大时，使用该指标更为合理。P/B 则适用于拥有大量资产且净资产为正的企业。P/S 则更适用于销售成本率较低的服务类企业或成本与销售利润水平稳定的传统行业。所以价值比率的选取需要评估专业人员对被评估单位所处行业、业务状况、财务状况进行分析，从而确定合适的价值比率。

表 3-2　不同行业的价值比率适用情况

行业	互联网通信服务、医疗保健、化工、公用事业	运输服务、运输设备	多领域控股	消费品	金融、机械设备	建筑
指标	P/E、EV/EBITDA	P/B、P/E	EV/EBITDA、EV/EBIT	P/E	P/B	EV/EBITDA、P/B

操作中，评估专业人员通常关注以下几方面：

（1）相关度。选择与股票价格相关程度最高的比较乘数；当前一些评估机构为了提高价值比率选取的合理性，就普通股东可分配净利润、普通股东权益、主营业务收入与普通股东权益价值之间，以及息税前利润、息税折摊前利润、主营业务收入与企业价值之间的相关性进行回归分析。通过线性回归分析，自变量与因变量间的相关性、拟合优度、样本拟合优度及标准差均表现最佳来选取合适的价值比率。

（2）可靠性。相关乘数基数信息的可靠性。如果被评估企业的股票价格与其收益相关度最高，而该企业的收益预测也比较可靠，则选择价格与收益比率进行估值会相对准确、可行。

（3）可行性。当被评估企业由于经营历史有限，有关收益指标不可获得或不可运用时，如为负数，选择以收益指标为基数的比较乘数往往不具可行性，这时需要考虑选择其他的比较乘数（变量）。

另外，当被评估企业的资本结构与参照企业的资本结构有较大差异时，考虑选择价格与营业收入比率。总体而言，企业的类型、发展程度及业务成熟程度是影响价格比率选择的关键因素。

目前，评估机构所参照的比较乘数有单变量、二变量、三变量和类别式变量几种。其中，以单变量的方式最为常见，且比较乘数通常为市净率或市盈率指标。

选择单变量进行比较的案例，绝大部分都参考了可比对象与评估对象在盈利能力、资产质量、偿债能力及成长能力等方面差异进行了量化性的调整；同时在实务中不同行业，会选择行业特性指标进行调整。而未根据可比对象与评估对象间差异进行调整的案例都是采用了多变量（变量数≥2），且选用的变量是分别代表盈利能力、运营能力等影响企业价值的多方面因素。

单变量的案例中评估机构考虑的调整因素主要有：

（1）盈利能力：销售净利率、营业利润率、主营业务净利率、总资产报酬率、净资产收益率、资本金利润率、主营业务收入、EBIT、EBITDA；

（2）运营能力：总资产周转率、流动资产周转率、总资产、净资产；

（3）偿债能力：资产负债率、速动比率、流动比率、风险控制能力（净资本/各项风险资本准备之和，评估对象为证券公司）；

（4）成长能力：营业收入增长率、资本扩张率、股东权益增长率。

三、对于流动性折扣及控制权溢价的调整

（一）有关规范

《企业价值准则》第三十一条规定，上市公司比较法中的可比企业应当是公开市场上正常交易的上市公司。在切实可行的情况下，评估结论应当考虑控制权和流动性对评估对象价值的影响。

《企业价值准则》第三十二条规定，中控制权以及交易数量可能影响交易案例比较法中的可比企业交易价格。在切实可行的情况下，应当考虑评估对象与交易案例在控制权和流动性方面的差异及其对评估对象价值的影响。如因客观条件限制无法考虑控制权和流动性对评估对象价值的影响，应当在资产评估报告中披露其原因以及可能造成的影响。

（二）实务操作情况

根据2015—2020年通过证监会并购重组委审核的上市公司发行股份购买资产交易，采用市场法评估定价的案例中，剔除换股采用市场法案例及交易案例比较法，有21个案例考虑了流动性折扣。在实务过程中对于流动性折扣根据行业、时间、计算方式的不同，流动性折扣取值不同。通过统计可以看出流动性折扣取法可以大概分为两类：

一是通过收集标的证券市场评估基准日近两年上市公司的数据，分别计算上市后 30 工作日均价、60 工作日均价、90 工作日均价、120 工作日均价，根据上市公司新股 IPO 的发行定价与该股票正式上市后的交易价格之间的差异来估算对应细分行业证券市场流动性折扣。

二是参考 Measuring the Discount for Lack of Market ability for Non-controlling, Nonmarketable Ownership Interests（衡量非控制性，不可出售所有权权益的缺乏市场能力的折价）中的 Valuation Advisors Pre-IPO Study（估值顾问 IPO 前研究），对公司 IPO 前 2 年内发生的股权交易的价格与 IPO 后上市后的交易价格的差异进行测算来定量估算流动性折扣。

因此计算方式的不同，会带来取值的差异，取值范围在 8% ~33% 之间。因此在实务市场法评估过程中流动性折扣及控制权溢价选取方式仍较难统一。

表 3-3　流动性折扣选取方法

序号	评估基准日	上市公司	标的	流动性折扣取值	流动性折扣选取方法
1	2019 年 12 月 31 日	闻泰科技	Nexperia Holding B. V	26. 20%	ValuationAdvisorsPre-IPOStudy 研究，对公司 IPO 前 2 年内发生的股权交易的价格与 IPO 后上市后的交易价格的差异进行测算来定量估算流动性折扣。
2	2019 年 3 月 31 日	置信电气	英大国际信托有限责任公司	30. 60%	根据证券行业上市公司首日、30 日、60 日、90 日、180 日、360 日、720 日交易均价与发行价之间的比率，测算流动性折扣。
3	2018 年 8 月 31 日	汤臣倍健	LSG	16% ~18%	采用新股发行定价估算方式计算流动性折扣，对 IPO 上市首日、上市后 30 日、上市后 60 日、上市后 90 日的股价、120 日股价进行了股票价格计算，得出流动性折扣。

续 表

序号	评估基准日	上市公司	标的	流动性折扣取值	流动性折扣选取方法
4	2018 年 12 月 31 日	闻泰科技	Nexperia Holding B. V	27. 70%	参考 ValuationAdvisorsPre－IPOStudy 研究，对公司 IPO 前两年内发生的股权交易的价格与 IPO 后上市后的交易价格的差异进行测算来定量估算流动性折扣。
5	2018 年 12 月 31 日	宁波继峰	宁波继烨投资有限公司 100% 股权	19. 20%	参考 Valuation Advisor 的研究，其研究了 3200 个左右的 Pre－IPO 交易案例，选取 2008 年折扣率中位值 19. 20% 作为缺少流动性折价率参数。
6	2018 年 11 月 30 日	中信证券	广州证券股份有限公司	30%	国内上市公司新股 IPO 的发行定价与该股票正式上市后的交易价格之间的差异来研究缺少流通折扣的方式，会加入案例进行合理性分析。
7	2018 年 9 月 30 日	上海莱士	Grifols Diagnostic Solutions Inc.	32. 70%	根据银行业上市公司 IPO 及增发的情况，对 IPO 上市一年后市价表现以及定向增发股份后首日的股价进行分析。
8	2017 年 12 月 31 日	兆易创新	上海思立微电子科技有限公司	34. 54%	采用期权定价模型对流动性折扣进行计算。选取 5 家上市公司，并取标的公司 3 年内上市为上市期限，计算得出公司股权的流动性折扣。
9	2017 年 9 月 30 日	中原特钢	中粮资本投资有限公司	7. 06%	参考 Valuation Advisors Pre－IPO Study 研究，根据 Business Valuation Resource 的统计数据，选取 2009 年以来全球市场公司 IPO 前 2 年内发生的股权交易的价格与 IPO 后上市后交易价格差异的均值。

续 表

序号	评估基准日	上市公司	标的	流动性折扣取值	流动性折扣选取方法
10	2017年10月31日	前锋电子	北京新能源汽车股份有限公司	25.46%	期权定价模型对流动性折扣进行计算。选取5家上市公司，并取标的公司3年内上市为上市期限，计算得出公司股权的流动性折扣。
11	2017年6月30日	南通锻压	亿家晶视	39.65%	通过非上市公司并购市盈率与上市公司市盈率比较估算缺少流通折扣率计算得出行业流动性折扣。
12	2016年4月30日	华菱钢铁	财富证券有限责任公司	25.00%	根据对2002—2011年IPO的1200多个新股发行价的分析，通过重大资产置换及发行股份购买资产并募集配套资金暨关联交易报告书研究其与上市后第一个交易日收盘价、上市后30日价、60日价以及90日价之间的关系。
13	2016年6月30日	广州越秀	广州证券股份有限公司	28.00%	本次评估评估师结合国内实际情况采用新股发行定价估算市场流动性折扣。根据对2002—2011年IPO的1200多个新股发行价的分析，通过研究其与上市后第一个交易日收盘价、上市后30日价、60日价以及90日价之间的关系，测算折扣率。
14	2016年5月31日	济南柴油机股份有限公司	中国石油集团资本有限责任公司	35.45%	本次测算选取了4家柴油机生产行业的上市公司，其股票发行价格较上市首日收盘价、30日价、60日价、90日价折扣率分别为38.7%、33.9%、37.6%、34.9%，其中30日价、60日价、90日价折扣率平均值为35.45%。

续 表

序号	评估基准日	上市公司	标的	流动性折扣取值	流动性折扣选取方法
15	2015年9月30日	哈投投资	江海证券有限公司	25.00%	2012—2015年以来的新股IPO流动性折扣率进行了统计研究，样本选择区间为2012—2015年IPO的217个新股，对其行价与上市后第一个交易日收盘价、上市后30日收盘价、60日收盘价测算折扣率。
16	2015年11月30日	宁波港	舟山港股份有限公司	15.00%	以国内相关缺少流通折扣的定量研究成果为基础，结合舟港股份的实际情况，确定缺少流通折扣率
17	2015年8月31日	宝硕股份	华创证券有限责任公司	30.00%	结合国内实际情况采用新股发行定价估算市场流动性折扣率，对上市日期在2002年至本次交易标的资产评估基准日之间的1243个主板及中小板的新股发行案例进行分析，并研究新股发行价与上市后第一个交易日收盘价、上市后20日收盘价、3个月收盘价以及1年后收盘价之间的关系。
18	2015年8月31日	华声电器	国盛证券	27.82%	根据对2002—2011年度IPO的1200多个新股发行价的分析，通过研究其与上市后第一个交易日收盘价、上市后30日价、60日价以及90日价之间的关系，测算折扣率介于7.8%~43%，平均值为30.6%，其中金融行业（包含银行、保险公司等）为27.82%。
19	2014年12月31日	九洲集团	沈阳昊诚电气股份有限公司	58.40%	根据收集的发生在2013年的600多个非上市公司的少数股权并购案例和截至2013年底的1200家上市公司市盈率，分析对比上述两类公司的市盈率数据。

续 表

序号	评估基准日	上市公司	标的	流动性折扣取值	流动性折扣选取方法
20	2014 年 12 月 31 日	东方财富	西藏同信证券股份有限公司	27.82%	根据对 2002—2011 年 IPO 的 1200 多个新股发行价的分析，通过研究其与上市后第一个交易日收盘价、上市后 30 日价、60 日价以及 90 日价之间的关系。
21	2014 年 9 月 30 日	大智慧	湘财证券股份有限公司	25%	通过研究新股发行价与上市后的交易价之间的差异来定量研究市场流动性折扣。根据对 2002—2011 年 IPO 的 1200 多个新股发行价的分析，通过研究其与上市后第一个交易日收盘价、上市后 30 日价、60 日价以及 90 日价之间的关系。

但是绝大多数的通过市场定价的证监会并购重组委审核的上市公司发行股份购买资产交易没有对于控制权溢价进行考虑。2015—2020 年通过证监会并购重组委审核的上市公司发行股份购买资产交易采用市场法评估定价的案例中仅有两单考虑了控制权溢价。

哈尔滨九洲电气股份有限公司发行股份购买资产公开披露的报告书显示，估值人员根据 CVSource 金融数据库收集的截至 2013 年底的 2240 例非上市公司股权收购案例计算，控制权溢价的平均值为 16.36%。但是并未具体披露其控制权溢价的计算方式。

宁波继峰汽车零部件股份有限公司发行可转换公司债券、股份及支付现金购买海外资产的案例中，估值人员通过定量方法研究得出控制权溢价。主要通过三个方法进行了论证。

第一，通过著名研究人员 Mergerstat 和 Shannon Pratt 的研究成果。Mergerstat 从 1981 年开始收集美国等国家的并购重组案例的相关数据，并通过测算这些案例中 P/E 与一般市场比率的差异来研究控制权问题。从 1998 年至 2006 年的 4711 个案例数据分析得出控制权溢价率一般在 20% ~ 30% 之间。

第二，通过控制权和少数股权交易价格的差额模型。这种方法是由 Hanouna 和 Shapiro（2002）提出的，1986—2000 年间，他们详细分析了多个国家发生的 9000 多宗收购案例，以交易的时间和产业类别为根据，将控制权股票交易和少数股票交易进行了配对，发现控制权股票交易的价格平均比少数股票交易的价格高 18% 左右。

第三，根据大宗股权转让的控制权溢价模型（BH 模型），大宗股权交易的溢价能够反映控制权收益，因此可以采用大宗股权转让价格与公开市场股票交易价格的溢价水平来对控制权收益进行衡量。该模型适用于大宗股权转让的控制权溢价计量，控制权溢价率（K）可为大宗股权转让价格与公开市场股票交易价格在要约公告日前一日交易收盘价、前一周交易收盘价、前一月交易收盘价或其他时间段内的平均溢价率。2014—2017 年间已完成的控股权要约收购案例中，要约价格相较于公告日前一日交易收盘价、前一周交易收盘价、前一月交易收盘价的平均溢价率分别为 35. 66%、38. 06% 和 37. 26%。估值人员对本次继烨（德国）要约收购 Grammer 股票的控制权溢价采用 BH 模型进行了计算，分析了本次要约收购下的控制权溢价率为 13% ~18%。

第四，根据控制权和少数股权交易价格的差额模型、大宗股权转让的控制权溢价模型（BH 模型）计算控制权溢价三种方法综合判断后，最终选取本次要约的控制权溢价率选取要约交易日前 60 个交易日平均收盘价溢价率 16. 38%。

在目前的市场法实务评估中，可以看出对于流动性折扣的考虑较为统一，但对控制权溢价的考虑目前实务中并不常见。

四、市场法应用情况小结

1. 评估机构在市场法应用过程中整体上的考虑是相对全面和充分

综观本次研究的全部市场法评估案例，相比较以前市场法运用的初级阶段，近年来绝大多数评估机构在可比对象的选择、可比乘数的选择以及缺乏流动性折扣等方面都给予了一定的考量或披露，并做出了相应的量化调整。

2. 市场法自身的灵活性对其应用和评价带来了一定的困难

理论上讲，市场法是一种相对灵活的估值方法，这种灵活体现在评估过程中评估专业人员须根据目标企业的具体情况选择合适的比较乘数、可比对象，并进行相应的调整。在获取可比上市公司或交易案例信息详细程度不同的情况得出的结果可能差异很大；可以说，市场法的科学合理运用所需的专业判断、量化性调整等带来的工作量绝不亚于其他评估方法。但评价市场法应用的尺度合理与否只能从案例实际操作的过程入手，即很难在事前规定一套具体的程序，并以此衡量市场法应用的合理与否，也难以在事后评价估值结果的合理性和公允性；市场法这种特点为评估和监管该方法的应用制造了难点。

第三节　资产基础法的应用

在企业价值评估中，资产基础法由于其在考量企业整体价值方面的局限性，近年在企业价值评估中的地位已逐渐下降，但作为企业价值评估的主要方法之一，资产基础法在目前的企业价值评估中的应用仍占有较高比例。

一、资产基础法应用过程分析

（一）有关规范

《企业价值准则》第三十五条规定，中企业价值评估中的资产基础法，是指以被评估单位评估基准日的资产负债表为基础，合理评估企业表内及可识别的表外各项资产、负债价值，确定评估对象价值的评估方法。

《企业价值准则》第三十六条规定，中资产评估专业人员应当根据会计政策、企业经营等情况，要求被评估单位对资产负债表表内及表外的各项资产、负债进行识别。资产评估专业人员应当知晓并非每项资产和负债都可以被识别并单独评估。识别出的表外资产与负债应当纳入评估申报文件，并要求委托人或者其指定的相关当事方确认评估范围。当存在对评估对象价值有重大影响且难以识别和评估的资产或者负债时，应当考虑不同评估方法的适用性。

（二）实务操作情况

目前，资产评估专业人员在采用资产基础法进行企业价值评估过程中，最大的特点是勘察工作开展细致，对企业资产状况了解较为全面。

在正式开展企业价值评估前，被评估企业需要对其拟申报资产进行全面清查，明确纳入评估范围的资产对象，并对评估中可能涉及的资产权属等问题都有一个相对清晰的了解，这其中也包括对企业拥有的控股子公司资产的清查填报。

在完成前期准备工作后，评估机构须开展现场勘察。现场勘察通常视企业具体资产组成分为若干专业组。

现场勘察阶段，评估人员将企业的资产与负债分类，核实各项负债，实地勘察被评估企业的资产，包括但不限于企业的存货、厂房、设备土地等实物资产。例如，在存货勘察过程中，评估人员须通过企业相关人员的协助了解和核实存货中有多少已经报废，有多少受到损坏，有多少是存放多年或根本不能使用，有哪些存货已经毫无价值却仍然记在账面上，又有哪些存货有剩余价值却已经冲销，存货的周转情况如何；对于企业的厂房与设备，评估人员对厂房的规模大小、结构类型等，设备维修状况如何，使用率是否很高，是否还有闲置的厂房和设备以备以后的生产发展等详细了解并核实，对所需的相关技术参数，如磨损系数、功能性贬值率等还应通过技术检测手段进行必要的现场鉴定。对于土地使用权等稀缺资源，评估人员需要通过现场勘察，掌握企业土地的相关信息。

现场勘察所了解的资产账面原值、已使用时间、磨损情况、维修、改造、实际功能和技术状况须记录在工作底稿中。评估人员应对现场取回的资料进行分类、筛选、审核、编号，关注资料的来源，分析资料的完整性与可靠性。

通过详尽的现场勘察，评估专业人员也实现了对各项资产真实性的查验：①资产是否真实存在，实地查看机器设备、车辆、房屋等，并逐项与申报的资产清查明细表相核对；②企业对资产描述的真实性，检查申报资料上所列示的资产的数量、品质、规格、型号、购买日期、存放地点等是否与实地考察所见情况相符；③查验资产的权属证明，关注产权资料的来源和可信度。从而在设定产权的前提下，对纳入评估范围的各项资产进行评估。

此外，还需要对企业未在账面体现的重要的可识别和评估的专利、商标等账外无形资产进行识别、清查作价。

现场勘察过程中，评估人员了解企业历史、现状、管理水平、经营状况、市场开拓情况和财务状况等，对于整个评估过程极具意义。它不仅可以帮助评估人员获得更加可靠的信息，而且还有助于被评估企业的管理者了解评估的预期目标。这种全面的勘察及相应带来的效果也是其他企业价值评估方法无法实现的功能。

在此后的评定估算阶段，评估人员须通过对资产负债分类、确定评估方法、搜集整理资料及估算、汇总评估结果、得出评估结论、评估机构内部审核等步骤，完成评估工作。

其中，估价资料的搜集类型直接取决于所选择的评估方法。因此，搜集的估价资料在保证真实、可靠的基础上，更应为所选择的评估方法服务。与此同时，所收集的资料也是对评估结果最有力的证明。评估专业人员在数据的整理与分析过程中，要选取那些最可信、最有证明力的资料作为评估作价依据。搜集资料的过程通常还包括进行必要的市场调查与分析。

因此应用资产基础法对企业价值进行评估是一个基于对企业可辨认的各项资产的全面、细致核查与价值进行估算的过程。

二、资产基础法仍然有一定的适用性

作为目前企业价值评估中常用的评估方法之一，资产基础法在评估企业价值过程中，也具有自身的一些特点：

（一）能够在并购过程中能发挥资产尽职调查作用

资产基础法评估企业价值的程序前已述及，整个评估过程需要评估分析人员对企业的状况进行全面了解，同时，也需要大量的企业管理人员的积极参与。评估人员大量细致的工作和众多企业人员的关注、配合有助于在并购过程中能发挥资产尽职调查的作用，进而对收益法或市场法评估起到较好的辅助、验证作用。

（二）易于为企业并购交易谈判提供价格“底线”

资产基础法从重置企业拥有的各项资产角度评估企业价值，对于企业并购交易中的交易双方商谈并购价格有较强的参考价值。例如，在价格谈判中，资产基础法评估结果可以作为谈判定价的底线，如果并购方提出的交易价格低于资产基础法评估结果的价格，被并购方则可以依据资产基础法评估企业价值得到的各项资产、负债的详细价值资料，争取更高的交易价格；而被并购方提出的交易价格高于资产基础法评估结果的价格，那么并购方则可以要求对方提供额外好处来弥补成交价较高所带来的损失。

（三）易于特定评估目的下的评估报告使用者了解企业价值组成

资产基础法的评估结果通常是以资产负债表的形式体现，它将组成企业价值的各项资产和负债一一列示，这种形式对于熟悉基本财务报表的企业价值评估报告使用者，如企业及银行的相关工作人员、法官、律师等来说，容易理解并接受。特别是对于包括以财务报告为目的、抵押目的等在内的特定目的的评估服务，资产基础法的评估结果列示形式有利于报告使用者了解企业价值组成。

三、资产基础法应用的局限性

（一）资产基础法的应用成本较大

与收益法、市场法等企业价值评估方法相比，资产基础法在应用的过程中需要大量的、多专业的人员到被评估企业所在地开展实地勘察工作，评估工作覆盖被评估企业全部资产，大到厂房设备，小到备品备件和低值易耗品，均需要评估人员开展翔实的勘察，其执行成本非常之高。资产评估机构开展此方法进行企业价值评估对其运营、成本控制等是非常大的考验。

同时，由于企业资产构成的复杂性，在运用资产基础法评估企业价值的过程中很可能需要各种门类的专业评估人员提供专业意见，需要聘请特定领域的专家，相关费用支出较高。此外，资产基础法的运用也需要被评估企业相关人员的广泛参与，对企业来说成本不低。

（二）对于轻资产模式原因的企业难以反映企业作为整体的综合效应

资产基础法评估企业价值是以重置各项要素资产为前提，以资产负债表上所列的单项资产的成本为出发点，通过将构成企业的各种要素资产的评估值加总扣减负债评估值求得企业价值。该方法是基于对单项资产采用收益法、市场法或成本法等合理方法进行评估后的价值加总，是一种综合性的价值反映途径。

对于不同类别资产，评估专业人员视资产特点、市场环境等酌情选择合适的评估方法。以无形资产中常见的土地使用权、采矿权等为例，评估专业人员在条件允许的情况下更多地会倾向于采用收益法和市场法。采用资产基础法评估企业价值与通过账面价值反映资产价值相比具有及时性、有效性、公允性等优势。

但是，资产基础法在反映企业价值方面存在对于企业作为运营整体可能存在的账面未有体现的无形或隐性资产价值的缺失。企业所拥有的各项要素资产之所以能够组合在一起使企业具有整体获利能力，原因在于企业的流动资产、机器设备、房屋建筑物和无形资产等要素资产并非是简单的累积，而是共同为实现企业的经营目标有机地组合在一起，发挥各自功能，形成有价值的整体。在全面评价企业价值过程中，企业作为运营整体创造价值的能力也应得到体现，而资产基础法在这一方面存在明显的不足。

本次统计样本中，资产基础法与收益法在反映同一企业整体价值时，资产基础法增值率普遍低于收益法增值率，也在一定程度上说明了此问题。

第四章

中国上市公司并购重组企业价值评估中投资价值的应用

随着资本市场基础制度的逐渐完善，上市公司并购重组更趋理性与谨慎，并购目标集中于对技术、市场、用户及品牌的并购，追求真正的协同效应。近年来越来越多的上市公司通过并购重组获取目标技术、市场、渠道及许可证、牌照等，其目标是通过获取优质资源，实现协同效应，用于提高整体效率降低单位成本，而跨界式扩张性并购逐渐减少。随着上市公司产业并购日趋火热，协同效应成为并购方案中核心价值的体现，而投资价值作为量化协同效应价值体现的主要评估方式，势必在并购市场、政策制度的逐渐完善的过程中得到广泛运用。

第一节　投资价值及协同效应概述

一、投资价值的定义

投资价值是指评估对象对于具有明确投资目标的特定投资者或者某一类投资者所具有的价值估计数额，亦称特定投资者价值。

投资价值区别于一般的市场价值，作为特殊市场价值类型中重要的一种价值类型，除受到交易标的本身和交易市场的因素影响外，最主要的差异在于受到市场参与者（或交易者）个别因素的影响，即受到特定投资者的影响，由于标的资产和投资者特殊的关系，导致投资者愿意出高于市场价值购买标的资产。

一般而言，特定投资者所追求的特定投资目的都是出于经济性因素考虑，如希望通过收购、合并甚至处置等交易形成的各种协同效应产生增量收益；但也不排除对非经济性因素的考虑，也可能是出于政治、社会甚至心理等角度的考量。因此，投资价值可理解为某项资产在明确的投资者基于特定目的、充分考虑可能实现的增量收益（包括协同效应和政治、社会、心理等效应）和投资回报水平的情况下，在评估基准日的价值估计数额。

但需要注意的是，投资主体在绝大多数情况下是从追求经济利益最大化的角度出发，在投资实务中也往往会以经济视角来判断投资回报水平和衡量投资价值，特别是对其中因协同效应带来的增量收益的追求；并且，非经济因素类增量收益的情形多变、缺乏规律性，以至于量化难度极大，因此本章所讨论的投资价值是指某项资产对于具有特定经济目的或充分考虑协同效应等经济因素的特定投资者的价值，并不考虑处于政治、社会等非经济目的等对于特定投资者的价值。

图 4-1　协同效应的分类

二、协同效应的内涵及分类

协同效应（Synergy Effects），简单地说，就是“1+1>2”的效应。协同效应原本为一种物理化学现象，又称增效作用，是指两种或两种以上的组分相加或调配在一起，所产生的作用大于各种组分单独应用时作用的总和。如今，协同效应被普遍应用于企业经营管理领域，并可分内部和外部两种情况：内部协同是指企业生产、营销、管理的不同环节、不同阶段、不同方面共同利用同一资源而产生的整体效应；企业并购后由于共享业务行为和特定资源，因而将比作为一个单独运作的企业取得更高的盈利能力。后者在企业投资并购领域尤为多见，如并购后企业竞争力增强，导致净现金流超过并购双方预期现金流之和，或者合并后企业业绩比并购双方独立存在时的预期业绩高。根据第一章第三节可知，国内外关于协同效应的理论研究现状有一个共同的认识，就是协同效应的获取是企业并购发生的重要原因。这一点与实现企业价值增值这一企业并购行为的动因亦是相匹配的。因此，在企业并购投资领域，作为投资价值的重要构成部分，协同效应是非常重要的范畴，具体有以下几种表现形式。

（一）管理协同效应

管理协同效应主要是指并购给企业管理活动在效率方面带来的变化及效率的提高所产生的效益。其协同效应主要表现在提高管理效率和节省管理费用等方面。J. Fred Weston 等（1998）认为，管理能力层次不同的企业合并后，管理能力较差的一方将受到能力较强一方的影响，从而提高整体管理效率。管理经验可分为两种：一般性管理经验和行业专属性管理经验。一般性管理经验指一般性企业的日常管理活动，例如计划、协调、财务管理、内控等。行业专属性管理经验只能运用于同行业企业，在另一行业的企业中就不再有效。行业专属管理经验只能够在同行业企业间发生转移。同时由于具有行业知识，尤其是企业专属信息的管理人员很难直接从管理人员市场聘请，行业专属性管理经验的获得通常在并购中具有较为重要的意义。

例如，在鲁北化工收购金海钛业、祥海钛业重组报告并购目的中提出：上市公司与标的公司同属化工行业，在经营管理方面具有共通性。收购完成后，通过对标的公司内部经营管理的整合可有效实现管理协同。上市公司已建立严格有效的法人治理架构，形成了权力机构、决策机构、监督机构和管理层之间权责明晰、相互协调与制衡的运行机制，为公司持续高效、稳健的运营提供了有力保证。标的公司管理团队较为稳定且具备丰富的钛白粉生产管理经验，近年来标的公司在经营管理团队的带领下盈利能力不断提高。本次交易完成并实现经营管理团队整合后，上市公司和标的公司通过相互吸收、借鉴生产管理经验，可有效提升交易标的内控水平及管理能力，降低内部管理成本，实现管理协同。

（二）经营协同效应

经营协同效应主要是指并购给企业生产经营活动在效率方面带来的变化及效率的提高所产生的效益。即，并购改善了公司的经营，从而提高了公司效益，包括并购产生的规模经济、优势互补、成本降低、市场份额扩大、更全面的服务等。经营协同效应可以体现在各类并购中，包括横向并购、纵向并购和混合并购等。例如，在横向并购中，可以通过扩大生产规模，使单位产品负担的成本降低，从而获取协同效应。在纵向并购中，可以通过上下游的产业配套，实现降低运营成本、增加产销量等协同效应。

经营协同覆盖相对较广，可涉及业务协同、战略协同、产品协同等多方面。

例如：立昂技术收购大一互联（2018）在重组报告并购目的中提出：在产品方面，立昂技术主要以电信及ICT业务的基础设施建设、运维服务为主，主要立足于运营商专业服务的上游；沃驰科技基于运营商的广大电信用户资源，向运营商终端个人消费者间接提供服务，立足于运营商的个人客户资源；大一互联主要利用运营商的电信IDC基础设施资源，提供贯穿于运营商上游及下游的业务，上游可与运营商合作共建机房，下游帮助运营商实现机房资源的销售，最终通过商业客户的IDC服务消费实现收益。三家企业立足于运营商的上下游资源，形成围绕运营商的全方位服务产品提供商。

中光防雷收购华通机电（2018）在重组报告并购目的中提出：本次交易完成前，中光防雷和华通机电在军工业务上均积累了多年的生产经验、技术资源、客户资源。本次交易完成后，中光防雷将搭建以华通机电为核心的军工业务板块，通过对生产经验、技术资源、客户资源的整合，在产品技术升级及客户范围扩大产生业务协同效应，有利于提高对军工客户需求的快速反应能力和研发制造能力、新业务和新项目的开拓能力，推动公司在军工领域快速发展壮大，进一步优化和改善公司的管理效率、生产组织效率，实现协同发展。

(三) 财务协同效应

财务协同效应是指并购给企业财务方面带来的效益，可以通过以下方面估计贡献值：内部融资降低的资本成本，指通过并购，并购企业为目标企业提供资金，导致的融资成本降低；外部融资降低的资本成本，指由于并购双方信用等级不同，通过并购使得目标企业的融资能力得到提高；纳税节约额，指通过并购实现并购企业和目标企业业务整合所带来的税务优化等。因此，财务协同效应引起的价值增值是这几项成本的节约之和。以上情况只是企业并购中协同效应所作贡献的常见因子，不同的企业需要根据具体情况来看。

国脉通信收购共创信息（2017）在重组报告并购目的中提出：本次收购的标的资产具有较强盈利能力和前景，有利于提高上市公司的整体价值并为股东带来更好的回报。本次交易完成后，上市公司的资产规模和盈利能力均将得到提高，为上市公司更好的回报投资者创造了条件，也使上市公司通过多种方式筹集资金具备了良好基础。标的公司自成立以来一直依赖于自有资金发展。随着本次交易的完成，上市公司的规模将进一步扩大，利用上市公司的平台，一方面可以进一步提高标的公司的贷款能力，更容易通过间接融资方式获得外部金融机构的融资支持，同时有效降低融资成本；另一方面，也可充分利用上市公司的融资功能，通过直接融资方式选择多样化的债权或股权融资工具，实现公司资本结构优化。

（四）技术协同效应

对于仅靠上述三种类型无法穷尽的协同效应，统一归为其他协同效应。如无形资产中的品牌、专利技术和企业文化等，在企业发展中发挥的作用也是十分明显的。例如，在企业投资并购中，无形资产协同效应主要表现为品牌协同效应、技术协同效应和文化协同效应等类型。

摩登大道在重组报告并购目的中提出：上市公司已经初步搭建了摩登大道全球时尚电商平台，为契合时尚消费娱乐化、社交化、移动化、艺术化的趋势，上市公司旨在把摩登大道全球时尚电商平台打造成为“科技与时尚”的数据化社交平台。上市公司此前已组建专业的时尚电子商务平台运营团队，为进一步增强上市公司在时尚消费领域的竞争力，2016 年 5 月，上市公司下属控股子公司与美国硅谷科技公司 YOUSPACE，INC.（以下简称 YouSpace）签署了《Pre-A 优先股购买协议》，双方的战略合作有利于快速构建行业解决方案，在开发互动购物屏幕、互动广告、机器人视觉等方面，YouSpace 科技应用将带给顾客身临其境的互动体验，实现时尚美容及着装建议，大大增强人们的购物乐趣，带给购物者全新的美好消费体验，同时给门店及购物中心带来新的商机。标的公司作为领先的移动社交工具类应用产品开发商，在产品研发过程中采用互联网领域的各种技术，包括基于深度神经网络的预测算法、全球大数据处理和分发技术、基于用户画像的实时分发技术、Hybrid 混合编程技术、多渠道跨屏跟踪技术、Smart TagEngine 图片推荐引擎、弹性云技术、分级云存储技术、基于社交的个性化输入法定制、模糊预测控制、云联想输入、可高度定制的个性化键盘、主题商店生态圈、个性化字体等，技术优势较为明显，所开发的移动社交应用工具深受年轻用户群体的喜爱。本次交易完成后，上市公司及标的公司可以在摩登大道全球时尚电商平台搭建过程中进行技术协同，标的公司在移动社交领域的上述技术优势可以辅助上市公司完善移动社交平台的搭建，借鉴标的公司高效的用户社群管理经验，上市公司能够迅速响应用户对时尚消费品的反馈内容，快速进行流量变现，有助于上市公司“摩登社交+”全球资源一体化战略的实施。

第二节 并购重组评估中投资价值的应用

一、并购重组中协同效应的作用及监管关注

在开展并购重组行为前，重组标的的选择过程往往与协同效应紧密相连。首先将目标企业从未知的样本集合中挑选到已知的选择集合中，以寻找协同效应的潜在来源，再从已知的选择集合中筛选出少数质量好的目标企业到并购企业的机会集合中，最后从机会集合中选择最终并购对象。在谈判与博弈定价的过程中，企业间的协同效应是并购活动产生的动机，是否具有协同效应是并购决策的依据，影响着并购活动最终的效益，同时也是购买方溢价收购的核心驱动。

上市公司是否通过并购重组实现与标的资产形成“1+1>2”的产业协同近年监管政策的核心关注点之一，在《公开发行证券的公司信息披露内容与格式准则第26号——上市公司重大资产重组》（以下简称为“第26号准则”）第二十五条中提到，上市公司董事会应当对本次交易标的评估或估值的合理性以及定价的公允性做出分析。包括但不限于：分析说明交易标的与上市公司现有业务是否存在显著可量化的协同效应；如有，说明对未来上市公司业绩的影响；交易定价中是否考虑了上述协同效应。

实施注册制的科创板及创业板重大资产重组审核要求中也提及了关于重组协同效应的相关要求，如《上海证券交易所科创板上市公司重大资产重组审核规则》中明确提到，科创公司应当充分披露标的资产是否符合科创板定位，与科创公司主营业务是否具有协同效应。并对协同效应进行了具体约束，即指科创公司因本次交易而产生的超出单项资产收益的超额利益，包括下列一项或者多项情形：增加定价权；降低成本；获取主营业务所需的关键技术、研发人员；加速产品迭代；产品或者服务能够进入新的市场；获得税收优惠；其他有利于主营业务发展的积极影响。

而《深圳证券交易所创业板上市公司重大资产重组审核规则》中除上述协同效应的具体约束外，还提出了“不具有显著协同效应的，应当充分说明并披露本次交易后的经营发展战略和业务管理模式，以及业务转型升级可能面临的风险和应对措施”的相关披露要求。

协同效应是上市公司参与并购活动的主要目的和核心关注之一，无论是同行业横向并购以扩大产业规模，还是上下游纵向收购以获取稳定的供货或销售渠道从而提升生产效率，均可为上市公司增强核心竞争力从而提升盈利能力。而投资价值的运用为上市公司与标的公司完成收购后的协同价值量化分析提供合理参考。

二、近年投资价值在重大资产重组评估中的应用现状分析

并购中科学、合理的估值能够提高并购活动的成功率，资产评估参与并购活动是实现科学、合理估值的关键环节。当并购活动发生在特定投资者与被并购企业之间时，评估人员参与该种并购活动需要确定被收购方的投资价值，投资价值数额既包括目标公司的市场价值，也包括并购整合完成后的价值增量（或减量）部分（协同效应价值），即估算协同效应价值是投资价值评估中的关键环节之一。

根据通过证监会审核的上市公司发行股份购买资产交易报告书披露的内容中不难发现，虽然近年来上市公司以协同发展为目的的产业并购比重较高，但实务中鲜有以投资价值作为价值类型的案例。

在2015—2020年通过证监会并购重组委审核的上市公司发行股份购买资产交易报告书中，以发挥协同效应、提升上市公司资产质量为目的的交易案例占比分别为84%、75%、84%、93%、91%、79%，占比相对较高。对于报告书中未提及发挥协同效应的相关并购案例，多以业务转型、跨界并购为主。

图4-2　2015—2020年发挥协同效应为目的的占比

虽然在上述案例中，协同效应作为并购的主要目的被大量提及，但2015—2020年通过证监会审核的上市公司发行股份购买资产报告书中援引的标的资产评估结论的价值类型仍以市场价值为主导，投资价值作为体现特定投资者在参与并购活动中所获得协同效应的价值类型，在上市公司发行股份购买资产案例中的采用并不多见。2015—2020年援引评估结论价值类型为投资价值的上市公司发行股份购买资产项目案例见表4-1。

表 4-1 2015—2020 年价值类型为投资价值的发股收购项目案例

序号	上市公司名称	标的名称	过会时间	是否单独测算协同效应
1	汉邦高科	金石威视	2017 年	否
2	新潮能源	鼎亮汇通	2017 年	否
3	长电科技	长电新科 长电新朋	2017 年	否
4	万达院线	慕威时尚	2015 年	否
5	游族网络	掌淘科技	2015 年	否

三、投资价值实务操作案例分析

案例一：新潮能源收购鼎亮汇通 100% 的财产份额项目

方案概述：新潮能源及其全资子公司扬帆投资拟通过发行股份及支付现金的方式购买国金聚富、国金阳光、中金君合、东营汇广、国华人寿等 13 名交易对方合计持有的鼎亮汇通 100% 的财产份额，同时，新潮能源拟非公开发行股份募集配套资金。

标的资产评估值及定价：本次交易的评估基准日为 2015 年 11 月 30 日，评估机构采用收益法和市场法对鼎亮汇通 100% 财产份额进行评估，并采用收益法评估值作为标的资产的最终评估结果。

根据评估机构出具的《2015 年鼎亮汇通资产评估报告》，截至评估基准日，鼎亮汇通 100% 财产份额收益法评估价值为 781808.29 万 ~ 945996.49 万元，市场法评估价值为 946493.46 万元。评估结论采用收益法评估结果，即为 781808.29 万 ~ 945996.49 万元，该评估值较鼎亮汇通 2015 年 11 月 30 日的账面价值 700568.13 万元增值 81240.16 万元至 245428.36 万元，评估增值率为 11.60% 至 35.03%。考虑到宁波吉彤于 2016 年 1 月 5 日对鼎亮汇通实缴出资 35000.00 万元，参照交易标的评估结果及评估基准日后实缴出资，并经交易各方协商确定，鼎亮汇通 100% 财产份额的最终交易价格为 816637.50 万元。

价值类型：投资价值。

是否量化协同效应：否。

案例特色：本案例被评估企业所持有的油气资产尚处于开采的初期阶段，未来资金投入较大。本次对被评估企业的核心假设之一是基于未来所需资金投入能够及时、足额到账的假设，因此上市公司本次主要用于标的资产油田开发项目所募集的配套资金，与标的资产形成财务协同。此外，本次收购的标的油气资产将与上市公司前次并购所收购的浙江犇宝控制的油田资产均分布于美国得克萨斯州，且上市公司在前次收购后已经开始着力打造一支由石油行业的技术、管理人员共同组成的油田资产管理团队，可以与标的资产形成管理协同。

案例二：恒泰实达收购辽宁邮电 99.854% 股权项目

方案概述：恒泰实达拟以发行股份及支付现金的方式购买辽宁邮电 99.854% 的股权，并向特定对象发行股份募集配套资金。

标的评估值与定价：根据评估机构出具的《辽宁邮电资产评估报告》，辽宁邮电在评估基准日的全部股东权益 40059.80 万元，评估价值 159300.00 万元，评估增 119240.20 万元，增值 297.66%。综合考虑本次交易为恒泰实达带来的产业协同效应，经交易各方协商，辽宁邮电 99.854% 股权的交易作价为 178826.53 万元，较辽宁邮电 99.854% 股权对应的评估值 159067.42 万元溢价 12.42%。

价值类型：市场价值+协同效应量化分析。

是否量化协同效应：是。

协同效应：恒泰实达主营业务为系统集成业务、软件开发及销售业务、技术服务业务和商品销售业务，主要用于电网企业的输电、变电、配电、用电及调度等环节的管理。辽宁邮电主营业务为通信网络设计服务和系统集成业务，主要为通信运营商、铁塔公司、电网公司等客户提供全流程、跨网络、定制化的通信网络技术服务。鉴于交易双方在业务性质、客户类型和业务分布等方面存在诸多相近或互补之处，本次交易可以实现恒泰实达与辽宁邮电的优势互补，充分把握通信行业和电力行业增长带来的发展契机，增强上市公司的核心竞争力。具体量化协同效应包括：

（1）客户资源的协同效应（收入增加）：客户资源协同效应中，新增业务资源主要体现在三方面：一是依托辽宁邮电在通信运营商客户中的市场深度和广度，以及恒泰实达本身在智能控制中心领域强大的业务实力，承接通信运营商的新增综合智能控制中心业务；二是恒泰实达在本次交易完成后将可以借助辽宁邮电在设计前端的业务能力为电网公司客户提供系统设计及工程总承包等增值服务业务；三是恒泰实达通过收购辽宁邮电获得可观的电力通信网络设计服务的新增业务。

（2）协同效应带来的成本及费用的节约（成本减少）：协同效应带来的成本及费用的节约主要体现为销售网点成本费用节约、产业链条协同效应而实现业务循环产生的节约成本、同类型产品或同一采购商对应的采购规模扩大而产生的采购成本降低、技术开发人员的互通互用导致的开发成本降低。

（3）协同效应产生的经济价值：23800.00 万元（取整）。

案例特色：本次交易所参考的资产评估报告，虽然价值类型为市场价值，但过程中由评估机构出具了关于上市公司收购标的资产所形成的协同效应的量化分析，最终确定了上市公司和标的资产协同效应投资价值的估值区间，为上市公司此次考虑协同效应而以高于标的资产市场价值评估值的交易对价收购标的资产提供了价值参考。

第三节　投资价值的应用前景与建议

一、投资价值的应用前景

虽然投资价值在近年资本市场并购估值活动中鲜有应用，但其本身作为特殊的市场价值类型，会随着市场机制的逐渐成熟、监管体制的逐渐完善，投资价值将具备较大的应用前景。

（一）协同效应的量化有助于上市公司完善收后管理

需要强调的是，考虑到协同效应是直接量化分析标的公司投资价值的重要参数，双方在制定协同规划时应区分上市公司收购标的公司后，标的公司可为上市公司在上下整合所减少的运营成本或同业整合形成的规模优势，进而渠道融合、客户融合、产品融合等多方面获得的成本缩减或收益增加；和标的公司纳入上市公司后，标的公司在经营、管理方面的改善、品牌效应提升、融资条件优化、市场渠道进一步融合所获得的成本缩减或收益增加。因此，在采用投资价值对标的公司进行评估时，应充分披露协同效应价值的属性，做好不同属性协同效应的量化分析。

（二）投资价值为并购活动增加更多谈判筹码

并购活动的交易双方往往需要经历多轮谈判并结合标的资产评估结果最终确定交易对价，而基于不同层面的交易双方对于标的资产的价值判断通常存在差异。对于一些具有核心竞争力的细分行业龙头，尤其是对于拥有独有专利的高科技制造等行业的标的资产，考虑到资源稀缺性或是前期投入的大量科研成本，交易卖方可能因不接受以一般市场价值为参照的出售价格，从而导致上市公司错失并购优质标的资产的交易机会。

而投资价值是基于在业务、管理等方面实现协同效应的假设基础上，双方共同认可的、努力目标一致的资产价值，体现了标的资产对于特定一个或者一类投资者的价值，为并购活动的谈判增加了更多的谈判筹码和谈判机会。同时，投资价值将使交易双方更多聚焦于并购完成后的协同发展，资源共享、更加符合交易双方决定参与并购活动的最初目的，即交易双方融合发展，而非各自运营。

（三）投资价值有助于收购方内部决策

投资价值作为标的资产对于特定的某一类或某一个投资方（买方）的价值估计，更多侧重于体现投后（或收购后）买卖双方在管理经营充分融合协同后的资产价值。因此双方在构建协同目标时，其量化的协同效应可为交易买方提供直观的价值体现，便于上市公司买方在内部决策时充分考量交易完成后的发展规划，充分分析收购完成后标的资产通过协同效应为双方带来的整合优势。

此外，对于优质标的资产，尤其是拥有核心技术或在细分行业具有独特优势的企业，在交易博弈过程中其市场价值难以满足卖方诉求，也较难体现在交易双方融合发展后所带来的经济效益。而投资价值则可为交易买方提供不同发展假设下的多种价值参考，帮助收购方进行内部决策。

（四）投资价值有利于提升信息披露透明度，有助于股东决策

从上市公司并购重组的实践中不难发现，协同效应已经成为众多上市

公司发起交易的主要目的之一，交易双方在进行商业谈判时最终价格的考虑因素往往不仅局限于标的资产本身的价值，同时还包括双方协同发展带来的额外收益、换股价格、股权数量等一系列因素，而市场价值作为反映标的资产在公开市场中双方正常公平交易的价值估计数额，难以体现双方在商业谈判中所考虑的相关因素影响，具有一定局限性。而投资价值的应用有利于体现标的资产自身市场价值与协同效应等相关因素影响下对标的资产价值的差异，从而帮助股东了解上市公司在进行并购重组行为时的考虑因素及对应价值，增强信息披露的公开度、透明度，帮助股东决策，实现资源的有效配置。

二、投资价值应用的建议

（一）协同效应的科学界定与量化是投资价值合理、广泛运用的前提

当前上市公司重大资产重组方案中存在对投资价值的运用频率低、量化少的现状，大多数方案采用“协同效应分析+市场价值”的方式，缺乏针对上市公司与标的资产收购完成后所产生的具体类别的协同效应的定量分析与测算，缺少第26号准则中要求的与上市公司业务显著可量化协同效应内容的披露。此外，由于缺少协同效应的类型界定与合理量化，根据中评协发布的《企业并购投资价值评估指导意见》第二十条至第三十七条分别对资产评估专业人员采用资产基础法、收益法、市场法进行投资价值评估时提出的具体指导意见，明确了关于并购双方整合后并购对象未来经营模式、资本结构、收益指标等进行分析测算的要求。上市公司应进行经营、管理上的定量分析，具体量化协同效应的价值影响。

因此，上市公司在制定并购方案前，可以就并购对象与上市公司整合完成后的发展规划进行充分分析，合理量化协同效应对并购双方

完成整合后在经营、管理等方面的影响。一方面有助于上市公司对整合方案的制定与细化，判断整合方案对上市公司的影响，方便上市公司内部决策；另一方面有助于独立财务顾问、资产评估机构等中介机构对并购对象的价值分析，同时满足披露要求，有助于市场对上市公司并购行为的价值理解。

（二）通过对标的资产投资价值分析，为上市公司决策提供多维度估值参考

标的资产的资产评估及估值结论往往为上市公司并购决策提供重要的参考依据，投资价值的运用可以从上市公司不同收购方案、收后不同发展规划的多种角度，合理估算标的资产针对特定的收购方（上市公司或同类型公司）的资产价值。不同假设前提下由于协同效应的类型、发挥的时间、获得的增量效益不同，得出不同的投资价值结果，为上市公司在制定收购方案尤其是交易价格谈判过程中提供多维度参考，论证上市公司溢价或折价收购的合理性。

（三）监管应逐步适应并开放对上市公司以高于标的资产市场价值的价格进行收购

一般认为，标的资产的市场价值作为公平市场中标的资产自身的价值衡量是上市公司并购重组交易对价的重要参考依据。但是如前所述，当前市场价值较难反映上市公司与交易对方进行商业谈判时的其他因素尤其是难以反映上市公司与标的资产间存在的协同价值，基于商业谈判的相关考量因素尤其是双方的协同效应的价值可能会比标的自身的市场价值高。而当前投资价值应用较少的主要原因之一是当前监管对于上市公司以高于市场价值的对价收购标的资产的必要性和合理性的认可程度并不高，为避免解释繁杂的质询，上市公司一般将商业谈判中的考虑因素最终叠加至标的资产的价值中，并按照价值叠加后的“市场价值”作为最终定价的参考依据，一是不便于股东充分分析，二是造成市场价值虚高的情况。监管应当逐步开放并制定相关政策，通过对投资价值应用的鼓励使信息披露更加清晰透明，让市场价值回归真实，帮助股东更好地判断。

第五章

中国上市公司境外并购评估相关问题的分析

随着供给侧改革的进一步深入、“一带一路”政策的指引及市场产业升级趋势，当前中国境外并购市场呈现分化态势，新兴产业并购市场活跃，传统产业则趋于理性。在我国企业境外并购的发展历程中，产业分布也趋向于多元化，从早期以关系国计民生的重工业和交通运输业境外并购为主，发展到中期向资源行业如光伏、矿业等转型，再到现在逐渐向服务业和高新技术行业发展。

受2020年新冠肺炎疫情影响，进一步改革开放、“产业升级”、“双循环”、区域经济一体化等政策和战略正在影响中国并购市场。同时，区域全面经济伙伴关系协定（RCEP）将为中国和东亚带来机会，大幅提升中国优势产业和优秀企业的全球竞争力，推动更多有实力的中资企业“走出去”。

第一节 中国企业境外并购概况及监管环境分析

一、中国企业境外并购及影响因素

随着经济全球化趋势日益明显，中国上市公司逐渐通过跨境并购方式获取国外企业相应技术、资源、市场等，提升中国企业的国际竞争力和影响力。从2015—2020年统计数据来看，上市公司跨境交易数量呈现先上升再下降趋势，2016年跨境并购总单数与总金额均达到最高，之后逐年下降。

2016年是中国企业跨境并购跨越式增长的一年。2017年，监管机构出台一系列金融监管政策，加强海外并购监管，引导投资回归理性，当年跨境并购数量较2016年比呈现下降趋势。2018年后，国际环境变化、贸易摩擦不断，部分国家对中国企业跨境并购审批趋严，使得中国企业开展跨境并购顾虑增加，跨境并购数量逐年下降，同时受新冠肺炎疫情的影响，2020年中国跨境并购再次出现大幅下降。

中国企业海外并购逐年降温，自2016年开始境外并购交易额持续下降，核心原因主要是政策因素，例如中美严峻的政治形势影响了部分并购的进行；同时较谨慎的外汇管制以及为收购而进行的融资兼具难度；从各个国家监管情况来看，目前对大型跨境交易施行了多重监管，导致海外并购市场总体不明朗的发展形势。2020年的新冠疫情加剧了不确定性，因此，中国企业对于海外并购热情有所退却。

2015—2020年我国企业跨境并购情况见图5-1。

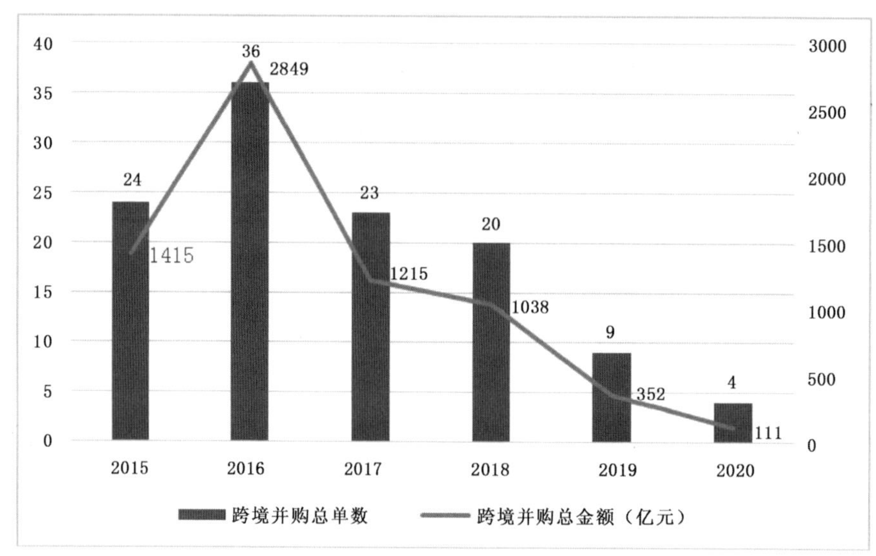

图 5-1　2015—2020 年跨境并购情况

“一带一路”倡议是我们国家对外发展的一个大战略，不仅给国外沿线国家带来了巨大的机遇，同样也给国内很多有实力的企业提供了很多的机会。近年来，在政府政策支持、企业主体自发驱动的双重引导下，上市公司“走出去”步伐不断加快。“一带一路”的快速发展和粤港澳大湾区新政的出台有望使中国企业对“一带一路”沿线标的的并购热度进一步提升。

2016 年以来，东南亚一直是中国企业在“一带一路”沿线国家境外并购活动中的核心区域。2018 年，东南亚标的在“一带一路”沿线境外并购交易中的数量占比保持在 50% 以上，金额占比达到 84.6%。相比之下，排名第二的中东占比仅 6.8%。从具体国家来看，新加坡和印度尼西亚在“一带一路”国家中并购标的金额排名前二，分别为 210 亿美元和 20 亿美元。

中国境内企业对“一带一路”沿线国家标的的并购体现出两大行业特征。首先，技术引进型行业标的数量和金额排名均靠前。2018 年计算机与电子和医药交易金额分别达到46.8亿和18.3亿美元，排名前三。其次，中国境内企业对“一带一路”沿线标的的境外并购仍然十分注重自然资源与能源的合作，油气、采矿、化工等能源相关行业2018年交易金额排名均靠前。

2019年中国境内企业在各区域的境外并购类型将延续分化的态势：对欧美发达市场标的的并购更多是与技术引进相关，对东南亚的并购更多是与市场拓展相关。从区域分布来看，一方面，中美贸易与投资的摩擦继续发酵、欧元区整体加强境外并购审核、英国脱欧不确定性持续将继续影响中国境内企业对欧美发达国家标的的并购；另一方面，“一带一路”的快速发展和粤港澳大湾区新政的出台有望使中国企业对“一带一路”沿线标的的并购热度进一步提升。

2020年一场历史罕见的新冠肺炎疫情，不仅令全球公共卫生体系面临着严峻考验，也给各国的政府治理、经济发展及社会稳定等诸多方面带来深远的影响。新冠肺炎疫情席卷全球后，各国各地陆续出台了不同程度的封锁措施。在有效控制疫情蔓延的同时，这些措施也使得一些需要现场参与的项目执行环节难以推进，导致项目停摆或时间表严重滞后。

此外，伴随着上述封锁措施的执行，部分政府审批流程亦有所放缓。以欧盟委员会的反垄断审查为例，欧盟委员会竞争总司（European Commission Directorate-General for Competition）针对新冠肺炎疫情发布了特别措施。欧盟委员会竞争总司表示，受疫情影响，部分审查中的交易在向申报方和第三方（如客户、竞争对手和供应商）搜集信息的环节存在一定困难。因此，欧盟委员会竞争总司鼓励交易方在申报前与其事先沟通申报的时点，并尽量采用电子通信的方式申报。鉴于以上问题，对于一些复杂的交易，由于需要提交大量的文件、由相关方的客户和竞争对手回复问题并且召开沟通会议，在审批流程上可能面临较长时间的延误。

此外，考虑到疫情可能对目标公司的短期现金流造成负面冲击，并使得目标公司的前景充满不确定性，买卖双方是否继续履行、如何继续履行已经签署的投资或收购协议的意愿和能力可能受到影响；在项目已完成交割的情况下，鉴于疫情对目标公司产生的冲击，交易相关方也可能提出不同的主张。

综上所述，疫情对境外并购双方交易带来的影响有：①交易时间推迟；②买方及其聘请的顾问无法进行现场尽职调查，难以对标的企业及卖方的管理层进行现场访谈，或对标的企业的经营场所实地考察；③卖方及买方就目标企业的估值难以达成一致意见；④为并购交易提供融资的融资活动受阻，这在杠杆收购中尤为显著；⑤卖方及买方就交易对价的支付方式及支付安排难以达成一致意见；⑥现有的标准化交易条款难以适应新冠疫情对并购交易的影响，如重大不利变化条款（Material Adverse Change/Material Adverse Effect Clause）；⑦交易时间安排的不确定性激增。

二、境内外并购监管环境异同分析

总体而言，目前上市公司境外并购中，现金支付方式仍为主流。现金交易如果构成重大资产重组的，需要履行相关程序并满足信息披露方面的监管要求，近年来监管规则已逐步放宽了现金重大资产重组的审批并简化了信息披露要求，实践中收购体量较大的境外标的时以现金支付相对易于操作。在资金来源方面，随着近期对于非公发的监管趋严，上市公司通过非公发募集资金的难度增大，可考虑其他再融资方式或银行贷款。

上市公司直接向境外卖方支付股份在现行法规下仍面临诸多限制，目前上市公司主要采用先由大股东或第三方过桥收购、再与大股东或第三方换股的方式进行。随着跨境换股和外资战略投资的监管已经由审批制改为备案制，有利于简化跨境换股的行政程序、减少审理时限，使得跨境换股的可操作性增强。未来在实践中收购境外非上市公司能否进一步突破10号文的限制实施跨境换股，也值得继续关注。若监管环境进一步宽松，上市公司将得以通过更广泛和灵活的支付手段参与到境外并购交易中。

（一）境内外并购重组监管法规和监管体系异同分析

境外与境内监管理念不同，境外市场更强调信息披露。目前，中国证券监督管理委员会在并购重组方面的行政许可事项包括要约收购义务豁免，上市公司发行股份购买资产，构成重组上市的上市公司重大资产购买、出售、置换以及上市公司合并及分立等四项，且主要以实质性判断为导向。中国香港、美国证券监管机构更侧重对于上市公司收购的审核和借壳交易的审核，且审核主要以信息披露为导向，一般而言，不对具体内容进行实质判断；此外，境外市场对于上市公司购买资产更强调信息披露。

境外并购重组监管法律法规体系相对规整和统一。在监管法律法规体系方面，中国内地及香港市场、美国市场对于上市公司并购重组已普遍建立了完备的相关法律法规，形成了基本法律法规（如公司法、证券法）、专门法律法规（如上市公司并购重组准则）以及其他配套法律法规（如交易所上市及披露规则）的制度体系。与其他国家（地区）相比，我国境内市场并购重组实践过程中还辅以较多监管问答等细则规定，相对碎片化，境外市场则相对规整和统一，如中国香港市场主要法律法规为《公司收购及合并守则》，美国市场主要法律法规为《1933 年证券交易法》修正案和《威廉姆斯法》。

境外与境内监管体系相似，但具体监管职责所属有所差异。在监管体系构建方面，中国内地及香港市场、美国市场普遍在国家（地区）层面设有证券监督管理行政机构，境内市场为中国证券监督管理委员会，中国香港市场为香港证券及期货事务监督委员会，美国市场为美国证券交易监督委员会。各证券监督管理行政机构对当地资本市场和上市公司进行集中统一监管，同时联合证券交易所对上市公司相关信息披露情况进行监督管理。但具体而言，各地的监管机构的职责有所差异，例如对于中国内地市场，中国证券监督管理委员会主要审核行政许可事项，侧重对发股收购资产类交易的审核，由交易所对上市公司收购类交易的信息披露情况进行监管和问询；对于中国香港市场，香港证券及期货事务监督委员会则侧重对于上市公司收购相关的审核，而由交易所针对上市公司资产收购类交易的信息披露进行[1]。

（二）境内外上市公司收购规则异同分析

境外与境内市场普遍强调信息披露原则及股东平等对待原则。通常意义上的上市公司收购主要指为获取上市公司控制权而购买或收购该公司股份的交易。为保护投资者利益，目前全球多数国家（地区）上市公司并购重组法规都侧重对此类交易的监督规范。总体来看，信息披露原则以及对股东平等对待原则是境内外市场监管强调的核心原则。

境外与境内市场对于权益变动披露的要求相似。各国（地区）对于投资者收购上市公司股份达到一定界限时，都会设置一定的“预警”机制，要求收购人予以及时充分的披露。此后，若收购人持续收购同一家上市公司的股份，需要做出持续披露。中国内地及香港市场、美国市场对于持股比例信息披露的要求较为类似：首次披露的门槛为5%，此后每增加或减少一定比例，须做出及时披露。

境外市场监管中无“协议收购”明确规定。一般意义上，上市公司的协议收购是指收购人于证券场所之外与被收购公司的股东达成股份购买协议以获得上市公司股份的行为[2]。协议收购是A股市场上市公司收购的重要方式，主要依照《上市公司收购管理办法》、沪深交易所《上市公司

[1] 1992年证券及期货事务监察委员会发布的《香港公司收购、合并及股份购回守则》。

[2] 赵永平，李玉红．论我国证券法对上市公司协议收购的法律规制［J］．黑龙江省政法管理干部学院学报，2003（4）：22-23.

股份协议转让业务办理指引》等法规对协议收购进行规范，包括转让价格限制、最低转让比例限制等，由交易所对协议收购进行监督，对相关申请文件进行完备性审核并出具合规确认意见。中国香港及美国等主要境外市场成文法中对协议收购的约束较少，没有对价格披露进行约束。

内地市场及香港市场要约收购规制严格，美国市场“自由度”较高。美国要约收购制度“自由度”较高，其监管重点在于信息披露的完善程度和内幕交易防范，与中国内地和香港市场相比，并未设定强制要约收购制度，对于要约价格、收购资金来源以及交易的财务顾问要求上也无类似中国内地市场和香港市场的严格规定。美国模式根植于其特殊的市场背景和法律环境，如完善的反收购制度及司法介入措施以保护上市公司收购过程中的股东利益。中国内地及香港则更加强调通过强制要约来促进上市公司收购过程中对于股东利益的保护及对股东平等原则的贯彻。此外，在具体要约制度层面，中国内地对于部分要约的规定较为灵活，但在具体要约期限和条件方面的规定与香港相比仍有待进一步完善。

（三）境内外上市公司重大资产重组规则异同分析

境内市场对重大资产重组事前管制严格，行政审核要求较高。对于上市公司作为收购或出售主体进行并购重组时，美国主要是要求上市公司对相关事项进行完善的信息披露，并无对相关事项的具体量化标准以判断是否构成“重大资产重组”。中国香港市场则主要要求上市公司根据不同交易性质履行相应的信息披露要求，交由联交所事前对信息披露的充分和完备性进行检查，同时也并未对发股定价机制、锁定期以及业绩承诺进行明确要求，更尊重市场主体的选择，给予交易各方更大的博弈空间。A 股市场和香港市场对于上市公司作为收购或出售主体的并购重组交易监管具有一定的相似性，但在监管具体机制上存在差异。A 股市场对于上市公司重大资产重组有着较为严格的行政审核要求，尤其是涉及发行股份类交易，无论是否构成重大资产重组，均须由证监会审核。

境内市场对重大资产重组信息披露要求更为严格。A 股市场对于上市公司重大资产重组的信息披露更为详尽，信息要求更高。以 A 股市场重大资产重组交易和香港市场主要交易为例，在交易的首次披露中，除交易核心要点外，A 股市场要求披露上市公司相关控制权变动信息、上市公司控股股东及其一致行动人、董监高的减持信息，同时要求披露交易对方的基本信息及股权结构；与此相比，针对上市公司和交易对方，香港市场则仅要求披露简要信息。在后续股东大会前详细披露的报告中，内地市场的披露要求则更为详尽，如还要求披露上市公司的历史沿革、交易对方历史沿革及交易合规事项等；香港市场则主要在首次披露的基础上针对交易核心相关事项进行补充和更新，并将相关审计和评估报告等作为附件合并在一个通函文件中。

境外与境内市场均对于借壳交易从严监管。过去，很多国家及地区监管部门把借壳通常归类为一般并购重组行为，监管较松，这使得一部分企业较容易通过借壳的方式刻意逃避 IPO 的监管与信息披露，不利于保护投资者利益。目前很多国家及地区已建立较为完善的借壳审核。中国香港市场在借壳监管方面经历了从松至严的过程，对于自 2004 年 3 月后，明确了借壳上市的认定标准及与新上市公司相同的审核标准；2018 年 6 月，港交所在相关咨询文件中建议买壳方在买壳后注入资产的认定期限由现时的 24 个月增至 36 个月，意图进一步加强对借壳上市的监管力度。美国市场对于借壳上市的监管力度增强始于 2011 年，要求借壳完成后的企业需要同时满足各交易所要求的首次上市标准及新增借壳上市规则所约束的相应要求，而后才能向交易所申请上市。与之相比，内地市场对于借壳上市的监管整体而言更为严格，其中，中国证监会于 2016 年修订的《上市公司重大资产重组办法》对构成借壳的条件进一步细化，加强对借壳上市的监管。

第二节　境外并购重组的评估程序和方法

一、境外并购评估程序

首先系统收集标的公司（被评估单位）基本信息资料，明确交易行为实质以及评估工作内容，制定评估方案。标的公司基本信息一般有企业数据［主要是标的公司上传的在线数据库（DATEROOM），包括财务、法律、客户、供应、产品等信息；或者标的公司公开的数据库资料］、外部数据［主要是相关资讯终端（如 Bloomberg）中的相关行业的分析数据和分析报告］。

其次对国内收购方（通常也是委托方）进行访谈，了解初步的收购框架，明确评估标的股权、资产及业务；了解收购方针对标的公司的业务发展目标及规划。

编制境外尽调计划、尽调提纲和资料清单。与其他各专业机构（如有）协作共同形成尽调提纲和资料清单（一般在已有的在线数据库基础上增补，尽量利用标的企业可以最快提供的形式、格式和报表体系，最大限度节省基础资料提交时间）。特别需要注意的是，安排计划时，要充分考虑资产所在地有关法定节假日的规定。也要十分注意境外国家或地区的工作理念，一般对工作计划非常严格。

最后开展境外现场的尽调工作。一般需要完成的工作有：

（1）取得标的公司的资产负债表及利润表各科目明细（如有）；核实业务、经营、财务数据；对实物资产进行清查核实等。

（2）完成标的公司管理层访谈，了解企业的发展战略和发展规划；了解企业产品（服务）的市场定位、客户的市场需求状况，是否有稳定的客户基础等。搜集目标企业主要产品市场的地域分布和市场占有率等资料，结合竞争对手等情况，对目标企业主要产品的行业地位进行分析；了解企业的行业属性和企业规模等情况，了解目标企业的产品销售模式，了解企业产品的市场认知度和信誉度；了解企业生产流程和生产能力；了解企业主要产品的定价策略及结算模式；了解产品成本构成和主要原材料价格水平变化；了解企业的税种、税率等[1]。

考虑到境外项目的复杂性和时间的紧迫性，必然要求评估工作与其他专业机构之间做到分工协作、无缝对接。在境外并购重组交易中，交易对方有时也会聘请投资银行作为财务顾问；在某些特定行业，例如房地产、石油天然气、矿业，还会引入专业机构对相应的物业资产和资源做出估值，因此境外项目尤其强调与其他国内外机构的沟通、协调。

最后国内汇总完善。完成国外现场尽调后，后续将在国内完成资料的汇总整理和评估报告出具工作。

二、境外并购评估方法的选择

根据中国证券监督管理委员会、国务院国有资产监督管理委员会等评估相关规定，一般从收益法、市场法和资产基础法中选择两种方法进行评估。

根据 wind 资讯库统计的中国上市公司 2015—2020 年间完成的 95 家次重大境外并购案例来看，境外并购通常采用收益法为主，市场法为辅的估值方法体系，而房地产、土地、矿权类的境外并购案例则通常选用资产基

[1] 证券及期货事务监察委员会. 香港公司收购、合并及股份购回守则. 1992.

础法。具体如图 5-1 所示。

表 5-1　2015—2020 年上市公司重大境外并购完成案例估值方法统计

最后采用估值方法	次　数
收益法	43
市场法	21
其他	20
资产基础法	11
总计	95

提升上市公司的业务规模和盈利能力是并购的根本目的，因此采用收益法评估既符合并购目的，也易于为交易各方所理解接受。市场法也是评估判断标的资产价值的重要参考。可以结合资料收集情况，采用资产所在国上市公司比较法或可比案例比较法，选用 EV/EBITDA、PE 等经济指标进行对比分析。资产基础法有利于全面理清标的资产明细，但开展资产基础法需要大量的基础资料和各国本地化信息，必然对应大量的人力财力和时间投入，难以满足国内上市公司重大资产重组等的相关时间要求。但在购买价格分摊时，为了确定可辨认资产公允价值，有时会需要运用资产基础法的结果，对于价格水平相对稳定的国家，可考虑用价格系数调整等方法简化处理。因此境外项目评估中，通常项目会采用收益法为主、市场法为辅的估值方法体系。

除此之外，虽然暂时在国内还未普及，期权定价法近年也慢慢被运用到实践当中。境外并购与实物期权相似之处在于也可以被当作以下几种期权：

增长期权，目标公司被收购后会对并购方产生协同效应和战略价值，这对于双方而言都是一种增长期权。延迟期权，在跨国并购中，当收购情况出现不利因素时，并购企业可以选择延迟收购。转换期权，当境外并购项目出现新的状态和需求时，并购方可以选择将原有项目转换成新的项目。

放弃期权，在跨国并购项目中，当目标企业经营状况不好或连续出现亏损时，并购方可以选择放弃该项目或进行资产重组。

任何一种估值方法都有独特的适用条件和局限性，在境外并购的实际情况中，很多条件难以同时满足。因此，并购方企业应该根据目标公司所处的行业和环境特性，选择多种方法进行对比和评估，或赋予不同方法以不同权重，或者参考不同估值方法下的重叠区间，从而保证评估结果的合理性[1]。理论上而言，当境外并购的目标企业本身经营状况良好、具有较强盈利能力、实施并购可以给企业带来更好经济效益和社会效益时，可以选择现金流折现的评估方法，因为此方法考虑了目标企业未来的现金流回报情况，即未来的增长潜力。当目标企业经营状况不好甚至可能出现破产时，可以选择清算价值法，该方法能够尽可能地规避无形资产估值，而仅仅对有形资产进行估值。对于拥有较高知名度的目标企业，或者并购可以带来优质无形资产的并购，比较适合的方法是实物期权定价评估方式。

三、境外并购评估方法运用分析

评估有误的根本原因源自信息不对称。成功的并购往往建立在对目标企业及所属行业充分了解的基础上，但实际中并购双方通常处于信息不对称的地位，且由于社会环境、市场结构、企业文化的差异等因素该现象在境外并购中显得尤为突出。例如境内企业收购境外目标企业的无形资产，由于不像有形资产有市场参考价格的对比，无形资产只能依赖评估师的经

[1] 李常青．入世以来中国企业海外并购定价理论与实践运用［J］．价格月刊，2016（12）：27-30.

验以及对市场的判断来进行。受国内外信息不对称以及国际国内无形资产会计准则的差异等影响，没有一套国际化的规章制度，导致跨国企业并购在资产价值评估出现诸多问题。

（一）资产基础法运用分析

资产基础法在境外并购中运用较少，难点较高，运用主要集中在房地产、矿权、土地等行业，主要是因为涉及各类固定资产的评估，按照国内做法，要求企业按照单台（套）设备、单栋（项）建筑填写并提供明细以及相关竣工结算资料，由于国情及会计准则差异导致底稿搜集与核查难度较大，实际操作性不强，因此多数评估实践因此不采用资产基础法。

（二）市场法运用分析

与国内并购项目评估以资产基础法与收益法为主有所不同，境外并购项目往往更重视市场法的应用。主要是由于境外标的企业应用资产基础法的底稿搜集与核查难度较大，同时市场法是一种可直接观测的方法，在一个公开、活跃、有效的市场可以通过对比得到更直观的市场价值。

可比公司（交易案例）的选择、价值比率（或乘数）的购建，以及价值比率（或乘数）调整，是采用市场法评估企业价值的三大技术环节。

（1）选择可比公司时，首先应当清楚：不同证券交易所上市的公司由于市场差异，价值比率（或乘数）并不必然可比；不同区域、不同时间发生的公司股权交易，由于地域差异及时间差异的存在，价值比率也并不必然可比。因此，在选择可比公司时，需关注可比公司在交易时间上是否接近，股权交易或者股票交易市场是否相同或者相近，尽可能减少时间及市场差异对可比公司可比性的影响。

（2）选择财务类价值比率（或乘数）时，需特别关注不同会计准则对价值比率的影响，尽可能只在遵循同一会计准则的被评估单位和可比公司之间进行对比分析。如果不得不对遵循不同会计准则的被评估单位和可比公司之间进行对比分析，需判断会计准则差异对价值比率的影响程度，若存在较重大影响时，需采用适当方式消除或减小会计准则差异对价值比率的影响。

（3）采用市场法评估境外企业并购投资价值时的可比公司及价值比率。境外企业并购投资价值评估，很多情形是对并购整合后公司的估值（含标的公司独立市场价值和并购产生的协同效应价值）。市场法能够很好应用于境外企业并购投资价值评估，有以下几点原因：

市场法能够很好地作为收益法的交叉验证方法，尤其是采用收益途径评估方法得出估值区间时，利用类似交易案例构建价值乘数，验证区间的合理性，尽管可能不能直接估算单独协同效应的价值，但至少可以验证收益途径得出的区间范围是否低于标的公司独立市场价值，或者高于标的公司投资价值的最高值。

价值比率（或乘数），不仅仅可以采用财务指标构建并运用，还可以利用非财务乘数构建。财务乘数可以运用到标的公司并购整合后价值的估算。例如，企业横向并购，其协同效应主要体现在定价权的提升以及可变成本降低等规模效应等方面，评估中可以采用 PS 等营收指标的价值乘数，选择可比交易案例甚至可比上市公司，对并购整合后公司进行估值。非财务乘数大量运用到并购整合后价值的估算中，与企业价值有关并能够反映企业价值或者是并购交易定价的决定因素等所有特征值和变量，均可构建为价值比率或乘数并运用到并购整合后企业价值评估中。例如，基于移动互联网的各种经营业态的公司，单位活跃用户数价值就可作为该类公司的价值乘数进行估值；油气公司股权并购或者油气区块交易，单位产量或单位储量的价值就可作为该类公司的价值乘数进行估值。

下面以 2019 年闻泰科技境外并购安世集团为例加以说明。

可比公司的选取的角度分析，标的公司是整合器件制造企业 IDM

(Integrated Device Manufacture)，主要产品为分立器件、逻辑器件和MOSFET。评估机构一开始选取了四家境外可比公司，可比公司均为拥有多业务板块的大型半导体公司，与安世集团主营业务相关性较强的业务只是全部业务中的一部分，体量较大、主营业务范围较广，难以从整体中分离出与安世集团主营业务相关性较强的独立业务板块。另外各家财务信息也因各国或各地区的会计准则的不同而有所差异，难以保持财务数据口径统一，故四家境外公司的各项财务指标以及业务指标的可参考性较差。因而市场法评估过程中最终选取中国境内 A 股相关行业的上市公司作为可比公司。评估机构选取了在 A 股上市的 8 家公司，其中 4 家公司细分行业为SW-电子-半导体-分立器件，3 家公司细分行业为 SW-电子-半导体-集成电路，这 7 家可比公司的主营业务涵盖半导体电子元器件涉及的前端晶圆生产及后端封装测试，也不乏与安世集团类似的 IDM 经营模式。

从价值比率选取角度分析，价值比率通常选择市盈率、市净率、市销率、企业价值与息税折旧摊销前利润比率等。评估人员选取 SW-电子行业中 234 家上市公司进行线性回归分析，通过前述回归分析结果，缩写了可适用价值比率范围，随后评估人员对本次所选取的全部 7 家可比公司进行了四类价值比率的线性回归分析。7 家可比公司的 P/B，P/S，EV/EBITDA三个价值比率调整后的 R 方较高，EV/EBITDA 调整后 R 方数值最高，在综合对比 SW-电子行业公司以及可比公司线性回归分析结果后，采用 EV/EBITDA 作为价值比率乘数。此外，晶圆制造及封装测试公司一般存在大量固定资产及专利、专有技术，每年产生较大的折旧摊销费用，EV/EBITDA 指标可以一定程度上减少这些因素对企业实际经营情况的影响。

从可比公司角度分析，可比公司修正主要考虑从交易时间修正、规模修正、经营情况修正、财务指标调整、可比公司单位调整系数这几大方面考虑。例如经营情况修正，标的公司与可比公司在经营情况上不尽相同，需要进行调整修正。在业务范围上，安世集团为整合器件制造企业

(Integrated Device Manufacture，即 IDM)，相比于专注于单一环节的集成电路设计公司、晶圆加工公司、封装测试公司，其覆盖了半导体产品的设计、制造、封装测试的全部环节，而可比公司则更专注于晶圆生产或者封测某一类业务。另外，标的公司所处行业为半导体行业，核心技术研发和技术更迭十分重要。在综合考量市场地位、公司体量、研发人员数量、研发人员比重等因素后对各个指标赋予权重并将各可比公司修正加总得出经营情况赋分进行调整。根据相关数据得出可比公司价值比率 EV/EBITDA，通过各可比公司单位调整系数分别计算各可比公司的比准 EV/EBITDA 值，该评估案例中以调整后平均 EV/EBITDA 作为比准 EV/EBITDA，即 EVx/EBITDAx，根据标的公司基准日时点 EBITDA 规模，以及比准 EVx/EBITDAx，得出 EV=（EVx/EBITDAx）×EBITDA。根据被评估单位基准日时点的 EV，以及付息债务 D、货币资金 CASH，扣除流动性折扣后计算得出经营性资产价值 F。

该案例中流动性折扣取值参考 Measuring the Discount for Lack of Marketability for Non-controlling，Nonmarketable Ownership Interests（衡量非控制性，不可出售所有权权益的缺乏市场能力的折价）中的 Valuation Advisors Pre-IPO Study 研究，对公司 IPO 前 2 年内发生的股权交易的价格与 IPO 后上市后的交易价格的差异进行测算来定量估算流动性折扣。根据 Business Valuation Resource 数据库统计的可比公司所在市场的整体情况，并考虑标的公司的特点及基准日证券市场状况，选取评估的流动性折扣率。

根据股东权益价值 P=F+C-M=经营性资产价值+溢余或非经营性资产净额（扣除货币资金）-少数股东权益公式，得出安世集团股东权益价值。

（三）收益法运用分析

1. 收益法预测期的考虑

预测期是收益期的一部分（收益期=预测期+永续期或稳定期），是从评估基准日到企业达到稳定状态的收益期限。一般来说，企业收入成本结构、资本结构、资本性支出、投资收益和风险水平等是“稳定状态”的主要标志[1]。即：企业收入成本结构基本接近行业平均水平，收入成本结构基本定型；企业的资本结构逐渐接近行业平均水平或企业的目标资本结构水平；资本性支出，企业的投资活动应趋于减少，企业只对现有生产能力进行简单的更新、常规的改进以及升级；投资收益逐渐接近行业平均水平或市场平均水平；风险水平逐渐接近行业平均水平或市场平均水平。企业并购投资价值收益法评估中，确定预测期除考虑上述因素外，还需要考虑企业并购整合期，企业并购整合是各种协同效应实现的准备阶段，投资价值评估收益预测包含的各种协同效应增量净现金流，是在并购整合的基础上逐步或分别实现的。

2. **收益法折现率的考虑**

折现率是将未来收益还原或转换为现值的比率，折现率是一种特定条件下的资产收益率，反映了资产的风险收益水平。企业价值评估中最普遍被采用的折现率为加权平均资本成本，其反映了相对于实际融资结构而言的最佳融资结构，将最佳结构应用于非杠杆式的现金流量，从而得出业务的企业价值。境外并购项目中折现率的选取与境内项目选取的差异在于：①可比公司的选择；②无风险收益率和市场风险溢价率的选择；③特性风险系数的考虑。

通过 Wind 资讯库查询了 2015—2020 年公布的国内上市公司并购境外完成案例共计 95 个。其中采用收益法的案例共计 43 个，平均折现率为 10.96%；平均个别风险系数为 2.46%；平均无风险系数为 2.36%；平均市场风险溢价率为 7.54%。折现率的核心参数数据具体如表 5-2 至表 5-4 所示。

[1] 中国资产评估协会．资产评估准则——企业价值［M］．北京：科技出版社，2017.

表 5-2 2015—2020 年境外并购中标的处于成熟市场的折现率参数情况统计

首次披露日	交易标的	交易买方	折现率	个别风险	无风险收益率	市场风险溢价率	BETA 系数
2017-04-12	Gardner 100%股权	炼石航空	8.75%	2.00%	2.58%	8.59%	0.62
2019-10-12	MOR 公司 85%股权	梦百合	8.90%	未披露	未披露	未披露	未披露
2019-01-31	Tanco 100%股权；CSF Inc 100%股权；CSF Limited 100%股权	中矿资源	11.11%	3.00%	2.33%	9.64%	0.79
2018-10-22	R1 73.46%股权	海南橡胶	7.64%	4.00%	2.95%	6.88%	0.45
2017-12-08	装备卢森堡 100%股权；其他公司非股权类资产	克劳斯	9.71%	1.00%	0.30%	9.30%	0.94
2017-11-30	世鼎香港 100%股权	南京新百	9.67%	3.20%	3.59%	3.91%	1.63
2017-07-13	新英开曼 100%股份	当代文体	14.16%	2.50%	3.61%	7.11%	1.13
2018-03-29	TAH 75%股权	渤海汽车	8.63%	2.50%	0.50%	5.75%	1.17
2018-04-27	Investigo 52.5%股权	科锐国际	13%	3.60%	2.74%	未披露	0.62
2017-12-23	CBCH II 62.61%股权；CBCH V 100%股权	蓝帆医疗	10.27%	4.50%	2.38%	6.24%	0.66
2017-12-05	ASLUSA 和 ARS 持有的经营性资产包	*ST 环球	12.14%	3.91%	2.33%	6.16%	1.46
2018-01-04	MMRO 公司 100%股权	航新科技	12.29%	未披露	2.32%	6.74%	0.59
2017-11-11	Polymetrix Holding 80%股权	三联虹普	6.62%	未披露	-0.03%	5.84%	0.62

续 表

首次披露日	交易标的	交易买方	折现率	个别风险	无风险收益率	市场风险溢价率	BETA 系数
2017-04-11	erae AMS70%股权	航天机电	未披露	未披露	未披露	未披露	未披露
2017-08-31	Outfit7 56%股权	金科文化	12.68%	未披露	1.38%	11.10%	0.75
2017-10-20	CGM 部分股权	通源石油	9.68%	未披露	未披露	未披露	未披露
2016-12-22	B1 公司 70%股权	申达股份	9.92%	1.50%	2.45%	未披露	1.44
2017-06-06	DAI，CF Holdings 及 TO Holdings 经营性资产包	*ST 环球	12.14%	3.00%	2.33%	6.16%	1.46
2016-09-14	ADAMA 的 100%股权	安道麦 A	8.98%	0.50%	2.16%	10.07%	1.05
2017-01-24	Tristone 公司 100%股权	中鼎股份	14.35%	1.00%	1.06%	9.87%	1.36
2016-12-20	RW 的 100%股权	中科创达	14.10%	1.50%	-0.50%	6.25%	1.58
2016-01-19	Hiwinglux 公司 100%股权；IEE 公司 97%股权；Navilight 公司 100%的股权	航天科技	10.14%	3.00%	0.70%	6.25%	1.12
2016-01-28	RPS100%股权；天津保富 49%股权；BB Signal100%股权	凯发电气	13.23%	2.00%	4.12%	7.15%	1.13
2016-07-05	TestAmerica 100%股权	苏交科	9.08%	6.00%	2.24%	10.12%	1.29
2016-06-28	eDevice100%股权	九安医疗	13.54%	5.00%	2.27%	5.80%	1.07
2016-02-06	MFLX 公司 100%股权	东山精密	10.08%	2.00%	2.17%	5.75%	1.03

续 表

首次披露日	交易标的	交易买方	折现率	个别风险	无风险收益率	市场风险溢价率	BETA 系数
2015-11-26	西班牙 ALBO 公司 100%股权	开创国际	9.10%	4.00%	1.90%	7.65%	0.42
2016-02-16	TS 德累斯顿的 100%股权；KSS100%股权	均胜电子	未披露	未披露	未披露	未披露	未披露
2016-03-24	联信创投 100%股权	新奥股份	9.83%	1.00%	3.36%	11.12%	未披露
2015-09-19	Keystone 81.0034%股权	锦江酒店	11.10%	3.00%	2.82%	5.40%	1.17
2015-12-11	Havells Malta 80%股权；Havells Exim 80%股权	*ST 飞乐	9.60%	2.00%	2.67%	6.03%	0.78
2015-10-21	澳门卫安 100%股权、深圳迪特 100%股权、飞利泰 100%股权及深圳威大 100%股权	ST 中安	13.50%	4.00%	3.95%	6.90%	0.81
2015-08-05	荷兰诺唯凯 55%股份	富邦股份	11.56%	2.50%	0.31%	6.25%	1.40
2015-01-15	卢浮集团 100%股权	锦江酒店	9.10%	1.00%	2.00%	6.10%	1.07
2015-01-21	DMW LLC 100%股权	华昌达	12.46%	2.00%	2.58%	10.56%	1.08
2015-01-07	WPR 公司 100%股权	普利特	8.87%	未披露	未披露	未披露	未披露
平均值			10.81%	2.69%	2.12%	7.40%	1.02

表 5-3　2015—2020 年境外并购中标的处于非成熟市场的折现率参数情况统计

首次披露日	交易标的	交易买方	折现率	个别风险	无风险收益率	市场风险溢价率	BETA 系数
2018-05-18	SQM 23.77% 股权	天齐锂业	8.93%	0.00%	4.52%	5.79%	0.83
2018-10-13	MMG Laos 100% 股权	赤峰黄金	13.18%	4.00%	3.95%	10.41%	未披露
2016-03-19	澳洲安保集团项目；泰国卫安项目	ST 中安	13.10%	1.00%	3.08%	7.84%	1.18
2015-10-17	AMD 苏州 85% 股权；AMD 槟城 85% 股权	通富微电	11.75%	0.00%	3.64%	9.17%	0.88
2015-03-26	KoZhan 公司 100% 股权	洲际油气	12.74%	0.00%	1.84%	6.25%	1.15
2017-06-17	Belagricola53.99% 股权；LandCo49.00% 股权；部份可转债	鹏都农牧	11.00%	1.00%	4.84%	9.64%	0.61
2016-05-11	AAFB100% 股权及债权；AANB100% 股权及债权；AAML 的铌销售业务	洛阳钼业	未披露	未披露	未披露	未披露	未披露
平均值			11.78%	1.20%	3.65%	8.18%	0.93

表5-4　2015—2020年境外并购折现率参数情况统计

相关参数	折现率	个别风险	无风险收益率	市场风险溢价率	BETA 系数
平均值	10.96%	2.39%	2.36%	7.54%	1.01

对比近五年中国上市公司重大并购重组所使用的折现率参数如表5-5所示。

表5-5　2015—2020年中国境内外上市公司重大并购重组折现率取值对比分析

相关参数	折现率	无风险收益率	市场风险溢价率
境外平均值	10.96%	2.36%	7.54%
境内平均值	12%	3.5%～4%	9.5%～10.5%
境外较境内对比	低	低	低

对比分析发现上市公司境外并购案例的无风险收益率、市场风险溢价率与折现率均低于上市公司境内并购案例。

进一步对比中国上市公司境外并购标的在成熟市场与非成熟市场折现率参数情况如表5-6所示。

表5-6　2015—2020年境外并购标的处于成熟市场与非成熟市场折现率取值对比分析

相关参数	折现率（%）	无风险收益率（%）	市场风险溢价率（%）
成熟市场平均值	10.81	2.12	7.40
非成熟市场平均值	11.78	3.65	8.18
成熟较非成熟市场	低	低	低

针对不同的评估目的、价值类型及评估假设，被评估单位经营决策所在国家或地区、被评估单位核心资产所在国家或地区、被评估单位主营业务所在国家或地区、被评估单位主要投融资行为所在国家或地区、委托方所在国家或地区，都可能作为无风险收益率及风险溢价的数据来源地。风险溢价系市场报酬率基于相同市场的无风险收益率的溢价，因此通常情况

下无风险率与市场报酬率的数据来源地应当相同。如果所涉及国家或地区的数据无法获得，可以考虑选用其他标准重新确定数据来源地，也可以考虑选用相对公开的无风险收益率和风险溢价数据（如美国无风险收益率及风险溢价），并参考长期国债利率或同业拆借利率等差异，在 CAPM 模型中相应调整国别风险溢价。

下面以 2017 年蓝帆医疗境外并购 CBCH Ⅱ 为例进行说明。

交易标的属于医疗行业且在多个国家展开经营的跨国性企业，主要子公司在新加坡、日本、中国和瑞士。

从可比公司角度分析，评估机构根据标的业务特点选取了 6 家可比上市公司，其中 4 家为纽交所上市公司、1 家 A 股上市公司、1 家港股上市公司。

从无风险收益率和市场风险溢价率角度分析，评估机构考虑到主要业务市场为成熟市场，且大部分可比公司为美股上市公司，因此无风险收益率选取美国 10 年期国债在评估基准日的到期年收益率；市场风险溢价=成熟股票市场的基本补偿额+国家风险补偿额，成熟股票市场的基本补偿额取 1928—2016 年美国股票与国债的算术平均收益差，可比公司与标的均在成熟市场，因此国家风险补偿额取 0%。

特性风险系数角度分析，企业特定风险调整系数为根据标的公司与所选择的可比上市公司在企业经营环境、企业规模、经营管理、抗风险能力、特殊因素等所形成的优劣势方面的差异而进行的调整。标的公司为私有化退市的公司，经营管理、规范化方面的风险较小；但经私有化过程，标的公司的债务规模明显高于行业水平，且可预见的未来无法明显改善；另外，标的公司未来销售量的快速增长在一定程度上依托于需要新拓展的市场，存在一定风险。综合分析确认标的公司的特定风险系数取 4.5%，高于行业可比案例的平均水平。

因此对上述 43 个案例统计分析，对于无风险收益率取值，标的处于成熟市场的案例主要是参考当地资本市场5~20年的国债收益率，而标的处于非成熟市场的由于当地资本市场不稳定，无风险收益率通常参考可比公司所在的公开市场的国债收益率。对于市场风险溢价率的取值通常都是参考市场股票指数与债券回报率的差异加国别差异调整，而取值途径则主要有 Bloomberg 数据库、Damodaran 网站、IESI 发布数据及其他机构研究数据等几方面。对于标的处于非成熟市场的案例由于当地资本市场不完善，通常也会参考长期沪深指数回报率或美股指数回报率并加上国别差异调整。

第三节　境外并购重组评估应关注的特殊问题

因为当地政府的宏观和行业政策、企业所运营的环境和市场将对企业未来发展和盈利起到举足轻重的作用，当地的经济和资本市场波动也会对企业价值产生巨大的影响，因此，境外并购中必须考虑这些差异的影响从而对价值评估体系进行适当的调整。

在对新兴市场的公司的风险水平进行评估时，必须要考虑这些国家的资本市场、政治经济环境波动性较强，因此需要在确定折现率时在发达市场可比折现率的基础上加上国家风险溢价。对新兴市场企业的资本成本估计，需要考虑通胀、利率和贝塔系数等因素。使用 CAPM 对权益成本进行估算时需确定当地的无风险利率，而新兴市场的政府债券利率并不能作为合适的选择，更合理的做法是在发达国家的无风险利率上增加两地的预期通货膨胀率之差。另外，鉴于新兴市场资本市场规模的局限性，很难利用当地上市公司作为样本对行业贝塔系数做出合理的估算，故可以使用可比的国际公司。在进行债务成本的估算时，需要考虑发达市场货币的无风险利率、信贷息差的系统性部分以及两种货币之间的通货膨胀率之差。

成熟资本市场中，目标公司常采取一些特殊的商业行为，如投资于金融衍生工具、股票期权或养老金计划等，如果收购方对于这些商业行为认识不足，那么对其潜在风险的把握也较弱。在此情况下，首先需要对相关行为做深入调查，并依赖于专业机构的相关意见，判断其潜在风险，并通过谈判或某些特殊安排避免风险。

一、境外并购尽调难点及处理方式讨论

境外企业并购项目，很多时候都是并购双方分别聘请各自的估值机构，在进行到一定阶段（多数是估值最后阶段），双方估值机构会就有关专业问题，包括专业判断问题进行沟，因此境内外机构在估值问题上必然会有一定的差异。

（一）国家风险的考虑

境外机构估值有很多不同于境内评估的做法。以收益法为例。例如，对于产品价格的预测，他们会客观、如实地披露自己引用了其他分析师、经纪人或者数据公司的预测，一般表现为价格区间；对于采用收入增长率预测，他们会客观、如实地披露综合了哪些方面（包括估值雇主）的看法，并如实将这些看法（收入增长率）加上自己的判断汇总成一个区间；对于运营成本费用，境外估值机构就每一个成本费用项目，综合企业自身以及行业水平设计几种情景，进行分析组合形成一个区间；对于新增的资本支出，他们通过与企业详细讨论企业未来改造计划、产能优化等资本开支项目，初步落实融资计划及资金来源，做出详细的投融资及还款计划，作为估值的依据，企业并购项目中，这些内容也会构成企业并购方案的内容之一；折现率（CAPM）具体参数确定方面，他们会根据每一个具体参数做出一个可能的范围，对于企业特定风险报酬率，通过与企业展开讨论

得出预计可能值形成区间范围，等等。再在得出一个估值区间后，以有关估值乘数辅助验证。

反观境内企业价值评估实务，对于每一个评估参数（预测指标）得出的都是一个确定的数值，这样与境外机构估值沟通时，就应当考虑每一个确定值参数的确定依据和未来的发生概率。承做境外资产评估项目，特别是境外企业并购估值项目，需要做好长期沟通的准备。

（二）境外企业价值评估对不同国家会计准则差异的处理

资产基础法，一般可能需要关注会计准则差异对资产及负债科目名称及其账面记录数字的影响。例如，收入、成本确认原则对流动资产、流动负债账面价值的影响，公允价值计量、减值损失计提、折旧摊销政策对资产或负债账面价值的影响，暂时性差异估计对递延资产、负债账面价值的影响等。特别是科目及其核算的内容与方式，有时候也是资产评估重要参考。

收益法，一般可能需要关注会计准则差异对资产评估基准日前及预测年度利润表有关数据的影响，并采用适当的方式调整获得不受会计准则差异影响的现金流，进而估算评估结果。

市场法，一般可能需要关注会计准则差异对估值使用的价值比率（或乘数）及财务指标的影响，尽可能在遵循同一会计准则的被评估单位和可比公司之间进行对比分析。如果不得不对遵循不同会计准则的被评估单位和可比公司之间进行对比分析，需判断会计准则差异对价值比率（或乘数）及财务指标的影响程度，若存在较重大影响时，采用适当方式消除或减小会计准则差异对价值比率（或乘数）及财务指标的影响。对于使用的非财务乘数（或行业特定乘数），一般不涉及财务指标，会计准则差异对估值结果没有影响。

（三）境外并购中的货币转换及汇率波动影响的处理

中国上市公司收购境外标的资产时根据要求，其披露的境外标的公司的专项审计报告为中国准则下的标准无保留审计报告，报告中采用的本位币需按汇率换算成人民币。

对于汇率波动的影响，境外资产评估项目应当关注被评估单位的本位币与其他外币之间的汇率波动幅度、货币结转方式及频率，以及相应的汇率风险管理方式，合理分析判断汇率波动是否对评估结论产生重大影响。

对于评估基准日及以前年度汇率波动幅度较小，换汇行为并不频繁，且采用了相对充分的汇率风险对冲管理措施的被评估单位，可以假设汇率保持不变，并于评估报告中披露评估结论未考虑未来汇率波动的影响。

对于评估基准日或以前年度汇率波动幅度较大，换汇行为频繁发生，且汇率风险对冲管理措施不充分的被评估单位，可以考虑聘请具有专门知识、技能和经验的专家（如外汇分析师）协助工作，作为资产评估专业支持；或者利用具有专门资质或相关经验的机构（如外汇分析机构）出具的专业报告，作为资产评估依据，继续开展评估工作。若无法取得关于汇率未来波动情形的专家工作或专业报告作为评估依据，资产评估专业人员须综合判断未来汇率波动对评估结论的影响程度。

（四）税率的差异

各国间税收政策的差异也是影响评估师进行盈利预测核查的一个重要事项，首先要充分熟悉当地的税收政策，在此基础上，结合评估对象历史纳税情况对评估对象所负担的税种、税率以及享受的税收优惠政策等进行详细的复核，从而对未来的纳税义务进行预测判断。此外根据评估价值类型的不同，可能还会涉及对企业分红汇回税的计算。估值需要重点考虑境外投资公司在整个企业整个利润链中的分配、交易前后转移定价的安排。

在具体评估实务中，如果纳入本次评估范围的公司涉及多个国家，不同国家的税率存在差异，则盈利预测以符合所在国税收政策为前提，原则上各公司所在地实现收益留存当地，由此将各自测算的所得税进行合计确定。以 2017 年蓝帆医疗境外并购 CBCH Ⅱ 为例，标的公司主要税赋的生产企业在新加坡、日本和瑞士，其中新加坡子公司 BIT 取得 DEI 资格的税收优惠批复，税率从 17% 降为 5%，期限从 2015 年 1 月 1 日到 2024 年 12 月 31 日，因此在预测中新加坡 BIT2015—2024 年适用的所得税税率为 5%，2024 年以后按照法定税率 17%。中国标的吉威医疗为高新技术企业适用所得税税率为 15%，日本子公司的所得税税率为 30.86%；销售公司税赋主要体现在瑞士 BESA，所得税税率为 24%。

在一些境外企业并购项目中，特别是服务于境内并购方的评估项目，如果同时聘请有综合尽调团队或者专门的税务或法律尽调团队，建议评估师及时跟进、了解相应尽调团队获取的有关信息资料。在出具正式评估报告时，建议收集取得相关尽调团队出具的正式尽调报告，作为评估依据；对评估基准日后的税收信息变化，如果是尽调时间原因，则应当在有关评估参数确定中考虑，如果是税收本身政策的变化，一般可以通过“期后重大事项”披露，也可以本着为交易定价服务的宗旨，反映在评估结论中，相关部门对此有明确规定的，必须严格按照规定进行处理。

（五）对境外知识产权评估的风险考量

评估师在使用收益法对境外项目的知识产权进行评估时需要对各种风险因素进行综合考量：

（1）关注替代性技术风险。与被评估的知识产权类似或更好的替代知识产权出现，会给被评估知识产权的使用时间与空间造成威胁。

（2）关注市场风险。评估师在进行知识产权的评估过程要结合知识产权的当地市场情况进行预测。

(3) 关注财务风险。企业资本成本的高低及资金来源的稳定性都会直接影响预期超额收益，改变知识产权的评估价值。评估师针对境外财务状况良好的知识产权执行企业，需要结合市场情况给予不一样的风险溢价考量。

(4) 关注管理风险。知识产权经营要通过相应的企业来完成。企业的管理状况也决定了知识产权的预期超额收益能否实现的重要因素。

(5) 关注人员流动风险。知识产权的实施过程中经常需要专门的技术人员来完成，因此在评估中我们要额外关注人员的流动风险，测定相应风险溢价。

(6) 其他风险。根据被评估知识产权不同，许多不同的特殊风险也需要被考虑，如国家相关行业的政策变动风险、市场变化风险等[1]。

(六) 薪酬体系及社会福利政策的清查核实

由于不同国家或地区涉及的薪酬体系及社会保障制度不同，在具体境外资产评估项目中对薪酬相关问题进行核查需要相应的专业知识和能力，资产评估机构认为自己不具备对境外薪酬相关事项进行核查验证专业能力的，可以聘请具有专门知识、技能和经验的专家（如精算师）协助工作，作为资产评估专业支持；或者利用具有专门资质或相关经验的机构（如保险咨询机构）出具的专业报告，作为资产评估依据[2]。

对评估基准日后的劳工薪酬信息变化，如果是尽调时间原因，则应当在有关评估参数确定中考虑，如果是劳工薪酬本身政策的变化，一般可以通过“期后重大事项”披露，也可以本着为交易定价服务的宗旨，反映在评估结论中。当然，相关部门对此有明确规定的，必须严格按照规定进行

[1] 王竞达．跨国并购知识产权价值评估相关问题研究［J］．经济与管理研究，2010（5）：69-77.

[2] 中国资产评估协会．资产评估准则——利用专家工作［M］．北京：科技出版社，2017.

处理。

（七）境外并购评估程序受限制的处理方式

在境外并购的资产评估项目中，评估师经常遇到由于境外企业对境内资产评估程序及要求的认知差异导致的底稿资料颗粒度欠缺或部分资产评估程序受到限制的问题。这些限制在境外估值机构来看可能并不影响估值过程，其提供的估值服务也能够很好帮助并购双方顺利完成交易。但评估师会根据有关评估标准，严格估值业务类型及出具估值报告的类型。例如，澳大利亚会计职业与道德标准委员会（APESB）发布 APES 225 Valuation Services，针对评估业务提出三种协议类型及其估值报告类型，包括评估协议有限评估协议和计算协议。其中的有限评估协议，是指工作范围受限的情况下进行评估并提供评估报告的协议。有限评估协议也可以称为“限制范围估值协议”或“指示性估值协议”。相应地出具“指示性估值报告”。境内评估机构进行境外资产评估项目时，特别是企业并购评估项目，出售方公开的数据库是逐步开放的，从而信息资料经常不完整，也会遇到并购方已经进行了包括估值在内的大量前期工作之后而要求所聘估值机构不做重复工作，遇到此类“限制”情形，我们认为可以按照交易对方所聘请估值机构相同或相似的做法，如 APES 225 Valuation Services 中的“指示性估值报告”进行估值，不但有利于在“同一基础”进行估值，更有利于并购双方依照估值结果顺利达成交易。将评估工作理想化乃至将评估工作孤立于交易之外并不符合交易的客观需求。然而涉及国有资产评估业务以及证券评估业务，对此有明确规定的，必须要遵守相关规定。

境外企业对国内评估机构的不甚了解，以及对自身企业财务数据的高敏感性使得评估机构执行往来询证函的程序难度大大增加，多数境外企业及银行仅认可审计机构的询证函。在这种限制条件下，评估机构可以执行替代性程序，如选择与审计机构联合发函提高回函率或是复制核查审计机构的回函底稿等。

当存在办公介质差异时，资产评估专业人员需要理解，在无纸化办公的国家或地区执业过程中，无法获取纸质资料或者仅获得有限的纸质资料均属于客观情况，通过邮件、虚拟资料库等渠道获取的电子介质资料在来源可靠、授权合法的情况下可以作为核查验证的证明资料，包括但不限于邮件正文、邮件附件、邮件截图、各种文件格式的电子文档、电话录音、视频存档等，也包括企业并购中的开放的数据库。

当存在授权模式差异时，需要清楚境外企业可能并不通过加盖公章的方式进行授权或确认，可由具备适当权限的管理层人员的个人签字对相应核查材料进行授权。

当存在语言文字差异时，评估中取得的相关文件资料涉及执业人员无法阅读或理解的其他语种时，可以聘请或者要求委托方聘请翻译机构或翻译人员进行翻译，并在翻译后的文件基础上开展核查验证。

二、境外并购估值影响因素相关案例

在境外并购重组中，境外标的公司时常存在复杂的背景条件如政治不确定性、法律环境、汇率变动、通货膨胀等因素影响企业价值评估的公允性。评估师需要充分考虑标的公司存在的各方面风险因素，并在不同评估方法的模型上加以分析调整，从而得到一个谨慎的、合理的评估价值。

例如在2018年白银有色集团股份有限公司境外并购中非黄金的案例中，针对境外标的资产作价的公允性，评估师主要从各类风险对作价参数公允性的影响和评估方法公允性进行了深入分析，具体如下：

1. 标的公司的经营风险、应对措施及对应评估参数的合理性

交易标的公司为中非黄金，中非黄金系持股型公司，无实际经营业

务。中非黄金的核心资产为对第一黄金的长期股权投资，直接持有其29.60%股权。

评估师首先通过核查矿权的续期、临期情况及对第一黄金持续经营能力的影响，然后确认了南非关于矿业权期限、续期申请等方面的相关法律规定，再具体分析了矿业权续期、临期等办理对核心标的第一黄金相关采矿项目的影响。

评估师通过核查宏观经济波动的风险、市场环境风险以及黄金价格波动风险等因素对评估参数进行调整。

首先，分析美国股票市场风险溢价和南非股票市场违约贴息数据的基础上计算南非市场风险溢价。宏观经济波动风险普遍存在，市场风险溢价的计算数据均来自美国、南非等国际市场，故作价过程考虑了宏观经济波动风险。其次，通过对不同时段的平均金价分析，以及确认标的管理层使用金融工具对冲黄金价格波动等情况充分考虑到金价波动等宏观及行业风险对标的资产带来的影响。

结合标的资产的主要经营实体情况，分析与海外经营有关的政治、经济、法律、税收、罢工、汇率等风险。在通过对上述风险相关指标如GDP变化、汇率变化、通胀风险、失业率等因素进行充分研究后，对折现率测算中关于企业个别风险进行了相应调整。

结合标的资产的历史期采矿量及资本性支出情况，根据国土资源部矿产资源储量评审中心评审通过的《储量核实报告》，对其生产和经营风险进行充分分析。

2. 标的资产交易作价的公允性

对于核心资产第一黄金的评估采用了收益法和市场法进行了评估，并以收益法的评估结论作为最终评估结论。主要是考虑到在产矿山项目有可靠的资源储量，有稳定的历史经营数据，其未来生产经营数据有较强的可参考性，相关参数均来自企业历史生产经营数据以及经国土资源部储量评审中心评审通过的《储量核实报告》，并且在测算过程中，评估利用资源储量时已对推断的内蕴经济资源量进行了可信度系数调整。

在可比销售法案例选取中，评估师结合矿业权《市场途径评估方法规范》（CMVS 12300—2008）进行具体操作，通过可采储量、矿石品位（质级）、生产规模、产品价格、矿体赋存开发条件、区位基础设施条件、资源储量、物化探异常、地质环境与矿化类型等因素对委估资产进行了评估。从具体参数的选取上，评估利用资源储量在《储量核实报告》的基础上，也对推断的内蕴经济资源量进行了可信度系数调整。同时在可比销售法中通过勘查程度进行了调整。

对于估值结果的公允性分析，评估师通过对可比公司比较、对境外矿业公司并购案例估值比较以及对境内 A 股黄金上市并购案例估值比较等多维度分析，市盈率、市净率、EV/EBITDA 等对比结果均低于或接近行业平均水平，从而印证标的资产交易作价的公允性。

第六章

新经济企业估值的现状和挑战

第一节 新经济企业并购现状

一、新经济企业概述

“新经济”是资本市场上热门的概念之一，是美国《商业周刊》所提出的由经济全球化浪潮所诞生的、由信息技术革命驱动的、以高新科技产业为龙头的新经济体系。

放眼我国，新经济浪潮始于2014年，新经济企业迎来了第一波发展的浪潮。2016年，《政府工作报告》中首次解读“新经济”的概念，即新经济涉及一、二、三产业，不仅仅包括三产中的“互联网+”、物联网、云计算、电子商务等新兴产业和业态，也包括工业制造当中的智能制造等，并提出了“加快发展新经济”的要求，以培育新动能，促进中国经济转型及长远发展。新经济企业获得了更多的社会关注度，迅速地发展起来。

资本市场自上而下推动实现支持“四新经济”的政策目标，通过推行科创板、修改相关兼并收购规则等方式，进一步鼓励新经济企业登陆A股资本市场。新经济企业也借助相关政策的东风，飞速发展至今。

在业界，狭义的新经济主要为互联网、物联网、云计算、电子商务、生物医药、智能制造等与民生息息相关的行业。而广义的新经济范围则包括新一代信息技术与信息服务产业、生物医药产业、新能源产业、新材料产业、高端装备制造产业等。

2019年1月30日中国证监会发布了《关于在上海证券交易所设立科创板并试点注册制的实施意见》（以下简称《实施意见》）。《实施意见》

对科创板的定位是“坚持面向世界科技前沿、面向经济主战场、面向国家重大需求，主要服务于符合国家战略、突破关键核心技术、市场认可度高的科技创新企业。重点支持新一代信息技术、高端装备、新材料、新能源、节能环保以及生物医药等高新技术产业和战略性新兴产业，推动互联网、大数据、云计算、人工智能和制造业深度融合，引领中高端消费，推动质量变革、效率变革、动力变革”。

随着科创板的推出，其对于推荐上市企业定位的指引也进一步验证了上述新经济企业的行业属性，而伴随着上述领域的资本运作愈发繁荣，新经济企业的估值也引起了进一步的重视。

二、新经济企业特征

黄玮在《新经济企业估值的讨论》中认为就企业的发展周期而言，新经济企业大多处于初创期或成长期，并体现出新技术、新商业模型等特征。综合来看，新经济企业一般具有如下五大特性：

（一）多处于初创期或成长期

根据生命周期理论，企业一般会经历初创、成长、成熟和衰败四个发展周期。受限于发展周期及业务性质，目前在市场上多数新经济企业或科创企业仍处于初创期或快速成长期，在此阶段其特性为产品或服务种类较单一，其专有技术并非完全纯熟而是处于发展阶段，其新形态的商业模式也仍待市场的检验。

（二）企业经营的不确定性较高

由于核心技术的创新性或商业模型的独特性，消费者的消费习惯尚待形成，企业管理层因缺乏具有参考性的历史数据无法进行准确预测，部分核心技术的开发周期往往较长，加上企业的经营处于不稳定状态下，企业的财务数据处于动态波动之中，企业的收益具有非常大的不确定性。

（三）无形资产比重较大

新经济企业往往多为智力及人力资本密集型企业，拥有独特且新型的商业模式或高新技术等重量级的无形资产，所以须投入大量的资金去支撑核心技术的开发和研究，或者耗费足够的资金进行营销，因此形成了较大的无形资产比重。

（四）企业可能将长期处于亏损的状况

新经济企业需大量的资金投入来研发核心技术，并提升自身竞争力以获取更高的市场份额，同时新经济企业所处的初创期及成长期尚不具备规模经济效益，无法有效降低营运成本，因而部分新经济企业或仍将长期处于亏损的状态。

（五）未来潜在获利机会高且收益巨大

虽然新形态的商业模式和高新技术需要耗费大量的成本去支持，但是一旦此类企业成功地抢占市场后，由于自身具有较强的业务延展性，将会排挤其他竞争者或是传统产业，此时企业将会获得高速成长的机会并且拥有巨大的获利可能性。

三、新经济企业并购情况

（一）科创板的设立为新经济企业提供了新的平台

由于新经济企业具有经营不确定性高、未盈利等特点，这些都成为上市公司并购新经济企业的瓶颈，同时对于一些优质的、具有“硬科技”的新经济企业来说也因此丧失了与资本对接的机会。因此为扶持科技创新型产业，2019 年国家创立科创板，为企业特别是初创阶段的中小型科创公司上市融资提供便利。科创板的推出为高技术、高创新的新经济企业提供了快捷募集资金的通道，加速科创企业发展。为规范科创板上市公司重大资产重组的审核工作，保护投资者合法权益，在政策并购重组方面上交所制定了《上海证券交易所科创板上市公司重大资产重组审核规则》，为科创板企业并购重组服务，保护中小股东权益，优化市场监管，维护市场健康稳定。

（二）科创板并购现状

由于科创板刚刚创立不久，科创属性的新经济企业在并购重组市场并不活跃。根据 Wind 中国并购库统计，2020 年 A 股上市公司完成收购并购 757 单，而科创板上市公司完成 27 单，仅占整个 A 股上市公司收并购案例的 3. 57%。

科创板开市至 2020 年 12 月 31 日，科创板上市公司已公告并购事件共有 65 单，其中董事会预案阶段 29 单，已通过股东大会 3 单，已签署转让协议 6 单，完成并购 27 单。

在已公告的并购事件中主要以收购少数股权为主，涉及控制权变更共 16 单。以现金方式收购股权共 49 单，占比 75. 38%；以股份及现金方式购买资产的并购事件仅 3 单，仅有 1 单完成，其余 2 单仅披露了预案。

当前科创板并购主要以收购少数股权为主，交易规模较小。根据统计，剔除未公布交易金额的案例，交易规模在 10 亿元以上的 3 单，交易规模在 5 亿 ~10 亿元的 3 单，交易规模 1 亿 ~5 亿元的 7 单，交易规模 1 亿以下的 44 单。

表 6-1　科创板开市至 2020 年 12 月 31 日科创板上市公司并购情况

序号	首次披露日	交易标的	交易买方	标的所属行业	交易总价值（万元）	最新进度
1	2019-06-13	美邦启立 100% 股权	美迪西（688202. SH）	电子元件	36373. 85	完成
2	2019-07-05	博弘新材料 19. 80% 股权	久日新材（688199. SH）	调查和咨询服务	9900	董事会预案
3	2019-08-22	上海睿励 10. 41% 股权	中微公司（688012. SH）	半导体设备	1375	董事会预案
4	2019-11-19	西安欧中 4. 77% 股权	西部超导（688122. SH）	金属非金属	2420	董事会预案
5	2019-12-07	GDC BVI 公司 36% 股权	光峰科技（688007. SH）	信息科技咨询与其他服务	1811. 47（美元）	完成
6	2019-12-07	欧立通 100% 股权	华兴源创（688001. SH）	电子设备和仪器	104000. 00	完成
7	2019-12-10	金山志远 100% 股权	金山办公（688111. SH）	信息科技咨询与其他	0. 001	完成
8	2019-12-11	糖谱科技部分股权	热景生物（688068. SH）	信息科技咨询与其他	900	完成
9	2020-01-23	上海伦胜 19% 股权	昊海生科（688366. SH，6826. HK）	互联网软件与服务	760	完成
10	2020-02-05	斯微生物 2. 86% 股权	君实生物（688180. SH，1877. HK）	生物科技	1000	签署转让协议
11	2020-03-31	纽诺精微 24% 股权	南微医学（688029. SH）	医疗保健设备	2000	完成
12	2020-04-09	天津交控浩海 95% 股权	交控科技（688015. SH）	工业机械	5012. 22	完成
13	2020-04-28	上海锘科 14. 2858% 股权	晶晨股份（688099. SH）	互联网软件与服务	1000	完成
14	2020-05-19	南京苇渡 20. 6847% 股权	硕世生物（688399. SH）		2900	签署转让协议
15	2020-05-22	华迪新能 45% 股权	京源环保（688096. SH）	多领域控股	2700	董事会预案

续 表

序号	首次披露日	交易标的	交易买方	标的方所属行业	交易总价值（万元）	最新进度
16	2020-06-01	上海新昇 1.5% 股权	沪硅产业（688126.SH）	半导体产品	2995.89	董事会预案
17	2020-06-06	芯元基 3.9169% 股权	中微公司（688012.SH）	电子设备和仪器	570	董事会预案
18	2020-06-10	佛思特公司 100% 股权	华熙生物（688363.SH）	生物科技	29000	董事会预案
19	2020-06-22	Mue100% 股权；Mue 部分债权（200 万）	天准科技（688003.SH）	半导体设备	2018.92（万欧元）	董事会预案
20	2020-07-13	迅腾科技 30% 股权	有方科技（688159.SH）	信息科技咨询与其他	0.0001	完成
21	2020-08-17	隔空智能 5% 股权	晶丰明源（688368.SH）	电子制造服务	未披露	完成
22	2020-08-18	鸥哈希 10% 股权	松井股份（688157.SH）	基础化工	800	董事会预案
23	2020-08-19	数科网维 37.5219% 股权	金山办公（688111.SH）	应用软件	15000	完成
24	2020-08-25	大晶新材 100% 股权	久日新材（688199.SH）	建材	—	董事会预案
25	2019-01-26	常州合威 55% 股权	海优新材（688680.SH）	化纤	715.54	完成
26	2019-02-22	久日化工 65% 股权	久日新材（688199.SH）	基础化工	—	董事会预案
27	2019-03-19	上海新昇 26.06% 股权	沪硅产业（688126.SH）	半导体产品	48231.18	完成
28	2019-07-01	泰州复旦 30.23% 股权	复旦张江（688505.SH，1349.HK）	西药	17800.00	签署转让协议
29	2019-07-05	博弘新材料 19.80% 股权	久日新材（688199.SH）	调查和咨询服务	9900.00	董事会预案
30	2019-08-22	上海睿励部分股权	中微公司（688012.SH）	半导体设备	1375	董事会预案

续 表

序号	首次披露日	交易标的	交易买方	标的方所属行业	交易总价值（万元）	最新进度
31	2020-01-23	上海伦胜 19% 股权	昊海生科（688366. SH, 6826. HK）	互联网软件与服务	760. 00	完成
32	2020-03-21	星云大数据 8% 股权	福光股份（688010. SH）	应用软件	3368. 73	完成
33	2020-04-08	三优生物 5. 4929% 股权	之江生物（688317. SH）	生物科技	2000	完成
34	2020-06-06	芯元基 3. 9169% 股权	中微公司（688012. SH）	电子设备和仪器	570	董事会预案
35	2020-08-25	大晶新材 100% 股权	久日新材（688199. SH）	建材	—	董事会预案
36	2020-08-27	三江信达 10. 53% 股权	山石网科（688030. SH）	信息科技咨询与其他服务	1000	董事会预案
37	2020-08-28	航天国调基金 5. 35% 股权	天宜上佳（688033. SH）	—	—	董事会预案
38	2020-09-09	上海奚泰 100% 股权	澜起科技（688008. SH）	综合货品商店	94600	签署转让协议
39	2020-09-09	云安宝 8. 70% 股权	奇安信（688561. SH）	信息科技咨询与其他服务	2000	董事会预案
40	2020-09-09	Nclave 49% 股权	天合光能（688599. SH）	半导体产品	4272. 78	签署转让协议
41	2020-09-15	国泰智达 50% 股权	绿的谐波（688017. SH）	电气部件与设备	200	董事会预案
42	2020-09-28	音智达 100% 股权	普元信息（688118. SH）	信息科技咨询与其他服务	75000	董事会预案
43	2020-09-29	金钛股份 16% 股权	西部材料（002149. SZ）；西部超导（688122. SH）	金属非金属	9504. 00	完成
44	2020-10-01	微芯新材 12. 12% 股权	久日新材（688199. SH）	多元化工	2000. 00	董事会预案
45	2020-10-13	Vernalis100% 股权	成都先导（688222. SH）	西药	2668. 14	完成

续 表

序号	首次披露日	交易标的	交易买方	标的方所属行业	交易总价值（万元）	最新进度
46	2020-10-13	派科斯部分股权	燕麦科技（688312. SH）	互联网软件与服务	3000. 00	董事会预案
47	2020-10-19	重庆三大伟业 90% 股权	海尔生物（688139. SH）	医疗保健设备	54720. 00	完成
48	2020-10-20	Kyulux 公司 5. 09% 股权	八亿时空（688181. SH）	电子元件	90000. 00	董事会预案
49	2020-10-21	力博医药 2. 7803% 股权	海尔生物（688139. SH）	生物科技	—	完成
50	2020-10-21	信唐普华 22% 股权	慧辰资讯（688500. SH）	互联网软件与服务	5676. 00	完成
51	2020-10-24	力博医药 5% 股权	海尔生物（688139. SH）	生物科技	2099. 88	完成
52	2020-10-29	昂坤视觉 4. 50% 股权	中微公司（688012. SH）	电子元件	1500. 00	董事会预案
53	2020-11-07	坤维科技 8. 478% 股权	瀚川智能（688022. SH）	信息科技咨询与其他服务	500. 00	签署转让协议
54	2020-11-09	兴盟苏州 100% 股权	南新制药（688189. SH）	生物科技	264258. 28	董事会预案
55	2020-11-11	力博医药 1. 0049% 股权	海尔生物（688139. SH）	生物科技	—	完成
56	2020-11-14	力博医药 1. 2113% 股权	海尔生物（688139. SH）	生物科技	—	完成
57	2020-11-14	大晶信息部分股权	久日新材（688199. SH）；康文兵	基础化工	11000. 00	董事会预案
58	2020-11-16	实在智能 15% 股权	光云科技（688365. SH）	信息科技咨询与其他服务	9000. 00	股东大会通过
59	2020-11-18	基石慧盈 22. 73% 股权	交控科技（688015. SH）	—	5000. 00	股东大会通过

续 表

序号	首次披露日	交易标的	交易买方	标的方所属行业	交易总价值（万元）	最新进度
60	2020-11-20	尚源恒运 80% 股权	路德环境（688156. SH）	环境与设施服务	—	董事会预案
61	2020-12-02	中交兴路 0. 955% 股权	鸿泉物联（688288. SH）	信息科技咨询与其他服务	5000. 00	董事会预案
62	2020-12-08	晨晓科技 37. 99% 股权	震有科技（688418. SH）	电子设备和仪器	7598. 00	完成
63	2020-12-29	常州精纳 40% 股权	步科股份（688160. SH）	电气部件与设备	4800. 00	完成
64	2020-12-29	上海睿励部分股权	中微公司（688012. SH）	半导体设备	10000. 00	股东大会通过
65	2020-12-31	英途康 2. 4838% 股权	三友医疗（688085. SH）	信息科技咨询与其他服务	1147. 50	董事会预案

数据来源：Wind。

（三）当前科创板公司并购不活跃的主要原因

1. 市场估值偏高

新经济企业一般科创属性较强，同时如果作为科创企业进行并购，也需要具有一定的科创属性且有协同效应的标的，因此采用相对估值法进行估值时，很容易产生高估值的情况。自 2019 年 7 月 22 日科创板正式开板至 2020 年 12 月 31 日，根据 Wind 数据显示，科创板、创业板在市盈率及市净率均高于其他板块。由于科创企业自身特点，轻资产企业较多，因此市净率较高。在这种情况下相对估值的结果可能会过高，尽管科创板和创业板的政策在发股价格上相对更具有弹性，即发股价格下限不得低于市场参考价的 80%，发股收购仍可能产生高商誉的情况。

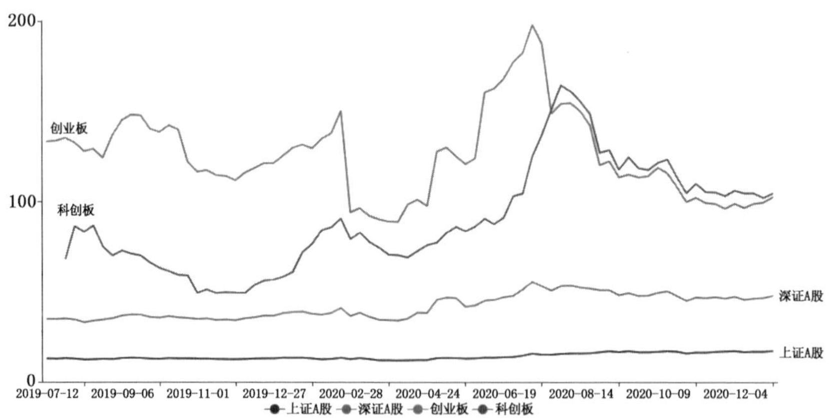

图 6-1　各板块市盈率比较图

数据来源：Wind。

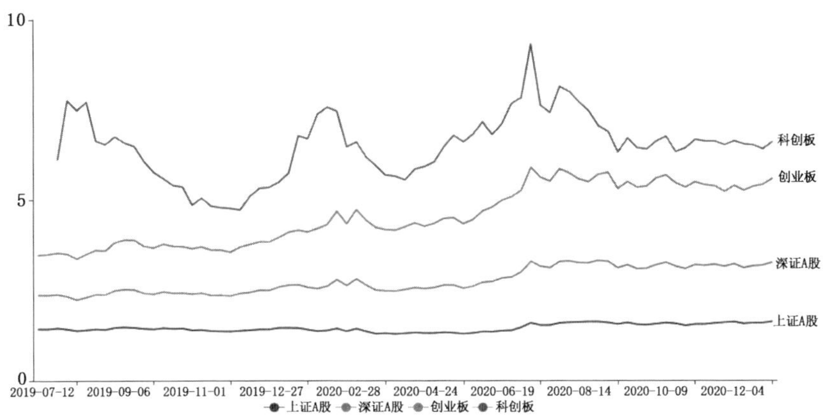

图 6-2　各板块市净率比较图

数据来源．Wind。

2. 收购标的估值的合理性

通过《上海证券交易所科创板上市公司重大资产重组审核规则》和《科创板上市公司重大资产重组特别规定》，总结来说重点关注两点：

一是把上市公司的发股价格下限从定价基准日均价的 90% 下调到 80%，体现了对于定价的弹性；

二是要关注标的资产是否符合科创板定位、与科创公司主营业务是否具有协同效应、重组交易是否必要、资产定价是否合理公允、业绩承诺是否切实可行、是否存在损害科创公司和股东合法权益等情形。

截至 2020 年 12 月 31 日，科创板仅有华兴源创（688001. SH）完成了以股份及现金方式购买资产。上交所在华兴源创股东大会通过重组议案后不到 15 天就向华兴源创下发了《审核问询函》，问询内容分为：关于标的公司主要客户、关于商誉和无形资产、关于收入预测和业绩承诺、关于标的公司财务信息披露、关于协同效应及其他五个部分，除了最后一部分外，几乎都是围绕标的估值和业绩承诺。

2020 年 5 月 26 日上交所科创板上市审核中心同意华兴源创的重组申

请后，又下发了三条会后意见，分别是：标的公司估值合理性及业绩承诺可实现性、标的公司对核心客户单一产品依赖风险及毛利率合理性；重大风险提示重要性和相关性。

这也是科创板企业并购估值的特点，由于其产业特性，自身大多是高成长同时也具有更高的不确定性，其收购的标的也具有相似的特性。需要对并购标的估值的合理性、业绩承诺的可持续性、协同效应做出合理的解释，这些将是未来并购活动中监管层关注的重点问题。

第二节　新经济企业估值面临的挑战

一、传统评估方法具有一定的局限性

传统的评估方法主要为资产基础法、收益法及市场法。根据统计，科创板设立至 2020 年 12 月 31 日，科创板并购事件中评估机构出具评估报告共 13 单，定价方法依然以收益法为主，共 7 单，资产基础法 5 单，市场法仅 1 单。由于新经济企业具有高增长、未来经济效益不确定等特性，传统的评估体系在面对新经济企业评估时将会面临一些挑战。

（一）资产基础法的局限性

资产基础法是根据企业资产扣除负债后的价值为前提所进行的估值。资产基础法存在着一定的局限，比如未考虑公司的未来价值，以及无法反映各项资产的综合获利能力。

由于新经济企业多为轻资产企业，固定资产占总资产比重较小，厂房、机器设备等较少。尤其是对于互联网、生物科技等行业的新经济企业

而言，无形资产（商标、专利等）的占总资产比重相对较大，其公司的核心技术是未来能够不断发展甚至盈利的关键因素。然而资产基础法评估无法完全体现无形资产未来获利能力或真正可实现的价值，故资产基础法在评估新经济企业的价值时受到的局限性较大。

（二）市场法的局限性

市场法从公开市场上选取可比公司或可比交易案例进行评估，通过可比公司价值倍数或交易案例的倍数对企业的价值进行估值。新经济企业因其特性，在使用市场法评估在新经济企业时，其可比公司或可比交易案例的选择存在一定局限。传统企业在公开市场上可比公司或交易案例数量较多，可选择范围广，而新经济企业多属于新兴企业，市场上业务相似可比的公司较少。其次，新经济企业在生产经营方式与传统企业有所不同，选择可比公司时难以完全匹配。最后，在价值倍数的选择上，传统企业的估值常选用以历史财务数据计算而得的价值倍数，例如市净率（P/B）、市盈率（P/E）等；而由于大部分新经济企业尚未实现盈利，或盈利数额较小，简单地套用以历史财务数据难以真正地体现新经济企业的价值。

（三）收益法的局限性

收益法是将企业预期的未来现金流折现至基准日的价值。由于传统企业已经进入相对平稳的发展阶段，市场的增长可以有效地预计判断，因此传统企业一般可以预计比较稳定的现金流。

而由于新经济企业的特性，不少新经济企业可能尚未盈利，历史期财务数据可能波动性较大。若管理层以历史期财务数据为基础，编制未来盈利预测从而获得估值，该财务预测可能没有足够历史期数据反映企业未来从收支平衡到高增长再到稳定增长期所带来的现金流，也没有充分考虑企业经济效益变现的风险，这亦无法真正体现新经济企业的价值。

此外，由于新经济企业处于初创期及成长期的特性，以及新型商业模式等特殊经营策略的影响，在计算资本成本时往往难以获得可靠的市场可比公司的β值等具体数据，也进一步导致采取收益法进行评估的局限。

二、创新拓展估值方法

由于科创类企业轻资产、重研发的特点，因此在评估科创类企业时需要采用更加多元化的估值方法。同时由于资产基础法从企业购建角度反映企业估值的特点，在方法上可以延伸的空间较小，因此对于方法的延伸运用主要是对收益法和市场法。

（一）延伸运用收益法

现金流折现方法（DCF）是通过将企业未来预期的现金流折算为现值，估计企业价值的一种方法，即通过估算企业未来预期现金流和采用适宜的折现率，将预期现金流折算成现时价值，得到企业价值。该方法的本质是在于它认为资产的价值取决于持有资产的预期现金流。

达摩达兰提出在评估中使用概率论的方法。因为如果说模型输入值的不确定性表现为数字与预期的偏差，那么分析人员在处理不确定性问题时最有力的工具则来自概率论和统计学。在进行评估时，从概率分析开始，先对一个项目或公司的离散情景进行评估，并对每个情景下的价值进行估算，然后再将所有的情景组合成一个综合的价值判断结论。

1. 采用预期现金流进行多情景分析

我们用来估算价值的预期现金流可以用一种或两种方式估算。它们可以是所有可能情况下现金流量的概率加权平均数，也可以是最可能情况下的现金流量。

对于有风险的资产，实际的现金流可能与预期有很大的差异。通过多情景分析，可以在若干不同的情景下计算出风险资产的价值，并改变对宏观经济和资产特定变量的假设。

2. **决策树**

决策树法是基于成功概率进行价值评估，实质上决策树法是在现金流贴现的基础之上额外考虑了现金流能够实现的概率问题。相比于传统的现金流贴现法，决策树法考虑了项目成功的可能性，相比之下更具有灵活性，也更贴近于实际的运营情况。例如药品监管机构的三个阶段的审批流程规定了这种药物要想商业化销售必须通过的关卡，在这三个阶段中的任何一个环节上的失败都会导致药物失去上市机会。决策树不仅可以让我们分阶段地考虑风险，还可以针对每个阶段的结果设计出适当的响应方式。决策树的本质与现金流折现模型相似，在现金流折现模型的基础上增加了不同时间节点的概率。

3. **5P 模型的运用**

目前，创新药企业评估在实务过程中一直是一个重点及难点。同时有很多对于创新药公司估值方法的研究，例如《创新药研发项目评估模型构建研究》中对 rNPV、决策树、二叉树实务模型期权模型用于创新药研发进行了研究，数据显示三种方法适用性很强，但是在实务运用过程中仍存在一定障碍，因此收益法仍是目前市场普遍认可的一种方法。此次我们根据中金公司出具的相关报告，分析在实务过程中对于创新药运用 DCF 模型进行估值。

DCF 模型估值存在分阶段的特点，比较适用于目前还没有收入的创新药或者创新高值耗材。由于该模型涉及成功率（Possibility of Success）、患者池（Patient pool）、渗透率（Penetration）、定价（Price）、专利（Patents），为方便记忆，叫作 5P 估值模型，是 DCF 模型应用到创新药领域的一种特化形式。

具体做法及需要注意考虑因素：

（1）患者池的估算。首先需要搞清楚发病人数或者患病人数，运用总人口乘以发病率或者患病率得到；其次是治疗率，从而得到实际使用新药的患者人数。需要考虑不同人群发病率、患病率的区别，多个适应症的情况。

（2）渗透率的判断。需要考虑药品本身疗效、已经上市同类药物的效果，给药方式、依从性，以及医保覆盖、招标情况、渠道推广情况等。

（3）专利期判断。判断上市时间，优先审评缩短了上市时间则可以延长专利期。判断各种专利的时间，如核心化合物专利、组合物专利、晶型专利。分析潜在的专利挑战风险。

（4）判断定价。新药定价涉及政府、药企和医保的博弈。根据新药的疗程、治愈的时间或者致死性疾病的无进展生存期来计算用药时间，从而计算出年用药金额。

（5）判断成功率。参考 1 ~ 3 期临床和申报的平均成功率作为参考。结合靶点选择、作用机理、新颖程度、研发力量判断研发成功率。

4. 案例应用：泽璟制药

（1）泽璟制药公司业务介绍。

泽璟制药是一家专注于肿瘤、出血以及肝胆疾病等多个治疗领域的创新型小分子及生物药研发公司。公司于 2009 年由盛泽林、陆惠萍和刘溯共同创立，公司的核心管理人员在医药领域丰富的管理和研发经验，均在科研院所或知名的国际药企从事过药物研发工作；公司建成了两大新药研发平台——小分子药物研发平台和重组蛋白生物新药研发平台。在小分子药物平台上，公司运用全球领先的药物稳定技术，正在开发多纳非尼、杰克替尼和奥卡替尼等小分子新药；在重组蛋白生物新药研发平台上，公司正在开发重组人凝血酶、重组人甲状腺素以及双抗、三特异性抗体等生物新药。

主要产品：多纳非尼，针对大癌种的多靶点小分子靶向药物。

多纳非尼是一款多靶点的小分子靶向药物。公司目前正在开展多纳非尼针对晚期肝细胞癌的一线治疗、晚期结直肠癌的三线治疗和放射性碘难治性分化型甲状腺癌的一线治疗的 III 期临床试验，并计划分别在 2020 年、2020 年和 2021 年申报 NDA（New Drug Application 新药申请）。此前的临床试验显示，多纳非尼具有较好的有效性和安全性。同时，公司还在开展多纳非尼与 PD1、PD L1 单抗联用的治疗方案。多纳非尼有望成为首个国产肝细胞癌一线治疗靶向药物，预计多纳非尼的销售额将在 2030 年达到峰值 30 亿元。

（2）5P 估值模型在主要产品上的应用。

主要介绍多纳非尼在晚期肝细胞癌上的应用。

多纳非尼：目前多纳非尼正在进行针对晚期肝细胞癌一线治疗、晚期结直肠癌三线治疗和局部晚期 RAIR DTC（碘难治性分化型甲状腺癌）的一线治疗的 III 期临床试验，公司计划分别在 2020、2021 年提交三个适应症的 NDA 申请。由于多纳非尼的其他适应症尚处于早期，不确定性较大，因此在对销售额预测时仅考虑上述 3 个处于临床 III 期的适应症。

上市时间：公司计划于 2020 年第一季度提交晚期肝细胞癌适应症的 NDA（New Drug Application 新药申请），预计其可以在 2021 年开始贡献收入。

适用人群：据我国肿瘤登记中心数据显示，我国每年肝癌的发病率为 26.92/10 万，对应每年约 38 万新发肝癌患者，假设预测期发病率保持不变，每年人口增速为 0.38%，则 2032 年国内将会有约 40 万新发肝癌患者。根据招股书信息，肝癌患者中约 90% 为肝细胞癌，约 57% 的患者在第一次诊断时已经是晚期或终末期，则 2032 年对应新发晚期肝细胞癌患者约为20万人。

渗透率：索拉非尼是目前晚期肝细胞癌常用的一线治疗药物，多纳非尼正在开展与索拉非尼的头对头临床试验，据招股书统计2018年索拉非尼在国内销售额为7.1亿元，其年化治疗费用约8.2万元，假设索拉非尼90%（根据三个适应症病人数量比例计算）的销售额来自晚期肝细胞癌，则其渗透率约为4%。我们预计多纳非尼上市后可以凭借国产药物的价格优势取得更高的峰值渗透率，我们假设多纳非尼可在2032年实现25%的渗透率。

治疗费用：目前索拉非尼国内月均治疗费用约为2.3万元，文献1显示其在中国人群的PFS为3.6个月，对应年化治疗费用为8.2万元，我们认为多纳非尼具有国产药物的价格优势，假设其上市后年化治疗费用约为6.6万元，且未来平均每年下降5%。

风险调整：据Clinical Development Success Rates（《临床成功率》）（2006—2015）统计，在美国市场，一个新药研发项目从III期成功到申报NDA/BLA（New Drug Application新药申请/生物制品执照申请）的概率约为58%，申报NDA/BLA后成功上市的概率约为85%；但国内企业研发的新药多针对已经成熟的靶点，也有国外的经验可以借鉴，因此国内目前新药研发的成功率相对较高。综合而言我们给III期临床阶段的药物90%的成功概率；其他适应症类似。

销售额预测：据上述信息和假设计算多纳非尼在肝癌适应症的销售额，如上所述我们基于90%上市成功率做风险调整，则其肝癌适应症销售额预测如图6-3所示，其可在2030年实现峰值18亿元。

	2021E	2022E	2023E	2024E	2025E	2026E	2027E	2028E	2029E	2030E	2031E	2032E
晚期肝细胞癌一线治疗												
国内人口数量（百万）	1,411	1,417	1,422	1,428	1,433	1,439	1,444	1,450	1,455	1,461	1,466	1,472
人口增速	0.38%	0.38%	0.38%	0.38%	0.38%	0.38%	0.38%	0.38%	0.38%	0.38%	0.38%	0.38%
肝癌发病率	0.027%	0.027%	0.027%	0.027%	0.027%	0.027%	0.027%	0.027%	0.027%	0.027%	0.027%	0.027%
中国每年肝细胞癌新发病患者数（千人）	380	381	383	384	386	387	389	390	392	393	395	396
肝癌新发病人数量增长率	0.4%	0.4%	0.4%	0.4%	0.4%	0.4%	0.4%	0.4%	0.4%	0.4%	0.4%	0.4%
肝细胞癌患者比例	90%	90%	90%	90%	90%	90%	90%	90%	90%	90%	90%	90%
肝细胞癌患者数量（千人）	342	343	345	346	347	349	350	351	353	354	355	357
晚期肝细胞癌患者比例	57%	57%	57%	57%	57%	57%	57%	57%	57%	57%	57%	57%
晚期肝细胞癌患者数量（千人）	195	196	196	197	198	199	199	200	201	202	202	203
多纳非尼的渗透率	0.5%	3.0%	6.0%	9.0%	12.0%	15.0%	18.0%	20.0%	22.0%	23.5%	24.5%	25.0%
接受多纳非尼治疗的人数（人）	975	5,870	11,784	17,744	23,748	29,799	35,895	40,035	44,207	47,401	49,606	50,812
患者用量（片，0.2g/片，2片/天，5个月）	300	300	300	300	300	300	300	300	300	300	300	300
单价（元/0.2g）	220	209	199	189	179	170	162	154	146	139	132	125
单价变化幅度		-5%	-5%	-5%	-5%	-5%	-5%	-5%	-5%	-5%	-5%	-5%
每月平均治疗费用（元）	13,200	12,540	11,913	11,317	10,751	10,214	9,703	9,218	8,757	8,319	7,903	7,508
平均治疗时间（月）	5	5	5	5	5	5	5	5	5	5	5	5
年化治疗费用（元）	66,000	62,700	59,565	56,587	53,757	51,070	48,516	46,090	43,786	41,596	39,517	37,541
肝细胞癌一线治疗销售额（百万元人民币）	64	368	702	1,004	1,277	1,522	1,741	1,845	1,936	1,972	1,960	1,908
上市成功率	90%	90%	90%	90%	90%	90%	90%	90%	90%	90%	90%	90%
肝细胞癌一线治疗销售额-风险调整后（百万元）	**58**	**331**	**632**	**904**	**1,149**	**1,370**	**1,567**	**1,661**	**1,742**	**1,775**	**1,764**	**1,717**
销售额增速		472%	91%	43%	27%	19%	14%	6%	5%	2%	-1%	-3%

图 6-3　肝癌适应症销售额预测

资料来源：公司招股书，中国肿瘤登记中心，中金公司研究部。

对于多纳非尼假设其未来会有较大的概率能够成功上市，其中多纳非尼的肝癌、结直肠癌和甲状腺癌适应症以及重组人凝血酶均在 III 期临床，估值人员认为其成功上市的概率相对较高，因此假设其成功上市的概率为 90%；杰克替尼目前在 II 期临床，但公司计划基于 II 期临床数据申请有条件上市，估值人员认为其成功上市的概率相对较低，假设其成功上市的概率为 85%。

据招股书信息显示，公司目前已经在筹备营销团队的建设，假设公司产品上市后能够顺利通过营销团队的工作实现销售收入。我们假设公司仍将每年不断地投入研发，保证既有研发产品的推进和新产品的推出。

（3）案例分析结论。

对于创新药企业新药上市特点，可以总结为三个阶段：第一阶段临床前研究、第二阶段临床（I 期 II 期 III 期）、第三阶段创新药注册后上市。在此次案例中，估值人员对渗透率、药物价格、成功概率等指标做出了假设，但是在实务过程中，如何合理地确定这些概率假设，或者说是否有方法能够量化概率，还是值得商榷的。因此，多个指标假设的情况下，会有评估人员的主观判断因素，那么对于估值的影响就会增大。

我们认为可以通过外部专家或行业专业机构，对行业历史期情况及未来发展进行分析，最好能够合理量化，得出合理的假设，对估值的合理性提供更有力的支撑。同时，要结合敏感性分析综合判断不同概率对估值的影响。

（二）延伸运用市场法

目前，在科创板预计市值估算中，市场法评估应用比较广泛。

1. 市盈率延伸估值方式

根据《高科技企业估值方法介绍》，计算公式：

企业价值（EV）=市值+总负债−总现金；EBITDA=营业利润+折旧费用+摊销费用

EV/EBIT（企业价值/息税前利润）：包含折旧和摊销，适用于并购交易规模大、资本支出和固定资产比较重要的行业，如制造业；

EV/EBITDA（企业价值/息税摊销折旧前利润）：不包含折旧和摊销，适用于前期投资庞大导致大额折旧摊销从而扭曲盈利的科技类公司，修正了企业折旧对净利润的扭曲，也常用于并购公司的估值。如重资产的云计算、IDC企业，如亚马逊、阿里云等云计算公司和IDC公司等，因为前期投入了大量的具有盈利预期的固定资产，从而产生了大量的折旧摊销，而盈利相对滞后，EV/EBITDA更能反映公司真实估值。

2. P/S（EV/S）估值法、EV/FCF估值法

计算公式：

P/S=股价/营业收入；EV/FCF=企业价值/自由现金流

P/S、EV/S主要适用于业务快速扩张但在一定时期内盈利能力偏弱企业，该类企业营收、现金流先于盈利能力释放，如高科技公司、新能源汽车公司、SaaS公司、电商企业等。该类企业由于前期研发、营销等费用投

入过大，在一段时间内无法实现盈利，但营收和现金流高速增长，因此可用自由现金流 FCF 代替净利润 E，采用 EV/PCF 指标进行估值；如果自由现金流仍为负，也可以用营收代替，采用 P/S 指标进行估值。

对于资本结构与同行业相差较大的公司，为排除杠杆对 P/S 的影响，可用 EV/Sales 指标作为替代。

3. 新能源汽车市场法案例分析

蔚来汽车成立于 2014 年，是一家从事高性能智能电动汽车研发的互联网造车企业。主营业务为设计、联合制造和销售智能互联的中高端纯电动汽车。公司历经 5 轮来自顶尖互联网企业和知名风投机构数十亿美元的融资，于 2018 年 9 月在纽交所上市。

蔚来汽车各发展阶段主流估值方法如下。

初创时期：尚未推出量产车型，可采用 P/研发费用或者实物期权的方法定价。产品尚未市场化，也没有收入利润等有效财务数据，对公司的估值考虑四个因素：潜在市场大小、未来利润率、造车技术实力和创始人团队实力。

成长时期初期：第一款 SUV 车型 ES8 已上市并实现量产，2018 年交付 11348 辆；第二款 SUV 车型 ES6 也已推出并计划于 2019 年 6 月实现批量供货。蔚来汽车定位中高端纯电动汽车，与江淮汽车合作整车代工加快实现量产，公司收入有望快速提升。但是目前公司业务规模仍较小，尚未形成规模效应，由于前期研发、建工厂、建线下体验店、建换电站投入较大，公司一直处于亏损状态。销售收入增长趋势相对稳定，故市场主要采用 P/S 估值法对公司进行估值。

因此，对于新经济企业，特别是未盈利的初创企业来说采用 P/研发费用或 P/Sale 作为估值方法最为合适，但是该方法反映不出企业盈利能力与股权价值之间的关系。

（三）其他专用类评估指标

除上述常见的估值方法外，对于电商平台、云计算、社交平台等公司，还有更多高频的指标用于衡量公司估值情况。

1. **电商平台**

通常盈利模式为根据电商交易额（GrossMechadise Volume，GMV）抽成，因此 Sales 可以用 GMV 来前瞻。其中，GMV＝实际成交金额+取消订单金额+拒收订单金额+退货订单金额。

2. **信息提供商、社交平台、云计算公司**

对这些企业要引入多个新指标进行综合估值，包括 DAU（Daily Active Users，日活跃用户数）、MAU（Monthly Active Users，月活跃用户数）、ARPU（Average Revenue PerUser，每客户月产生收入）、MRR（Monthly Recurring Revenue，月经常性收入）、ARR（Annual Recurring Revenue，年经常性收入）、CAC（Customer Acquiring Costs，单一获客成本）、LTV（Life Time Value，单客户终身价值）、单用户权益价值、Churn（客户流失率）等。可以看出这些指标对高频的收入（包括量、价）以及后续的盈利潜力都有很好的刻画。

第七章

中国上市公司并购重组中定价问题分析

企业的估值和定价既是相互关联，也是相互独立的过程。并购重组交易中，价格的确定是最重要的核心问题，也是交易各方的关注重点。因此本章将定价问题单独拿出来进行讨论。并购重组交易定价首先需要基于目标资产或股权的公允价值，但在目标资产或股权公允价值的基础上定价又会受到多重因素的影响，比如交易的商业驱动因素、交易的特殊背景和情况、交易双方的博弈、议价能力和预期、买方的支付对价形式及成本、交易方案及结构的设计等。并购重组交易的定价工作是复杂的、综合性的工程。

特别是对于上市公司而言，并购重组交易尤其是关联交易的定价，不仅涉及市场定价机制的运作及交易双方的利益分配，还涉及是否损害中小股东利益的问题。随着我国资本市场的不断发展，监管制度和市场机制的日益完善，并购重组的定价机制也越来越成熟和市场化。目前，上市公司并购重组主要交易类型中，要约收购和吸收合并等交易的定价机制已出现了市场化的趋势，对于发行股份购买资产的交易，目前的定价制度设计仍有一定局限。作为我国资产市场目前最为主要的一种交易类型，发行股份购买资产的定价制度需要进一步研究和优化。

理论上，资产评估结果不等于资产交易价格，仅为资产交易价格做出参考。上市公司并购重组中，标的定价并不完全等同于评估结果。根据 2020 年证监会并购重组委审核情况，共有 77 家上市公司通过并购重组委审核，其中共有 69 单并购案例直接以评估结果作为交易定价，占比达到 90%。

在资本市场中，评估结果反映的是在基准日时点对市场、对企业模拟后得出的资产价值水平，该价值水平不等于并购双方实际交易价格，也不能决定并购双方最终的实际交易价格，仅供交易方在决策时对标的企业价值量大小进行参考。交易定价应以资产价值为基础，同时结合具体交易背景，考虑不同因素的影响，比如是否获得控股权、获得的股份是否具有流动性、交易所能产生的协同效应、买方的支付对价形式及成本等，最后经过并购双方一定的谈判和博弈达成价格协议。实务中，实际成交价格的高低在一定程度上取决于并购双方管理层的利益博弈水平。

从相关规定来看，对于拟购买资产的收购价格，《上市公司重大资产重组管理办法》第二十条规定："重大资产重组中相关资产以资产评估结果作为定价依据的，资产评估机构应当按照资产评估相关准则和规范开展执业活动；……相关资产不以资产评估结果作为定价依据的，上市公司应当在重大资产重组报告书中详细分析说明相关资产的估值方法、参数及其他影响估值结果的指标和因素。……上市公司独立董事应当出席董事会会议，对评估机构或者估值机构的独立性、评估或者估值假设前提的合理性和交易定价的公允性发表独立意见，并单独予以披露。"即目前上市公司重大资产重组相关的法规没有明确规定必须通过资产评估确定交易价格。但是，《公司法》第二十七条规定"对作为出资的非货币财产应当评估作价，核实财产……"，以及财政部、工商总局《关于加强以非货币财产出资的评估管理若干问题的通知》（财企〔2009〕46号）规定"以非货币财产出资评估，投资人应当委托依法设立的资产评估机构进行"。对于发行新股购买资产的交易，注入资产均需参考评估值定价。

可以看出，相关规定的本意也是资产评估的评估值并不能直接定价，而是作为定价重要的参考依据，在具体的实务中，交易参与方可根据估值，考虑各种市场因素进行定价，但在监管实务中无论是证监会还是国资委，在大多数情况下仍只接受将评估值直接作为定价值，这导致了市场实务和监管的脱节。

因此为了更好地将估值与定价区分开，本章首先对影响并购重组交易定价的重要考虑因素进行研究，在此基础上，对境内并购重组股份交易现行的定价方式和相关规定进行了详细分析，剖析现行机制的合理性和可能存在的问题，并在此基础上提出进一步的思考和建议。

第一节　并购重组交易定价时的重要考虑因素

定价工作是并购重组交易的核心环节。并购交易价格的确定基于目标资产或股权的公允价值，但在目标资产或股权公允价值的基础上一宗并购交易最终价格的确定又会受多重交易因素的影响，比如是否获得控股权、获得股份是否具有流动性、交易所能产生的协同效应、买方的支付对价形式及成本等。此外，定价也受制于市场本身应有的制衡机制，由供需决定，是交易双方博弈力量的体现。

一、控制权对交易定价的影响

（一）控制权与控制权溢价的概念

总体来看，随着收购目标公司的股份比例的上升，收购方对目标公司日常经营和管理的控制力的逐渐提升，收购方需要支付的溢价也逐步增加，这就是控制权溢价。

所谓控制权是指根据公司法和企业章程中规定的赋予公司出资股东对企业经营管理的权利，也就是企业经营管理的控制权，对于公司具有控制权的股东与没有控制权的小股东相比，大股东具有很多小股东所不具有的权利，根据公司法和公司章程的规定，控制权可能包含不同的含义，但一般控制权包含有以下权力：

（1）任命或改变企业的经营管理层；

（2）任命或改变董事会成员；

（3）确定管理层人员的工资待遇与奖金补贴；

（4）建立企业的经营策略与战略方针及改变企业的经营方向；

（5）收购、租赁或变卖企业的资产，包括厂房土地和设备；

（6）选择供货商、销售商和分销商，并和他们签署合同；

（7）进行兼并与收购的谈判，并完成整个并购工作；

（8）卖出或购进库存股份（公司留存的股份以备做期权或新增投资人）；

（9）在一级或二级证券市场上登记发行公司的股票；

（10）在一级或二级市场上登记发行公司债券；

（11）宣布支付现金或派分红利；

（12）选择合资伙伴，并签署与之建立合资或合伙的关系的协议；

（13）确定生产的产品或提供的服务，并为之定价；

（14）确定产品或服务的地点与市场，确定其进入或退出；

（15）确定开发市场的顾客类型；

（16）签署有关境内或境外知识产权的许可或分享协议；

（17）对于上述个别或所有条款设置障碍。

控制一般分为绝对控制和相对控制。所谓绝对控制，在国内，根据公司法的有关规定是持有公司 50% 以上的股权；相对控制是指虽然没有持有公司 50% 以上的股权，但是由于公司股权设置比较分散或者公司章程中的特殊规定而具有对公司的实际控制权。缺少控制是指没有企业的经营决策权，当然也就没有控制权。

具有控制权的股东一般认为可以获得许多没有控制权的股东所无法获得的额外利益，因此控股权相对于没有控制权存在一个价值差异。

（二）控制权溢价（非控制权折价）的市场分析

近几年，受控股股东资金压力等多重因素影响，涉及上市公司控制权的交易时有发生。此外，主动性要约收购溢价实质上也可理解为控股权溢价的一种体现。从国内目前的情况来看，以收购控股权为目的的要约收购中，被动要约的价格基本均参照要约收购报告书摘要公告前 30 个交易日上市公司股票每日加权平均价格的算术平均值（简称“30 日均价”）制定，而主动要约的价格会在 30 日均价的基础上有所溢价。

表 7-1　2020 年控制权类收购交易溢价统计表

首次披露日	交易标的	交易买方	交易背景	最新进度	签署转让协议前 X 日均价溢价率(%)				
					10 日	20 日	30 日	60 日	120 日
2020-11-26	宝馨科技 5% 股权	江苏捷登	2020 年 11 月 26 日，江苏捷登通过签订《股份转让协议》方式获得陈东所持上市公司 27701714 股无限售流通股，占上市公司股份总数的 5.0000%，转让价格为 7 元/股；陈东及其一致行动人汪敏将其持有的上市公司剩余全部股份 101085894 股（占上市公司股本总额的 18.2454%）的表决权委托给江苏捷登。	完成	79.41	82.67	82.09	66.90	62.67
2020-11-13	美芝股份 29.99% 股权	广东怡建股权投资合伙企业	2020 年 12 月 12 日，公司收到控股股东、实际控制人李苏华、股东上海天识的通知，李苏华、上海天识与广东怡建签署了《股份转让协议》、李苏华与广东怡建签署了《表决权放弃协议》，李苏华、上海天识将其合计持有的公司股份 40580300 股（占公司总股本的 29.99%）以 18.4757 元/股交易价格协议转让给广东怡建，转让价款合计为 749749448.71 元。自上述股份过户至广东怡建名下之日起，李苏华不可撤销地放弃其持有公司 27062562 股股份对应的表决权（占公司总股本的 20.00%）。	完成	-1.15	1.37	2.79	5.50	8.52

续 表

首次披露日	交易标的	交易买方	交易背景	最新进度	签署转让协议前X日均价溢价率(%)				
					10日	20日	30日	60日	120日
2020-11-30	永悦科技17.1141%股权	江苏华英企业管理股份有限公司	2020年11月30日，华英股份与傅文昌、付文英、付水法、陈志山签署了《关于永悦科技股份有限公司之股份转让协议》，受让转让方所持有的上市公司合计47815000股股份，占上市公司总股本的17.1141%，交易价格为12.89元/股；同时，傅文昌放弃其持有上市公司44100000股对应的表决权，占上市公司总股本的15.7845%；付水法放弃其持有上市公司9409000股对应的表决权，占上市公司总股本的3.3677%；付秀珍放弃其持有上市公司10976000股对应的表决权，占上市公司总股本的3.9286%。	完成	60.36	57.43	58.04	59.42	16.23
2020-11-04	鸿博股份8.03%股权	辉熠贸易	2020年11月4日，辉熠贸易与出让方签署本次权益变动的《股份转让协议》，辉熠贸易通过协议转让的方式受让尤丽娟、尤友岳、尤友鸾、尤玉仙、章棉桃持有的上市公司合计40000000股股份，占上市公司总股本的比例为8.03%，交易价格为10元/股。交易后，辉熠贸易及其一致行动人总控股30.36%。	完成	36.48	38.50	39.54	35.05	34.38

续 表

首次披露日	交易标的	交易买方	交易背景	最新进度	签署转让协议前 X 日均价溢价率(%)				
					10 日	20 日	30 日	60 日	120 日
2020-9-29	茂硕电源 11.9% 股权	济南产发融盛股权投资有限公司	2020 年 11 月 25 日，公司控股股东、实际控制人顾永德先生及其一致行动人深圳德旺投资发展有限公司与济南产发融盛股权投资有限公司签署了《股份转让协议》《表决权委托协议》，产发融盛通过协议转让方式受让顾永德直接持有的茂硕电源 7.66% 的股份（数量为 21011887 股）、深圳德旺投资发展有限公司持有的茂硕电源 4.24% 的股份（数量为 11639653 股），总计茂硕电源 11.90% 的股份（数量为 32651540 股），转让价格为 12.38 元/股；顾永德将其持有的茂硕电源 14.6% 股份（数量为 40045302 股）的表决权无条件不可撤销地委托给产发融盛行使。	完成	28.79	30.16	27.93	29.77	27.99
2020-09-11	威帝股份 21.43% 股权	丽水久有基金	哈尔滨威帝电子股份有限公司股东陈振华、陈庆华、刘国平于 2020 年 9 月 15 日与丽水久有股权投资基金合伙企业（有限合伙）签署了《股份转让协议》、《承诺函》及《表决权放弃协议》、《表决权放弃承诺函》，合计转让公司 120445673 股公司股份（占上市公司总股本 21.43%），转让价格为 6.23 元/股；同时转让方陈振华放弃其持有上市公司 26.02% 股份所对应的表决权，陈庆华放弃其持有上市公司 3.42% 股份所对应的表决权。	完成	26.82	24.73	19.87	18.09	15.72

续 表

首次披露日	交易标的	交易买方	交易背景	最新进度	签署转让协议前X日均价溢价率(%)				
					10日	20日	30日	60日	120日
2020-09-11	华瑞股份10.82%股权	梧州市东泰国有资产经营有限公司	2020年9月11日，公司控股股东、实际控制人孙瑞良先生及其夫人张依君女士与梧州东泰签署了《股份转让协议》。孙瑞良先生及张依君女士拟分别向梧州东泰转让18433125股、1038320股公司的股份，合计共占总股本的10.82%，转让价格11.67元/股，转让价款总额为人民币227231763.15元。同时，孙瑞良先生与梧州东泰签署了《股份表决权委托协议》，孙瑞良先生无条件、不可撤销地将其持有的34510555股公司股份（占公司总股本的19.17%）对应的特定股东权利（包括但不限于表决权）授权委托给梧州东泰行使。	完成	8.23	11.16	13.72	13.84	19.20
2020-09-02	金利华电14.02%股权	山西红太阳旅游开发有限公司	2020年9月9日，赵坚先生与山西红太阳旅游开发有限公司签署了《股份转让协议》，赵坚先生通过协议转让方式以19.34元每股的价格转让其持有的本公司股份16401619股（占公司股本总额的14.02%），转让总价款为317207311.46元，并在以上股份过户登记完成的同时以无条件且不可撤销地永久将其剩余所持本公司16401619（占公司股本总额的14.02%）股股份的表决权委托给受让方。	完成	9.76	13.51	15.13	11.94	16.99

续 表

首次披露日	交易标的	交易买方	交易背景	最新进度	签署转让协议前 X 日均价溢价率(%)				
					10 日	20 日	30 日	60 日	120 日
2020-07-27	深冷股份 9.73% 股权	四川交投实业有限公司	2020 年 8 月 1 日，交投实业公司与谢乐敏等 8 名自然人签署股权转让协议，谢乐敏先生及其一致行动人（程源、文向南、黄肃、肖辉和、张建华、崔治祥、唐钦华）将其持有的深冷股份 12133561 股（占上市公司股本总额的 9.73%）转让给四川交投实业有限公司，交易价格为 18.19 元/股；谢乐敏、程源、文向南、崔治祥、张建华与交投实业签署《表决权委托协议》，同意自《表决权委托协议》生效之日起，将其持有的协议转让股份以外剩余的全部 24587262 股（占深冷股份总股本比例为 19.72%）股份的表决权独家、无偿且不可撤销地委托给交投实业行使。	完成	25.11	27.65	30.75	39.53	26.48
2020-07-24	江南化工 15% 股权	浙商银行股份有限公司杭州分行、北方特种能源集团有限公司	安徽江南化工股份有限公司控股股东盾安控股集团有限公司于 2020 年 7 月 31 日与浙商银行股份有限公司杭州分行、北方特种能源集团有限公司共同签署了《股份转让协议》和《表决权委托协议》，公司控股股东盾安控股拟向特能集团转让其合计持有的公司 187347254 股股份（无限售条件），占公司总股本的 15%，股份转让价格为 7 元/股，总价款为 1311430778 元人民币。同时，盾安控股将所持江南化工 187222356 股限售股份（占标的公司总股本 14.99%）所对应的全部表决权委托给特能集团。	完成	1.95	8.66	11.77	18.11	26.54

续 表

首次披露日	交易标的	交易买方	交易背景	最新进度	签署转让协议前 X 日均价溢价率(%)				
					10 日	20 日	30 日	60 日	120 日
2020-07-27	富春环保 19.94% 股权	南昌市国资委	2020 年 7 月 27 日，浙江富春江环保热电股份有限公司接控股股东浙江富春江通信集团有限公司通知，通信集团与南昌水利投资发展有限公司全资子公司水天集团于 2020 年 7 月 27 日签订了《浙江富春江通信集团有限公司与南昌水天投资集团有限公司关于浙江富春江环保热电股份有限公司之股份转让协议》，通信集团拟向水天集团转让所持有的本公司 177242920 股股份，占本公司总股本（含已回购尚未注销的股份）的 19.94%，交易价格为 8.8 元/股。	完成	26.73	31.07	32.90	36.71	39.88
2020-06-19	奇信股份 29.99% 股权	新余市投资控股集团有限公司	2020 年 7 月 25 日，控股股东智大控股及其关联人叶秀冬女士与新余投控于 2020 年 6 月 20 日签署了《股份转让框架协议》，按照 16.21 元/股的转让价格，合计转让其持有的公司股份 67477500 股，占公司总股本的 29.99%。智大控股后续与新余投控签署《表决权放弃协议》，将不可撤销、不可变更地放弃其未转让的剩余公司股份 31749049 股（占公司总股本的 14.11%）对应的表决权。	完成	14.74	14.23	15.04	11.86	9.45

续 表

首次披露日	交易标的	交易买方	交易背景	最新进度	签署转让协议前X日均价溢价率(%)				
					10日	20日	30日	60日	120日
2020-06-12	德宏股份29.99%股权	宁波市镇海投资有限公司	2020年6月18日，张元园与宁波市镇海投资有限公司签订《股份转让协议》，张元园向宁波市镇海投资有限公司转让标的公司78780000股的股份，占总股本29.99%，交易价格为13.8元/股。	完成	32.98	32.98	25.97	26.37	12.72
2020-06-10	万马股份25.01%股权	青岛西海岸新区海洋控股集团有限公司	2020年6月10日，智能科技集团、实际控制人张德生及其一致行动人陆珍玉通知，智能科技集团、张德生、陆珍玉于2020年6月10日与海控集团签署了《关于万马股份转让框架协议》，拟向海控集团转让其持有的公司股份258975823股（占公司总股本的25.01%），转让价格为9.17元/股。	完成	21.71	23.65	23.48	10.12	5.26
2020-06-17	孚日股份18.72%股权	高密华荣实业发展有限公司	2020年6月17日，孚日控股拟将其持有孚日股份170000000股股份协议转让给华荣实业，占公司总股本18.72%，本次交易的收购单价为7.5元/股。	完成	42.43	45.66	42.08	26.63	21.14
2020-04-28	阳光股份29.12%股权	京基集团有限公司	2020年4月28日，京基集团和Eternal Prosperity Development Pte. Ltd签署《股份转让协议》，京基集团通过受让Eternal Prosperity Development Pte. Ltd持有21840万股阳光股份的股份，占阳光股份股本比例为29.12%，本次交易价格为6.6元/股。	完成	17.70	20.61	22.37	26.53	28.36

续　表

首次披露日	交易标的	交易买方	交易背景	最新进度	签署转让协议前X日均价溢价率(%)				
					10日	20日	30日	60日	120日
2020-04-03	康恩贝20%股权	浙江省中医药健康产业集团有限公司	康恩贝集团公司与浙江省国际贸易集团有限公司全资子公司浙江省中医药健康产业集团有限公司于2020年5月28日签订了《康恩贝集团有限公司与浙江省中医药健康产业集团有限公司关于浙江康恩贝制药股份有限公司之股份转让协议》，康恩贝集团公司拟向省中医药健康产业集团转让所持有的本公司533464040股股份，占本公司总股本的20%，每股转让价格为6.19元。	完成	13.40	12.15	7.34	0.47	-3.94
2020-03-26	合康新能18.73%股权	广东美的暖通设备	北京合康新能科技股份有限公司控股股东上海上丰集团有限公司、股东刘锦成先生于2020年3月25日通过协议转让方式将持有的合计208685418股（约占公司总股本18.73%）公司股份转让给广东美的暖通设备有限公司，交易价格为3.558元/股。同时，上丰集团及叶进吾将合计55747255股股份（约占总股本5%）的表决权委托给美的暖通，委托期限为自交割日起18个月。	完成	13.38	16.79	19.49	24.22	27.70

续 表

首次披露日	交易标的	交易买方	交易背景	最新进度	签署转让协议前X日均价溢价率(%)				
					10日	20日	30日	60日	120日
2020-03-13	节能国祯14.39%股权	中国节能环保集团有限公司	安徽国祯集团股份有限公司与中国节能环保集团有限公司于2020年3月13日签署了《股份转让协议》。转让方国祯集团拟将其持有的国祯环保100588051股股份（占总股本14.39%）以协议转让方式转让给受让方；受让方同意根据股份协议的条款和条件受让标的股份，转让价格为人民币14.6636元/股。同时转让方国祯集团无条件和不可撤销的将其持有的国祯环保41977700股股份（占总股本6.26%）所对应的表决权委托给受让方行使。	完成	2.71	6.22	10.06	12.51	15.41
2020-04-02	至正股份27%股权	深圳市正信同创投资发展有限公司	2020年4月2日，至正集团与正信同创签署了《股份转让协议》，至正集团以协议转让方式将其持有的公司股票20124450股（占公司总股本的27.00%）以人民币31.86元/股的价格转让给正信同创。	完成	57.58	53.16	56.57	61.74	66.27

续 表

首次披露日	交易标的	交易买方	交易背景	最新进度	签署转让协议前X日均价溢价率(%)				
					10日	20日	30日	60日	120日
2020-03-04	音飞储存29.99%股权	景德镇陶瓷文化旅游发展有限责任公司	盛和投资及上海北项于2020年4月22日与陶文旅集团签署了《股份转让协议》，盛和投资和金跃跃于2020年4月22日签署了《表决权放弃承诺函》，盛和投资通过协议转让方式，将其持有的上市公司62055800股股份（约占上市公司总股本的20.64%）转让给陶文旅集团，上海北项通过协议转让方式，将其持有的上市公司28125000股股份（约占上市公司总股本的9.35%）转让给陶文旅集团，即盛和投资及上海北项合计转让上市公司90180800股股份（约占上市公司总股本的29.99%）给陶文旅集团，转让均价为13.74元/股；盛和投资将放弃其持有的上市公司25615805股份（占上市公司股本总额的8.52%）对应的表决权。	完成	48.83	54.38	56.94	60.90	66.59
2020-02-10	镇海股份11.48%股权	宁波舜通集团有限公司	2020年2月10日限售股解禁后签署正式《股份转让协议》，赵立渭、范其海、范晓梅、翁巍等97名自然人拟将其合法持有的19993218股上市公司股份（占上市公司股本总额的11.48%）通过协议转让方式转让给舜通集团，交易价格为20.387元/股。	完成	33.73	33.44	33.27	32.57	28.28

续 表

首次披露日	交易标的	交易买方	交易背景	最新进度	签署转让协议前X日均价溢价率(%)				
					10日	20日	30日	60日	120日
2019-12-27	康跃科技29.9%股权	盛世丰华	2020年1月6日，康跃投资与深圳市盛世丰华企业管理有限公司签署《股份转让协议》，康跃投资将向盛世丰华转让其持有的康跃科技104750500股无限售条件普通股股份（占上市公司股份总数的29.90%），本次股份转让的转让价格为8.8486元/股，转让价款共计人民币926900000元。	完成	30.43	35.69	38.18	41.49	39.86
2019-12-31	中航三鑫27.12%股权	海南省发展控股有限公司	2019年12月31日，航空工业通飞、贵航集团、深圳贵航与海南控股签署《股份转让协议》，约定航空工业通飞、贵航集团、深圳贵航将其合计持有的中航三鑫217934203股（占总股本27.12%）以非公开协议转让的方式转让给海南控股，转让的价格为5.88元/股。	完成	10.85	14.73	17.97	20.27	21.97
2020-04-10	ST罗普斯金29.84%股权	苏州中恒	2020年4月12日罗普斯金控股与受让方苏州中恒投资有限公司签署《股份转让协议》转让150000000股，占公司股本总额的29.84%，转让价格为每股8元，转让价款1200000000元；另外于2020年4月14日通过非公开发行股票方式向苏州中恒投资有限公司定向增发股票150000000股，价格为每股3.37元，总价为505500000元。	完成	7.84	9.38	10.47	12.33	14.03

续 表

首次披露日	交易标的	交易买方	交易背景	最新进度	签署转让协议前X日均价溢价率(%)				
					10日	20日	30日	60日	120日
2020-04-10	海伦哲5%股权	中天泽控股集团有限公司	2020年4月12日，机电研究所通过《股份转让协议》将所持52046076股股份转让给中天泽集团，转让价格为每股3.84元；2020年4月13日，海伦哲与中航智能装备基金签署《附条件生效的股份认购协议》，非公开发行股票115000000股，每股发行价格为2.92元；2020年4月13日，机电研究所、丁剑平与中天泽集团签署《表决权委托协议》，机电研究所将其所持162822339股股份（占海伦哲总股本的15.64%）对应的表决权委托给中天泽集团行使；丁剑平拟将所持45221322股股份（占海伦哲总股本的4.34%）对应的表决权委托给中天泽集团行使；2020年4月17日，上述三方签署了《表决权委托协议之补充协议》。	完成	31.79	35.36	31.86	30.86	27.92
2020-01-17	凤形股份8%股权	泰豪集团有限公司	2020年1月19日，陈晓、陈功林、陈静通过签订《股份转让协议书》向泰豪集团协议转让其持有的凤形股份7036587股人民币普通股股份，占上市公司总股本的8.00%，转让的价格为人民币28.02元/股。	完成	43.46	47.44	49.39	53.19	54.62
平均值					26.89	28.99	29.45	29.15	27.05

二、股份流动性对交易定价的影响

对于标的的流动性问题，我们在估值时已经充分说明了对流动性的考虑，但是在定价方面，对于流动性的考虑还不够。《上市公司重大资产重组管理办法》及相关的减持规定，对于股份限售、减持等股份流动性做了一定的限制，此规定是为了上市公司收购后控股权的稳定，避免控股权变动过于频繁导致对上市公司经营有负面影响，从而保护公众投资者的利益。因此在股份定价时也应该考虑股份流动性问题带来的影响。

（一）流通受限股票的估值

《上市公司重大资产重组管理办法》规定：

“特定对象以资产认购而取得的上市公司股份，自股份发行结束之日起12个月内不得转让；属于下列情形之一的，36个月内不得转让：①特定对象为上市公司控股股东、实际控制人或者其控制的关联人；②特定对象通过认购本次发行的股份取得上市公司的实际控制权；③特定对象取得本次发行的股份时，对其用于认购股份的资产持续拥有权益的时间不足12个月。

“属于本办法第十三条第一款规定的交易情形的，上市公司原控股股东、原实际控制人及其控制的关联人，以及在交易过程中从该等主体直接或间接受让该上市公司股份的特定对象应当公开承诺，在本次交易完成后36个月内不转让其在该上市公司中拥有权益的股份；除收购人及其关联人以外的特定对象应当公开承诺，其以资产认购而取得的上市公司股份自股份发行结束之日起24个月内不得转让。”

《上市公司股东、董监高减持股份的若干规定》（2017年5月26日）规定：

“上市公司控股股东和持股5%以上股东（以下统称大股东）、董监高减持股份，以及股东减持其持有的公司首次公开发行前发行的股份、上市公司非公开发行的股份，适用本规定。大股东减持其通过证券交易所集中竞价交易买入的上市公司股份，不适用本规定。

“上市公司大股东在3个月内通过证券交易所集中竞价交易减持股份的总数，不得超过公司股份总数的1%。股东通过证券交易所集中竞价交易减持其持有的公司首次公开发行前发行的股份、上市公司非公开发行的股份，应当符合前款规定的比例限制。股东持有上市公司非公开发行的股份，在股份限售期届满后12个月内通过集中竞价交易减持的数量，还应当符合证券交易所规定的比例限制。适用前三款规定时，上市公司大股东与其一致行动人所持有的股份应当合并计算。

“通过协议转让方式减持股份并导致股份出让方不再具有上市公司大股东身份的，股份出让方、受让方应当在减持后6个月内继续遵守本规定第八条、第九条第一款的规定。股东通过协议转让方式减持其持有的公司首次公开发行前发行的股份、上市公司非公开发行的股份，股份出让方、受让方应当在减持后6个月内继续遵守本规定第九条第二款的规定。”

根据上述规定，上市公司在发行股份购买资产过程中发行的股票都有一定的限售期，特别是对于通过换股取得5%以上股份的交易对方原股东而言，所拥有的股票流通存在较大限制。上述规定一定程度上有利于遏制突击入股、忽悠式重组等情况，保障上市公司股权架构的稳定性，但对于作为支付手段的股票，其实际价值与当前时点的市价存在流动性折扣的差异。

2017年9月初，中国基金业协会发布了《证券投资基金流动受限股票估值指引（试行）》，引入了亚式期权计算缺乏流动性折扣。

亚式平均期权是指回报由在期权到期日之前某一特定时间段内标的资产的均价与执行价格共同确定的期权，又称为均价期权。该模型在到期日确定期权收益时，不是采用标的资产的市场价格，而是用期权合同期内某段时间标的资产价格的平均值，这段时间被称为平均期。具体公式如下：

$$FV=S\times(1-LoMD)$$

式中：

FV：估值日该流通受限股票的价值；

S：估值日在证券交易所上市交易的同一股票的公允价值；

LoMD：该流通受限股票剩余限售期对应的流动性折扣。

$$LoMD=P/S,\ LoMD=e^{-qT}\left[N\left(\frac{v\sqrt{T}}{2}\right)-N\left(-\frac{v\sqrt{T}}{2}\right)\right]$$

式中：

P：期权价值；

S：估值日在证券交易所上市交易的同一股票的公允价值；

T：剩余限售期，以年为单位表示；

σ：股票在剩余限售期内的股价的预期年化波动率；

q：股票预期年化股利收益率；

N：标准正态分布的累积分布函数。

与标准的AAP模型相比，该模型是亚市平均期权的简化版，模型中未采用无风险报酬率这个因素。考虑到我国股票的股利分配率较低，采用该模型较为合适。在对价格进行平均时，采用算术平均或几何平均，相应的亚式期权可以分为两种，一种是算术平均亚式期权，一种是几何平均亚式期权，其中以算术型的亚式期权最为常见。

（三）大宗交易折扣

在市场经济中的商品交易活动中都有一个规律，那就是购买的商品量大，商品的单价就会相对较低，也就是大宗交易的单价与一般交易的单价相比存在一个折扣，这个折扣就被称为大宗交易折扣。在股票交易中也存在所谓大宗交易折扣的问题，例如对于同样的股票在股票交易所交易的价格与在大宗交易市场上交易的价格就存在差异，这种差异就是由于股票交易所交易的股票量相对较小，一般多以几千股、几万股为单位进行交易，而大宗交易市场上交易的股票可能会是数千万股或上亿股，这个交易数量上的差异就会引起交易单价的差异。

大宗交易价值实际是在流动性少数股权价值下面增加的一个新状态，一般而言，股权大宗交易都是针对流动股票的，但并不在场内完成交易。

所谓股票大宗交易就是指企业股票交易时，由于一次性交易的数量规模较大，因此会造成有能力的市场参与人员减少，对交易股票的单位交易价格与规模较小的股票单位交易价格相比产生一个减值，用来表述这种减值的折扣就称为股票大宗交易折扣。

从理论上说这里定义的大宗交易中的股权规模越大，折扣率就应该越高；股票规模相对较小，则这个折扣就应该相对较少，但必须要明确两个标准：①该宗交易的股票的数量仍然是缺少控制的或者说是代表少数股权的股票，没有达到控制状态数量的股票；②股票的价值类型属于市场价值类型，不包括对投票权产生作用的摇摆股票（Swing Stock）。所谓摇摆股票，我们以一个案例说明：假设一个公司有三个股东，其中两个股东各持有 49% 的股票，第三个股东持有 2% 的股票，当这 2% 的股票转让给上述两个股东的任一个，都会使得其拥有控制权，因此这 2% 的股权对于上述两个股东而言就是摇摆股票，也就是说当考虑上述 2% 的股票转让给上述两个 49% 股票持有者的股东的价值应该是投资价值，不是市场价值。当评估上述这种投资价值时一般不应考虑大宗交易折扣。

参照交易所交易规则，A 股单笔买卖申报数量在 30 万股（含）以上，或交易金额在 200 万元（含）人民币以上可进行大宗交易。

在上述定义下，我们收集了 2020 年国内大宗交易市场的交易案例 27826 个，剔除掉可能获取控制权的摇摆股票案例后共有交易案例 22031

个，以大宗交易成交单价除以大宗交易日同一公司流动股均价，得到交易均价占流动股均价的比例，按行业分类得到的大宗交易折扣数据如表7-2。

表7-2　分大宗交易折扣率汇总表（按行业）

序号	行业	数量	大宗交易折扣率最大值（%）	大宗交易折扣率最小值（%）	大宗交易折扣率平均值（%）
1	计算机、通信和其他电子设备制造业	3362	-28.13	-0.01	-8.63
2	软件和信息技术服务业	2364	-33.30	-0.05	-9.40
3	医药制造业	1840	-26.35	-0.03	-7.79
4	专用设备制造业	1297	-28.28	-0.03	-8.91
5	化学原料和化学制品制造业	1174	-24.75	-0.06	-8.18
6	互联网和相关服务	1170	-22.41	-0.27	-9.05
7	电气机械和器材制造业	1021	-32.56	-0.00	-8.53
8	食品制造业	581	-17.87	-0.07	-8.45
9	通用设备制造业	560	-25.53	-0.16	-8.68
10	有色金属冶炼和压延加工业	445	-24.35	-0.09	-10.87
11	非金属矿物制品业	419	-26.31	-0.05	-5.60
12	橡胶和塑料制品业	400	-26.83	-0.16	-9.66
13	零售业	390	-19.07	-0.20	-7.15
14	酒、饮料和精制茶制造业	358	-16.80	-0.00	-4.89
15	汽车制造业	344	-24.30	-0.14	-9.01
16	邮政业	342	-17.31	-1.57	-8.33
17	货币金融服务	339	-18.30	-0.06	-7.71
18	农副食品加工业	318	-18.18	-0.09	-8.87
19	房地产业	291	-18.11	-0.03	-5.58
20	畜牧业	290	-23.67	-0.05	-10.30
21	化学纤维制造业	280	-24.60	-0.31	-9.91
22	仪器仪表制造业	277	-24.01	-0.05	-8.49
23	黑色金属冶炼和压延加工业	264	-17.43	-0.40	-5.67

续 表

序号	行 业	数量	大宗交易折扣率最大值（%）	大宗交易折扣率最小值（%）	大宗交易折扣率平均值（%）
24	专业技术服务业	251	-24.03	-0.55	-9.60
25	铁路、船舶、航空航天和其他运输设备制造业	249	-24.49	-0.17	-10.96
26	商务服务业	231	-25.71	-0.15	-9.06
27	生态保护和环境治理业	206	-18.21	-0.27	-7.18
28	金属制品业	190	-19.10	-0.16	-8.43
29	卫生	189	-18.21	-0.80	-6.37
30	土木工程建筑业	186	-24.93	-0.19	-6.39
31	研究和试验发展	185	-14.81	-0.30	-5.40
32	资本市场服务	180	-23.40	-0.09	-8.44
33	文教、工美、体育和娱乐用品制造业	156	-22.25	-0.55	-8.80
34	批发业	140	-18.17	-0.06	-8.92
35	纺织服装、服饰业	131	-18.20	-0.26	-7.47
36	造纸和纸制品业	128	-17.44	-0.87	-8.02
37	文化艺术业	106	-14.56	-0.06	-7.19
38	有色金属矿采选业	100	-18.17	-0.07	-9.06
39	家具制造业	92	-19.48	-1.50	-5.93
40	保险业	90	-13.87	-0.05	-4.83
41	电力、热力生产和供应业	88	-14.64	-0.05	-6.65
42	黑色金属矿采选业	82	-18.17	-1.09	-10.10
43	其他制造业	79	-18.21	-0.63	-8.34
44	石油加工、炼焦和核燃料加工业	64	-12.52	-0.29	-6.32
45	电信、广播电视和卫星传输服务	63	-15.52	-0.20	-9.51
46	纺织业	61	-20.22	-0.10	-4.10
47	印刷和记录媒介复制业	58	-13.74	-1.39	-9.97

续表

序号	行业	数量	大宗交易折扣率最大值（%）	大宗交易折扣率最小值（%）	大宗交易折扣率平均值（%）
48	开采辅助活动	57	-15.57	-0.35	-5.08
49	广播、电视、电影和影视录音制作业	49	-20.30	-1.43	-8.82
50	建筑装饰和其他建筑业	49	-18.01	-0.17	-7.23
51	燃气生产和供应业	48	-15.18	-0.23	-10.79
52	其他金融业	46	-15.98	-0.71	-6.73
53	教育	28	-18.66	-2.89	-10.37
54	装卸搬运和运输代理业	28	-18.25	-5.11	-10.78
55	石油和天然气开采业	27	-25.40	-0.15	-5.90
56	租赁业	23	-12.80	-0.16	-6.20
57	林业	22	-4.38	-1.97	-3.54
58	航空运输业	21	-15.84	-0.25	-6.99
59	皮革、毛皮、羽毛及其制品和制鞋业	21	-22.23	-1.23	-11.74
60	道路运输业	20	-13.20	-1.60	-7.92
61	农业	19	-11.97	-0.33	-6.52
62	水上运输业	19	-18.37	-0.16	-6.10
63	体育	18	-14.93	-2.91	-7.10
64	综合	16	-10.24	-1.97	-3.66
65	废弃资源综合利用业	15	-12.64	-0.03	-9.89
66	住宿业	15	-7.96	-1.75	-6.19
67	新闻和出版业	12	-10.60	-0.09	-4.81
68	煤炭开采和洗选业	11	-10.14	-1.92	-3.86
69	水的生产和供应业	10	-11.05	-5.66	-8.92
70	铁路运输业	6	-0.56	-0.56	-0.56
71	餐饮业	4	-6.43	-0.72	-3.75
72	木材加工和木、竹、藤、棕、草制品业	4	-1.47	-0.38	-0.92

续 表

序号	行 业	数量	大宗交易折扣率最大值（%）	大宗交易折扣率最小值（%）	大宗交易折扣率平均值（%）
73	公共设施管理业	3	-4.94	-4.94	-4.94
74	渔业	3	-5.95	-2.95	-4.39
75	仓储业	2	-14.04	-9.26	-11.65
76	科技推广和应用服务业	2	-5.19	-4.66	-4.93
77	农、林、牧、渔服务业	2	-3.01	-1.96	-2.49
78	合计/平均值	22031	-17.56	-0.91	-7.40
79	合计/中位值	22031	-18.17	-0.25	-7.79

由上表我们可以得到77个证监会行业分类的各类大宗交易折扣，涉及大宗交易数量最多的行业为计算机、通信和其他电子设备制造业3362个，最少的为仓储业，科技推广和应用服务业以及农、林、牧、渔服务业各2个。大宗折扣平均值最大的为皮革、毛皮、羽毛及其制品和制鞋业的11.74%，最小为铁路运输业的0.56%，总体区间为0.56%~11.74%，平均值为7.40%，中位值为7.79%。

我们进一步分析了大宗交易折扣与大宗交易额之间的关系，发现随着交易额的增加，大宗交易折扣并未呈现明显的线性关系，表7-3是大宗交易额与折扣率之间的数据关系统计表。

表7-3 大宗交易折扣率汇总表（按交易额）

序号	分组（万元）	数量	大宗交易折扣率（%）（当日流通价计算）
1	0~5000	19509	8.56
2	5000~10000	891	7.17
3	10000~20000	619	7.06
4	20000~30000	133	7.58
5	30000以上	144	7.25

大宗交易折扣实质上也可以认为是一种缺乏流动性的折扣，只是目前我们仅将其实际应用到大宗股票交易的情况下，对于一般非上市公司的股权转让，通常不考虑大宗交易折扣问题。

三、协同效应对交易定价的影响

并购中的各种商业因素也会对交易定价产生影响，例如协同效应就是一个重要的影响因素。并购后企业通过提高管理效率、发挥规模经济、优化资源配置等方式使企业在树立形象、文化渗透、盈利增长、资源优化等各方面取得的可量化及不可量化益处的总和，就是企业通过并购获得的协同效应。在交易定价过程中，分析企业通过并购目标公司所能获得的协同效应，再以此为依据为企业的并购溢价提供参考，如果并购后能享受的协同效应越高，则能支撑的报价水平越高，交易定价的灵活性越大。

从协同效应的来源来看，横向并购往往能够扩大并购方的市场份额，提升其行业地位与议价能力，从而促进收入增长；纵向并购往往能够使企业将外部成本内部化，降低经营风险和营业成本。此外，通过并购，还能够避免重复建设，快速实现业务扩张，节省资本支出。通过结合项目具体情况对上述因素进行分析，能够获得对协同效应价值范围的基本认识，从而为企业在并购交易中的报价及谈判策略提供有效的参考。

《公开发行证券的公司信息披露内容与格式准则第 26 号——上市公司重大资产重组（2018 年修订）》规定："上市公司董事会应当对本次交易标的评估或估值的合理性以及定价的公允性做出分析。包括但不限于：……分析说明交易标的与上市公司现有业务是否存在显著可量化的协同效应；如有，说明对未来上市公司业绩的影响；交易定价中是否考虑了上述协同效应。"

例如，在恒泰实达收购辽宁邮电、兆易创新收购北京矽成等交易的定价过程中，上市公司除参考标的资产自身的市场价值外，着重考虑了协同效应的所带来的经济效益，根据“市场价值+协同效应量化后的经济效益价值”的结果双方商定最终以标的公司的市场价值和市场价值与协同效应经济效益累加后的价值的区间值定价。

四、支付方式对交易定价的影响

在并购重组交易中，不同的支付方式也会影响收购价格的确定。除了本章重点论述的股票以及交易中通常可选择的现金外，还存在多种支付方式。

《上市公司重大资产重组管理办法》规定：“上市公司可以向特定对象发行可转换为股票的公司债券、定向权证、存托凭证等用于购买资产或者与其他公司合并。”

2020 年 9 月 4 日神马实业股份有限公司关于发行股份、可转换公司债券购买资产并募集配套资金暨关联交易事项获得中国证监会核准批复。本次交易中，上市公司拟通过发行股份和可转换公司债券方式购买公司控股股东中国平煤神马集团持有的尼龙化工公司 84870. 00 万股股权，占尼龙化工公司总股本的 37. 72%。

经交易各方协商，最终的交易价格确定为 208617. 35 万元，其中：以发行股份方式向交易对方支付的交易对价为 166893. 88 万元，占交易价格的 80%；以发行可转换公司债券方式向交易对方支付的交易对价为 41723. 47 万元，占交易价格的 20%。

本次购买资产发行股份的定价基准日为上市公司第十届董事会第十二次会议决议公告日，发行价格为 6. 58 元/股，不低于定价基准日前 20 个交易日股票交易均价的 90%，发行数量为 253638111 股。上市公司于 2020 年

7月22日公告实施2019年年度权益分派实施方案，每股现金红利0.22元，除息日为2020年7月29日。本次购买资产发行股份的发行价格由原6.58元/股调整为6.36元/股，本次购买资产发行股份的发行数量为262411757股。

本次购买资产发行可转换公司债券的初始转股价格参照本次购买资产所发行股份的标准定价，即6.36元/股，按照初始转股价格全部转股后的股份数量为65602940股。

在以现金作为对价的情况下，收购方在溢价水平和收购价格上的灵活度相对较低。在以股份、可转债等作为对价的情况下，如收购方自身股价和估值水平较高，收购方往往在收购价格上灵活性更大，愿意接受更高的溢价水平和收购对价。

从目标公司及出售方的角度来看，不同的收购对价支付方式组合对目标方的吸引力也不同。若出售方希望获得现金退出的情况下，全现金对价或现金占比较高的对价组合，将具有较大的吸引力；若交易双方股东愿意一同承担交易风险与回报，并看好收购后公司的发展前景，则全换股对价或换股占比较高的对价组合往往成为选择。目标公司股东对于对价方式的偏好程度也会影响双方在交易中的议价能力。

五、业绩补偿对交易定价的影响

《上市公司重大资产重组管理办法》规定：

“采取收益现值法、假设开发法等基于未来收益预期的方法对拟购买资产进行评估或者估值并作为定价参考依据的，上市公司应当在重大资产重组实施完毕后3年内的年度报告中单独披露相关资产的实际盈利数与利润预测数的差异情况，并由会计师事务所对此出具专项审核意见；交易对方应当与上市公司就相关资产实际盈利数不足利润预测数的情况签订明确可行的补偿协议。

“预计本次重大资产重组将摊薄上市公司当年每股收益的，上市公司应当提出填补每股收益的具体措施，并将相关议案提交董事会和股东大会进行表决。负责落实该等具体措施的相关责任主体应当公开承诺，保证切实履行其义务和责任。

“上市公司向控股股东、实际控制人或者其控制的关联人之外的特定对象购买资产且未导致控制权发生变更的，不适用本条前二款规定，上市公司与交易对方可以根据市场化原则，自主协商是否采取业绩补偿和每股收益填补措施及相关具体安排。”

根据规定，基于未来收益预期的方法对拟购买资产进行评估或者估值并作为定价参考依据的关联交易或导致控制权发生变更的重组上市交易，交易双方均须签订业绩补偿协议。其他市场化交易对此无明确规定，但在实务中，上市公司为降低交易风险，并保障中小股东利益，大多仍会与交易对方签订业绩补偿协议。上述业绩补偿义务通常由标的资产主要股东承担，部分财务投资人并不参与。同时，对于参与业绩补偿的股东而言，为保证业绩补偿的可行性，还会附以股份锁定或现金分期支付等条款，一定程度上降低了所获对价的流动性。

例如，盈方微电子股份有限公司现金购买华信科、World Style 51% 股权。盈方微电子股份有限公司为提升上市公司盈利能力，推动公司恢复上市，盈方微电子拟采用支付现金的方式购买春兴精工、上海瑞嗔分别持有的华信科 45.33% 股权、5.67% 股权；交易完成后，上市公司分别持有华信科、World Style 51% 股权，华信科、World Style 成为上市公司控股子公司。如本次拟购买标的公司触发业绩补偿条款，春兴精工及上海钧兴履行业绩补偿金额的总额不超过 29920.00 万元，上海瑞嗔及徐非承担业绩补偿金额的剩余补偿责任。如业绩补偿期间届满时，拟购买标的资产发生资产减值的，上海瑞嗔及徐非还应承担额外补偿义务。

由于本次拟购买资产交易对方承担业绩承诺的责任义务不同，因此，根据差异化定价，上市公司拟购买标的公司51%股权的交易价格为60066.67万元，其中：拟购买春兴精工及上海钧兴持有的标的公司45.33%股权交易对价为52133.33万元；拟购买上海瑞嗔持有的标的公司5.67%股权交易对价为7933.33万元。具体情况如表7-4所示。

表7-4 股权交易对价

金额单位：万元

序号	股东名称	转让股权比例（%）	获得对价（A）	对应的评估值（B）	获得对价与评估值的差异（A-B）	溢价率（A-B）/B（%）
1	春兴精工及上海钧兴	45.33	52133.33	53272.72	-1139.39	-2.14
2	上海瑞嗔	5.67	7933.33	6663.50	1269.84	19.06
合计		51.00	60066.67	59936.22	130.45	0.22

可以看出，在实际交易中，标的资产的股东会基于承担业绩补偿义务或承担业绩承诺义务的不同在各股东之间采取差异化定价的方式。当交易标的股东将承担额外补偿义务，会有一定的溢价。

第二节 境内并购重组交易现行股权定价方式和相关规定适用性分析

在并购重组交易的定价过程中，有很多因素对定价产生影响，此节我们主要讨论并购重组交易股权的定价方式和相关规定的适用性。当前涉及股权定价的主要有三个方面：一是发行股份购买资产；二是要约收购；三是上市公司吸收合并。不同的经济行为，所适用的定价方式不同，同时，有明确的相关规定将定价“框”了起来。尽管监管的“框”在不断地一点一点放宽，但是活跃的市场希望能够实现更自由的交易。

一、发行股份购买资产

（一）上市公司发行股份购买资产交易

在股权分置改革以前，上市公司的重组主要采用资产置换、现金收购或出售资产等形式。2006 年，随着相关政策逐步完善，上市公司逐渐开始采用发行股份购买资产的交易方式。近年来，此方式已被广泛应用于上市公司的重组交易。在发行股份购买资产交易中，涉及交易定价的主要包括两大部分：其一是拟购买资产的收购价格；其二是上市公司发行股份的发行价格。对拟购买资产的收购价格本书的前几章有很多讨论，本节讨论上市公司发行股份价格的相关问题。

对于上市公司新增股份的发行价格，目前的相关法规中有明确的规定和指导。按照自 2008 年 5 月 18 日起施行的《上市公司重大资产重组管理办法》（证监会令第 53 号）第四十二条规定，“上市公司发行股份的价格不得低于本次发行股份购买资产的董事会决议公告日前 20 个交易日公司股票交易均价”。在实际操作中，上市公司往往将有关发行股份购买资产的董事会决议公告日前 20 个交易日的均价作为发行价格。

2014 年 11 月 23 日起施行的《上市公司重大资产重组管理办法》（证监会第 109 号），对上述规定进行了较大修改完善：“上市公司发行股份的价格不得低于市场参考价的 90%。市场参考价为本次发行股份购买资产的董事会决议公告日前 20 个交易日、60 个交易日或者 120 个交易日的公司股票交易均价之一。本次发行股份购买资产的董事会决议应当说明市场参考价的选择依据。前款所称交易均价的计算公式为：董事会决议公告日前若干个交易日公司股票交易均价=决议公告日前若干个交易日公司股票交易总额/决议公告日前若干个交易日公司股票交易总量。本次发行股份购买资产的董事会决议可以明确，在中国证监会核准前，上市公司的股票价格相比最初确定的发行价格发生重大变化的，董事会可以按照已经设定的调整方案对发行价格进行一次调整。”

此外，《科创板上市公司重大资产重组特别规定》及《创业板上市公司持续监管办法（试行)》中规定：“科创公司发行股份的价格不得低于市场参考价的80%。市场参考价为本次发行股份购买资产的董事会决议公告日前20个交易日、60个交易日或者120个交易日的公司股票交易均价之一。”相对而言，科创板的定价灵活性略大。

（二）破产重整公司发行股份定价问题的有关规定

2008年11月11日，中国证监会发布了《关于破产重整上市公司重大资产重组股份发行定价的补充规定》，就破产重整上市公司重大资产重组股份发行定价问题，对《上市公司重大资产重组管理办法》作出如下补充规定：“上市公司破产重整，涉及公司重大资产重组拟发行股份购买资产的，其发行股份价格由相关各方协商确定后，提交股东大会作出决议，决议须经出席会议的股东所持表决权的2/3以上通过，且经出席会议的社会公众股东所持表决权的2/3以上通过。关联股东应当回避表决。”

当时考虑到进行破产重整的上市公司多数已连续亏损或资不抵债，而公司债权债务关系和股权结构等基本面已在重整过程中发生了翻天覆地的变化，且相关个股多数已进入长停牌，期间资本市场环境、公司内在价值可能发生了巨大变化，如果坚持按停牌前二级市场上的价格定价，整个重组方案将缺乏灵活性，股价失真，不利于平衡各方面利益而促进重整的顺利进行，也不利于保护中小股东利益。因而，补充规定给予了破产重整交易在定价方面更大的灵活性。

在提高定价灵活性的同时，补充规定在表决通过机制上要求获得2/3以上的社会公众股股东同意。这在相当程度上保证了中小流通股股东的话语权，能较好平衡破产重整参与各方利益，避免潜在的利益输送；关联股东回避表决的要求也体现了公平公正、保护流通股东利益的原则。因此，上市公司进入破产程序以后，在强调保护债权人利益的同时，中小股东的利益也会得到重视和保护，债权人、中小股东及其他重组参与方的利益将得以均衡和相互制约。

以ST华源破产重整为例。华源股份（600094. SH）主营业务原为化工产品的生产销售，2005—2007年三年间连续亏损，根据上交所《上市规则》有关规定，自2008年5月19日起暂停上市。由于资不抵债，债权人提出破产重整。2008年12月起，华源股份启动重整计划。重整之后，为使公司重获持续经营能力，并恢复上市，华源股份于2009年10月11日公告进行重大资产重组，并于2009年12月有条件通过证监会重组委审核，2010年1月获得证监会批文。

根据华源股份提出的重组方案，华源股份向东福实业、锦昌贸易、三嘉制冷和创元贸易四家第三方公司以2.23元/股的价格发行10.4亿股股份，购买其合计持有的名城地产70%股权，该等资产评估值为23.2亿元。交易完成后，华源股份的主营业务将从化工产品的生产销售转变为房地产行业。

在破产重整停牌前，华源股份的20日、90日、180日均价分别达到4.09元、6.19元、5.97元。本次华源股份破产重整依据证监会《关于破产重整上市公司重大资产重组股份发行定价的补充规定》进行了协商定价，最终价格为2.23元/股，低于停牌前的市价水平。根据公司公告，本次发行股份定价需使股份发行完毕后公司满足以下两个条件：

条件一：上市公司未来三年的年均每股收益不低于2008年房地产上市公司的平均每股收益，即0.343元。

条件二：公司股票复牌后的预期价格不低于股票暂停上市前一交易日收盘价的复权价格，以保证原投资者所持股票在复牌后的市值不低于按股票暂停上市前一交易日收盘价（即4.37元）计算的持股市值。

此外，根据测算，股份发行价格2.23元/股，对应复牌后市盈率24倍，为过去三年房地产上市公司平均市盈率低点。

上述补充规定出台后，有多个上市公司破产重整案例采用了协商定价的方式，但在2014年11月23日起修订后施行的《上市公司重大资产重组管理办法》（证监会第109号）中，在增加定价交易日选择空间的同时废止了上述补充规定，协商定价模式被取消。

二、要约收购

近年来，我国资本市场也出现了多例要约收购上市公司的交易。目前，相关法规仅对要约价格做出了指导性价格，采用何种收购价格最终取决于收购方的商业决策、要约收购目的和相关交易的特殊情况，交易定价较为市场化。根据《上市公司收购管理办法》规定：

“收购人按照本办法规定进行要约收购的，对同一种类股票的要约价格，不得低于要约收购提示性公告日前6个月内收购人取得该种股票所支付的最高价格。

“要约价格低于提示性公告日前30个交易日该种股票的每日加权平均价格的算术平均值的，收购人聘请的财务顾问应当就该种股票前6个月的交易情况进行分析，说明是否存在股价被操纵、收购人是否有未披露的一致行动人、收购人前6个月取得公司股份是否存在其他支付安排、要约价格的合理性等。”

也就是说，要约收购的定价机制是存在一定限制的市场化机制，并且在要约价格低于提示性公告日前30个交易日该种股票的每日加权平均价格的算术平均值的情况下，需要财务顾问对交易价格进行分析，说明其合理性。

从过往 A 股市场要约收购案例来看，尽管相关规定已在一定程度上放开了限制，但市场上并未出现随意确定或刻意压低要约价格的现象，要约收购价格基本均等于或高于指导价格（详见表 7-5），特别是主动要约，往往会在 30 日均价的基础上有一定程度的溢价，主要原因在于，收购方发起主动要约的动因往往是巩固控股权，增强对于上市公司的控制能力，因此在要约价格中体现了控股权溢价和协同效应等相关因素。

表 7-5　2015—2020 年 A 股市场要约收购案例溢价统计

摘要 公告日	上市公司	收购人	收购价格（元）	公告日前 30 日均价（元）	溢价（%）	要约类型
2020-09-08	金徽酒	豫园股份	17.62	17.62	0.00	部分要约
2020-08-12	东北制药	方大钢铁	6.59	5.49	20.04	部分要约
2020-01-08	博汇纸业	金光纸业	5.36	5.02	6.77	全面要约
2020-05-23	格力地产	珠海玖思投资	6.5	4.48	45.09	部分要约
2020-05-11	东北制药	方大钢铁	7.72	7.72	0.00	部分要约
2019-06-26	重庆百货	商社集团	27.16	24.27	11.91	全面要约
2020-01-23	浦东建设	上海浦发集团	7.38	6.38	15.67	部分要约
2019-11-21	宝鼎科技	招金集团	10.06	22.63	-55.55	部分要约
2019-07-24	ST 人乐	曲江文化	5.33	5.27	1.14	全面要约
2019-08-17	京基智农	京基集团	18.97	18.961	0.05	全面要约
2019-08-23	哈药股份	哈药集团	3.83	3.83	0.00	全面要约
2019-05-20	聚隆科技	领泰基石	14	11.21	24.89	部分要约
2019-07-23	汇通能源	西藏德锦	12.5	11.12	12.41	部分要约
2019-05-23	中兴商业	辽宁方大	10.75	9.48	13.40	部分要约
2019-03-30	ST 岩石	存硕实业	7	5.8	20.69	部分要约
2019-03-15	*ST 北能	北控禹阳	15.08	12.5	20.64	部分要约

续表

摘要公告日	上市公司	收购人	收购价格（元）	公告日前30日均价（元）	溢价（%）	要约类型
2018-10-13	云南城投	省城投集团	5.2	3.53	47.31	部分要约
2018-06-02	江中药业	华润医药	25.03	25.0279	0.01	全面要约
2019-02-28	水井坊	GMIHL	45	32.52	38.38	部分要约
2018-07-09	ST景谷	周大福投资	32.57	23.28	39.91	部分要约
2018-11-28	汉商集团	阎志	15.79	11.69	35.07	部分要约
2018-11-02	天邦股份	浙江省农村发展集团有限公司	6	5.04	19.05	部分要约
2018-08-04	京基智农	京基集团	24	19.39	23.78	部分要约
2018-08-15	如意集团	如意科技	18.1	11.7807	53.64	部分要约
2018-09-08	神州高铁	中国国投高新产业投资有限公司	5.3	4.28	23.83	部分要约
2018-09-10	冀东水泥	金隅集团	11.68	11.14	4.85	部分要约
2018-08-16	百大集团	陈桂花	6.01	6.01	0.00	全面要约
2018-08-16	中关村	国美电器	6.2	5.26	17.87	部分要约
2018-07-24	东百集团	施章峰	6.8	5.87	15.84	部分要约
2018-07-23	新华百货	物美控股	18.6	19.53	-4.76	部分要约
2018-07-11	水井坊	GMIHL	61.38	51.77	18.56	部分要约
2018-04-25	宁波中百	鹏渤投资	12.77	10.68	19.57	部分要约
2018-04-13	钱江水利	中国水务	15.36	12.6	21.90	部分要约
2018-02-07	国城矿业	国城控股	9.77	9.7613	0.09	全面要约
2017-06-15	爱建集团	广州基金	15.38	14.01	9.78	部分要约
2017-12-21	云南能投	能投集团	12.1	11.03	9.70	部分要约
2017-11-15	汉商集团	汉阳区国资办	22.5	17.07	31.81	部分要约
2017-06-28	双林生物	浙民投天弘	36	28.1	28.11	部分要约

续 表

摘要公告日	上市公司	收购人	收购价格（元）	公告日前30日均价（元）	溢价（%）	要约类型
2017-10-13	上海家化	家化集团	38	30.79	23.42	部分要约
2017-03-13	海南海药	刘悉承	14.5	13.3599	8.53	部分要约
2017-06-14	希努尔	雪松文旅	21.33	20.5341	3.88	全面要约
2017-05-11	莫高股份	甘肃农垦	13.42	13.0296	3.00	部分要约
2017-03-31	云南旅游	华侨城云南公司	9.07	9.0668	0.04	全面要约
2017-02-21	玉龙股份	知合科技	10.39	10.39	0.00	部分要约
2016-11-19	深圳华强	梁光伟	25.27	25.2692	0.00	全面要约
2016-10-18	万通发展	嘉华控股	5.49	5.49	0.00	全面要约
2016-09-24	中国天楹	乾创投资联合员工持股计划	6.84	6.8302	0.14	部分要约
2016-04-28	嘉凯城	恒大地产集团有限公司	4.21	4.2056	0.10	全面要约
2015-05-25	九鼎投资	九鼎投资	13.23	10.38	27.46	全面要约

要约收购价格也有一些折价的特殊情况，例如招金集团要约收购宝鼎科技，收购价格为10.06元/股，公告日前30个交易日宝鼎科技股票的每日加权平均价格的算术平均值为22.63元/股，本次要约收购的价格低于该算数平均值。主要原因是：①上市公司控制权变更事项公告后，二级市场对公司预期发生变化，导致股价大幅上涨；②由于仅通过协议转让无法实现招金集团获得宝鼎科技的控制权，本次部分要约收购与协议转让共同构成招金集团为获得宝鼎科技控制权采取的一揽子措施，属于同一交易的不同实施阶段。考虑到本次交易的实质，招金集团认为协议转让价格10.06元/股较好地反映了宝鼎科技在《股份转让协议》签署时的股票价

值，因此本次部分要约价格延续协议转让价格，即10.06元/股。除此之外，物美控股要约收购新华百货，尽管较30个交易日加权平均价格有所折价，但18.6元/股的收购价格较要约收购提示性公告日前6个月内的收盘价18.36元/股适当溢价。尽管上述情况较30日均价有所溢价，但是也符合《收购管理办法》对于要约收购的相关规定。

总的来说，要约收购定价最终遵循《收购管理办法》第三十五条第一款的规定，即“收购人按照本办法规定进行要约收购的，对同一种类股票的要约价格，不得低于要约收购提示性公告日前6个月内收购人取得该种股票所支付的最高价格”。大多数收购方发起主动要约的动因往往是巩固控股权，增强对于上市公司的控制能力，最终定价时会有一定的溢价，即使低于较30日均价也仅是特定情况。

三、上市公司吸收合并

随着我国资本市场的不断发展和上市公司的日益成熟，近年来，上市公司换股吸收合并交易屡见不鲜，相关案例包括美的吸并小天鹅、宝钢吸并武钢、大连港吸并营口港等。

目前，我国资本市场并没有专门针对吸收合并交易的法规指引，实践中一般均参考重大资产重组相关法规进行操作。吸收合并交易涉及两家上市公司之间的整合，换股吸并的定价一般均是基于两家上市公司的股价确定换股比例，并根据每项交易的特殊背景和情况给予一定的溢价比例，对于换股对价的合理性，通常由财务顾问出具估值报告进行论证。

表 7-6　A 股市场吸收合并案例溢价统计——吸并方

吸收合并交易类型	交易名称	吸并方停牌前20 日交易均价（元/股）	吸并方换股价格（元/股）	吸并方换股溢价率（%）
A 吸并 A	大连港换股吸收合并营口港	1.71	1.71	0.00
A 吸并 A	攀钢钢钒换股吸收合并长城股份	9.59	9.59	0.00
A 吸并 A	攀钢钢钒换股吸收合并攀渝钛业	9.59	9.59	0.00
A 吸并 A	百视通换股吸收合并东方明珠	32.43	32.43	0.00
A 吸并 A	东方航空换股吸收合并上海航空	5.28	5.28	0.00
A 吸并 A	济南钢铁换股吸收合并莱钢股份	3.44	3.44	0.00
A 吸并 A	中国南车吸收合并中国北车	5.63	5.63	0.00
A 吸并 A	中国医药吸收合并天方药业	20.74	20.74	0.00
A 吸并 A	长城电脑吸收合并长城信息	21.09	13.04	-38.17
A 吸并 A	宝钢股份吸收合并武钢股份	5.11	4.6	-10.00
A 吸并 A	新湖中宝吸收合并新湖创业	3.85	3.85	0.00
A 吸并 A	广州药业吸收合并白云山	12.2	12.2	0.00
A 吸并 A	美的集团吸收合并小天鹅 A	42.04	42.04	0.00
A 吸并 A	友谊股份吸收合并百联股份	15.57	15.57	0.00
A 吸并 A	盐湖钾肥吸收合并盐湖集团	53.53	73.83	42.36
A 吸并 A	唐钢股份吸收合并邯郸钢铁	5.29	5.29	0.00
A 吸并 A	唐钢股份吸收合并承德钒钛	5.29	5.29	0.00
A 吸并 A	上海医药吸收合并中西药业	11.83	11.83	0.00
A 吸并 A	上海医药吸收合并上实医药	11.83	11.83	0.00
吸并方换股溢价率最大值				42.36
吸并方换股溢价率第三四分位数				0.00
吸并方换股溢价率平均值				-0.31
吸并方换股溢价率中位值				0.00
吸并方换股溢价率第一四分位数				0.00
吸并方换股溢价率最小值				-38.17

注：长城电脑吸收合并长城信息交易中定价基准采用的是停牌前 120 日均价。表中，考虑到数据的统一性，重新测算了该交易中吸并方停牌前 20 日交易均价，系 36.26 元/股，以便对比、分析。

根据表7-6我们也可以看出，除个别案例，一般对于吸并方来说溢价并不多，但对于被吸并方来说换股溢价较多。

根据《重大资产重组管理办法》第四十五条的规定，上市公司发行股份的价格不得低于市场参考价的90%。市场参考价为本次发行股份购买资产的董事会决议公告日前20个交易日、60个交易日或者120个交易日的公司股票交易均价之一。在《上市公司重大资产重组管理办法》（2014年修订）出台后A股上市公司吸收合并A股上市公司的交易中，多数交易采用了20日均价作为市场参考价格。这里需要注意的是长城电脑吸收合并长城信息交易中定价基准采用的是停牌前120日均价。主要是由于2014下半年以来A股市场整体波动较大，且长城电脑、长城信息停牌期间较长，期间A股市场整体调整幅度较大，因此综合考虑本次交易置入资产的盈利能力和定价情况，以及本次交易首次董事会决议公告日前的股价情况，并兼顾本次交易相关各方的利益，经相关各方协商最终确定的，同时也符合《重大资产重组管理办法》的相关规定。

表7-7　A股市场吸收合并案例溢价统计——被吸并方

吸收合并交易类型	交易名称	被吸并方停牌前20日交易均价（元/股）	被吸并方换股价格（元/股）	被吸并方换股溢价率（%）
A吸并A	大连港换股吸收合并营口港	2.16	2.59	20.00
A吸并A	攀钢钢钒换股吸收合并长城股份	6.5	7.85	20.79
A吸并A	攀钢钢钒换股吸收合并攀渝钛业	14.14	17.08	20.79
A吸并A	百视通换股吸收合并东方明珠	10.63	10.63	0.00
A吸并A	东方航空换股吸收合并上海航空	5.5	6.88	25.00
A吸并A	济南钢铁换股吸收合并莱钢股份	7.18	8.35	16.27
A吸并A	中国南车吸收合并中国北车	5.92	6.19	4.56

续 表

吸收合并交易类型	交易名称	被吸并方停牌前20日交易均价（元/股）	被吸并方换股价格（元/股）	被吸并方换股溢价率（%）
A吸并A	中国医药吸收合并天方药业	6.39	6.39	0.00
A吸并A	长城电脑吸收合并长城信息	36.26	24.09	-33.70
A吸并A	宝钢股份吸收合并武钢股份	2.86	2.58	-10.00
A吸并A	新湖中宝吸收合并新湖创业	7.11	7.11	0.00
A吸并A	广州药业吸收合并白云山	11.55	11.55	0.00
A吸并A	美的集团吸收合并小天鹅A	46.28	50.91	10.00
A吸并A	友谊股份吸收合并百联股份	13.53	13.53	0.00
A吸并A	盐湖钾肥吸收合并盐湖集团	25.46	25.46	0.00
A吸并A	唐钢股份吸收合并邯郸钢铁	4.1	4.1	0.00
A吸并A	唐钢股份吸收合并承德钒钛	5.76	5.76	0.00
A吸并A	上海医药吸收合并中西药业	11.36	11.36	0.00
A吸并A	上海医药吸收合并上实医药	19.07	19.07	0.00
H吸并A	金隅股份吸收合并太行水泥	10.09	10.8	7.04
H吸并A	广汽集团吸收合并广汽长丰	12.65	14.55	15.00
H吸并A	中国外运吸收合并外运发展	16.91	20.63	22.00
H吸并A	上海电气吸收合并上电股份	26.65	35	31.33
H吸并A	中国铝业吸收合并山东铝业	15.84	20.81	31.38
H吸并A	中国铝业吸收合并兰州铝业	9.26	11.88	28.29
H吸并A	潍柴动力吸收合并湘火炬	4.88	5.8	18.85
非上市吸并A	中交股份吸收合并路桥建设	11.81	14.53	23.03
非上市吸并A	美的集团吸收合并美的电器	9.46	15.96	68.71
非上市吸并A	申银万国吸收合并宏源证券	8.3	9.96	20.00
非上市吸并A	温氏集团吸收合并大华农	8.33	13.33	60.00
非上市吸并A	招商公路吸收合并华北高速	4.73	5.93	25.00
非上市吸并A	招商蛇口吸并招商地产A	28.22	38.10	35.01

续 表

吸收合并交易类型	交易名称	被吸并方停牌前20日交易均价（元/股）	被吸并方换股价格（元/股）	被吸并方换股溢价率（%）
被吸并方换股溢价率最大值				68.71
被吸并方换股溢价率第三四分位数				23.52
被吸并方换股溢价率平均值				14.35
被吸并方换股溢价率中位值				15.64
被吸并方换股溢价率第一四分位数				0.00
被吸并方换股溢价率最小值				-33.70

注：长城电脑吸收合并长城信息交易中定价基准采用的是停牌前120日均价。表中，考虑到数据的统一性，重新测算了该交易中吸并方停牌前20日交易均价，系36.26元/股，以便对比、分析。

根据美的集团（000333）发布的换股吸并小天鹅（000418）的方案，本次合并完成后，美的集团作为存续公司，将进一步提升美的集团的行业优势，增强美的集团的研发创新能力，在行业竞争加剧和工业4.0的大背景下，促进美的集团向“智慧家居+智能制造”转型，通过发挥协同效应提升公司价值，巩固美的集团在家电行业的领先地位。

本次合并中，美的集团于定价基准日前20个交易日股票交易均价为42.04元/股；小天鹅A股的换股价格以定价基准日前20个交易日交易均价为基础，并在此基础上给予10%的溢价率确定，即50.91元/股；小天鹅B股的换股价格以定价基准日前20个交易日交易均价为基础，并在此基础上给予30%的溢价率确定，即48.41港元/股。采用B股停牌前一交易日即2018年9月7日中国人民银行公布的人民币兑换港币的中间价（1港币=0.8690元人民币）进行折算，折合人民币42.07元/股。此次换股收购，参照历史可比A吸A案例，平均溢价水平为4%左右，考虑保障小天鹅A股东的利益，将溢价调整至10%。

A股与B股流动性不同，除考虑分红权、表决权外，也考虑了股票的变现价值。上述换股溢价方案一方面是鼓励小天鹅的股东参与换股，另一方面也是控股权溢价的一种体现。

根据上市公司公告，关于此次换股吸收合并的新增股份，美的集团已于 2021 年 3 月 23 日办理完毕注册资本变更、公司章程备案等事宜的变更登记手续。

第三节 目前境内并购重组交易股份定价机制的合理性分析问题思考

总体来看，随着我国资本市场的不断发展，与国际市场逐步接轨，并购重组交易的股份定价机制也越来越成熟和市场化，目前要约收购和上市公司吸收合并的定价基本已体现了市场化的精神，对于发行股份购买资产还有价格底限的规定。以下主要就发行股份购买资产交易的现行定价机制的合理性和可能存在的问题进行探讨，其中，又分为发行股份定价和注入资产定价两方面。

一、境内并购重组交易定价机制的合理性分析

正如前文所述，目前发行股份购买资产的交易中，根据监管规定，一方面上市公司的新股发行价格有 20 日、60 日或者 120 日的公司股票交易均价之一的 90% 底线限制，另一方面拟购买资产一般需要以评估结果作为定价参考。

从监管必要性来看，由于我国资本市场发展历程还不够长，制度不够完善，市场尚不成熟，功能亦不健全，在发行、交易、监管等多方面，还

有进一步改进的空间。正是在这种大背景下，为了在一定程度上规范并购重组交易的开展，建设一个有序的可持续发展的并购重组市场，就必须在监管规定上给予市场参与者必要的指导和规范，以促进市场的整体健康发展。

在实践操作中，上市公司发行股份的价格不得低于本次发行股份购买资产的董事会决议公告日前 20 个交易日、60 个交易日或者 120 个交易日的公司股票交易均价之一的 90% 的规定较 2014 年重大资产重组管理办法修订前要求上市公司发行股份的价格不得低于本次发行股份购买资产的董事会决议公告日前 20 个交易日公司股票交易均价的规定而言，既在一定程度上使国内目前发行股份购买资产的交易定价程序得到简化，使不同交易的市场操作有法可依，加快了交易进程，提高了市场效率；又适当兼顾了灵活性，有利于避免因消息泄露、市场异动等情况使股票发行底价背离公允价值，抬高重组成本的问题；也极大地增加了大股东对于上市公司发行价格人为操控的难度。上述规定从现阶段我国资本市场情况来看具有一定的合理性，在维护中小投资者利益方面发挥了一定的作用。

此外，2014 年《上市公司重大资产重组管理办法》还新增了对价调整机制："本次发行股份购买资产的董事会决议可以明确，在中国证监会核准前，上市公司的股票价格相比最初确定的发行价格发生重大变化的，董事会可以按照已经设定的调整方案对发行价格进行一次调整。"能够较好地解决股票定价的时效性问题。

另一方面，从我国资本市场的发展现状来看，在上市公司并购重组交易中参考评估结果进行定价具有一定的必要性和合理性。资产评估机构作为独立第三方的独特地位使资产评估成为重组各方乐于接受的价值确定方式，特别是在重组上市及关联交易中，资产评估机构作为独立第三方对于交易资产价值出具的公正客观评价为最终交易价格提供了一个公允的参考标准，对于维护广大中小投资者的利益起到了至关重要的作用。

综上，现阶段在并购重组交易，特别是重组上市及关联交易中，对于交易定价给予一定的监管十分必要，有利于保护中小投资者的利益，维护市场的平稳发展。

二、股份发行价格相关规定可能存在的问题

目前香港市场对于股票发行价格并没有强制性规定，我们对香港市场和内地市场进行了对比。以 2020 年香港市场上以股份作为支付对价且募资总额超过 1 亿港元的并购交易为样本，总共 23 宗并购交易，我们统计了收购方作为对价的股份的发行价，并将此发行价与收购方在公告前的市场价格进行了比较。统计结果见表 7–8。

从香港市场的平均溢价水平来看，并购交易的股份发行价较公告前 20 日均价平均溢价为–14. 76%，较公告前 60 日均价平均溢价为–11. 72%，较公告前 120 日均价平均溢价为–12. 06%。以阿里健康发股收购 AliJK ZNS Limited 全部股权为例。根据阿里健康公告，阿里健康与 Ali JK Nutritional Products Holding Limited 签订股权购买协议，发股收购 AliJK ZNS Limited 全部股权，经双方公平磋商后，阿里健康以 80. 75 亿港元价格收购 AliJK ZNS Limited 全部股权，共发行 860874200 股，发行价格对应每股 9. 38 港元。

表 7-8　2020 年香港市场上以股份作为支付对价的并购交易

代码	名称	标的名称	协议日期	锁股价格（港元）	锁定价格/较前 20 日均价的溢价率（%）	锁定价格/较前 60 日均价溢价率（%）	锁定价格/较前 120 日均价溢价率（%）
0241. HK	阿里健康	AliJK ZNS Limited	2020-02-06	9. 38	-10. 02	-2. 99	6. 08
2357. HK	中航科工	中航直升机	2019-12-28	4. 19	14. 80	13. 37	8. 11
0136. HK	恒腾网络	Virtual Cinema Entertainment Limited	2020-10-26	0. 30	-3. 33	-3. 33	16. 67
2048. HK	易居企业控股	乐居 56. 19% 股权	2020-07-31	9. 22	-9. 54	1. 84	10. 30
2399. HK	虎都	Good Productive Limited	2020-12-14	2. 65	-4. 15	22. 26	27. 92
1717. HK	澳优	海普诺凯生物科技股份	2020-04-09	12. 80	10. 70	12. 19	13. 83
0797. HK	第七大道	乐动香港国际有限公司	2020-11-07	2. 71	-3. 32	-1. 48	-1. 48
2183. HK	三盛控股	盛途集团有限公司	2020-08-24	7. 02	-0. 85	-0. 14	-2. 42
1810. HK	小米集团-W	ZIMI INTERNATIONAL INCORPORATION 27. 44% 股权	2020-05-21	10. 98	-4. 24	-2. 24	-3. 79
3788. HK	中国罕王	EMERALD PLANET HOLDINGS LIMITED	2020-11-12	1. 60	0. 00	3. 75	0. 00
0093. HK	TERMBRAY IND	亚馨信贷投资有限公司	2020-09-23	0. 29	-3. 81	-0. 35	3. 11
8295. HK	中植资本国际	KingNine Holdings Limited	2020-09-10	0. 32	-96. 88	-100. 00	-118. 75

续 表

代码	名称	标的名称	协议日期	锁股价格（港元）	锁定价格/较前20日均价的溢价率（%）	锁定价格/较前60日均价溢价率（%）	锁定价格/较前120日均价溢价率（%）
9923. HK	移卡	北京创信众的42.5%股权	2020-12-24	37.50	0.69	-6.56	-13.12
2699. HK	新明中国	恒生置业有限公司	2020-06-17	1.00	-6.00	-7.00	-14.00
0431. HK	大中华金融	新云联投资有限公司	2020-06-29	0.20	0.00	0.00	0.00
0674. HK	中国唐商	峰智投资有限公司	2020-04-09	0.20	35.00	15.00	15.00
0187. HK	京城机电股份	青岛北洋天青数联智能股份有限公司80%股权	2020-12-29	3.42	60.23	60.23	57.60
1717. HK	澳优	海普诺凯	2020-04-09	5.00	-128.60	-124.80	-120.60
1341. HK	昊天国际建投	Alcott Global Limited	2020-09-04	0.25	-20.00	-4.00	0.00
0474. HK	信铭生命科技	Soaring Wealth Ventures Limited	2020-09-04	0.25	-52.00	-24.00	-24.00
1566. HK	华夏文化科技	殷翠有限公司	2020-04-23	2.76	18.40	19.13	20.22
2138. HK	香港医思医疗集团	立医学化验所有限公司	2020-12-14	5.43	-1.57	5.81	11.34
	平均				-14.76	-11.72	-12.06
	最高				60.23	60.23	57.60
	最低				-135.00	-146.35	-169.35

上述价格较最后交易日前连续20日日均成交价折价10.02%，较最后交易日前连续60日均成交价折价2.99%，较最后交易日前连续120日成交价溢价6.08%。

同时约定自交割后18个月的期间，卖方已同意不会在未经上市公司事先书面同意的情况下，出售或订立任何协议以出售向其发行的对价股份或就向其发行的对价股份另行增设任何购股权、权利、权益或其他第三方权利。

尽管均价溢价水平均为负值，但是不同交易的新股发行价格偏离程度还是比较大的，有的大幅高于市价，有的则相对于市价尚有一定的折扣。例如，阿里健康发股收购Ali JK ZNS Limited，锁股价格较前20日均价低10.02%，而京城机电股份收购青岛北洋天青数联智能股份有限公司80%股权较前20日均价高60.23%，因此可以看出资本市场是千变万化的。

反观国内市场，发行股份购买资产交易中，新股发行价格大多以董事会决议公告日前20个交易日、60个交易日或者120个交易日股票交易均价"孰低"为参照。根据2020年中国资本市场通过证监会审核的发行股份购买资产明确发行价格定价原则的63宗交易中统计，有39宗交易的发行价格为董事会决议公告前20个交易日、60个交易日或者120个交易日股票交易中的最低价格的90%，21宗交易选取了中间价，另有3宗交易的新股发行价格高于董事会决议公告前20个交易日、60个交易日或者120个交易日股票交易中的最高价。

上述国内市场现状显现了一定程度的股票定价差异，但超过60%交易采用了"最低价"也反映了目前定价机制存在的不合理性，市场化交易的自由性和灵活度并未能充分体现。

首先，如果大盘发生系统性风险，个股的股价走势极易受到市场影响，即使采用较长的定价区间也较难消除市场整体影响。例如目前科创板股价相对较高，一定程度上即增加了其发股收购同行业资产的难度。

其次，并购重组交易存在多样性，每宗并购交易都有不同的特点，如果采用统一的定价模式则无法真实体现标的资产价值。

此外，国内市场对于新股发行的限售期也有明确规定，《上市公司重大资产重组管理办法》规定：

“特定对象以资产认购而取得的上市公司股份，自股份发行结束之日起 12 个月内不得转让；属于下列情形之一的，36 个月内不得转让：特定对象为上市公司控股股东、实际控制人或者其控制的关联人；

“特定对象通过认购本次发行的股份取得上市公司的实际控制权；特定对象取得本次发行的股份时，对其用于认购股份的资产持续拥有权益的时间不足 12 个月。属于构成重大资产重组，上市公司原控股股东、原实际控制人及其控制的关联人，以及在交易过程中从该等主体直接或间接受让该上市公司股份的特定对象应当公开承诺，在本次交易完成后 36 个月内不转让其在该上市公司中拥有权益的股份；除收购人及其关联人以外的特定对象应当公开承诺，其以资产认购而取得的上市公司股份自股份发行结束之日起 24 个月内不得转让。”

根据上述规定，认购的股份需要承担一定的锁定期，理论上应享有非流动性折扣，而现行规定中价格底线难以准确、客观地体现相关折扣。

以新上市公司统计分析为例，进一步讨论锁定期对价格的影响。我们就 2019 年 7 月 1 日到 2020 年 6 月 30 日之间不同板块的上市公司二级市场价格进行分析。本次统计口径见表 7-9。

表 7-9　2019 年 7 月 1 日至 2020 年 6 月 30 日不同板块上市的公司数量及占比

板块	上证主板 A 股	中小板	创业板	科创板	合计
上市数（家）	54	31	55	116	256
上市家数占比（%）	21.09	12.11	21.48	45.31	100.00

根据上述样本，从 2020 年 12 月 31 日前 20 日、60 日、120 日成交均

价相对2020年12月31日股价情况差异情况来看，创业板和科创板股价波动相对较高（见表7-10）。

表7-10 2020年12月31日股价波动情况统计

板块	上证主板A股	中小板	创业板	科创板	合计
上市家数	54	31	55	116	256
前120日区间均价较基准日股价差异50%以上家数	2	4	1	24	31
差异50%以上占比（%）	3.70	12.90	1.82	20.69	12.11
前60日区间均价较基准日股价差异30%以上家数	0	0	19	2	21
差异30%以上占比（%）	0.00	0.00	34.55	1.72	8.20
前20日区间均价较基准日股价差异20%以上家数	2	1	9	1	13
差异20%以上占比（%）	3.70	3.23	16.36	0.86	5.08

而从A股不同板块近几年的平均年化波动率及所选样本年化波动率来看，尽管可能存在次新股的情况，但是我们认为创业板和科创板的波动率也显著高于沪深主板。

表7-11 不同板块的年化波动率统计

单位:%

板块	年化波动率（2020-07-01 | 2020-12-31）	年化波动率（2020-01-01 | 2020-12-31）	年化波动率（2019-01-01 | 2020-12-31）	年化波动率（2018-01-01 | 2020-12-31）
全部A股	47.47	50.41	48.83	49.34
沪深主板	43.38	47.35	45.81	46.41
科创板	56.49	58.62	59.37	59.37
创业板	59.33	58.99	56.76	57.08

表 7-12　样本公司平均年化波动率

单位：%

	年化波动率（2020-07-01 | 2020-12-31）	上限	下限
沪深主板	46.76	14.93	99.68
创业板	61.64	33.56	126.11
科创板	56.29	28.69	115.71

对样本公司采用 AAP 模型进行限售期对应的流动性测算，AAP 模型公式如下所示：

$$P=Se^{-qT}\left[N\left(\frac{v\sqrt{T}}{2}\right)-N\left(-\frac{v\sqrt{T}}{2}\right)\right]$$

$$v\sqrt{T}=\{\sigma^2T+\ln[2(e^{\sigma^2}T-\sigma^2T-1)]-2\ln(e^{\sigma^2}T-1))\}^{\frac{1}{2}}$$

式中：

S：评估基准日在证券交易所上市交易的同一股票的公允价值；

T：剩余限售期，以年为单位表示；

σ：股票在剩余限售期内的股价的预期年化波动率，本次测算参考样本公司 2020 年 7 月 1 日到 2020 年 12 月 31 日周期内的年化波动率；

q：股票预期年化股利收益率；

N：标准正态分布的累积分布函数。

在不同限售期情况下对应的流动性折扣分布见图 7-1 至图 7-3。

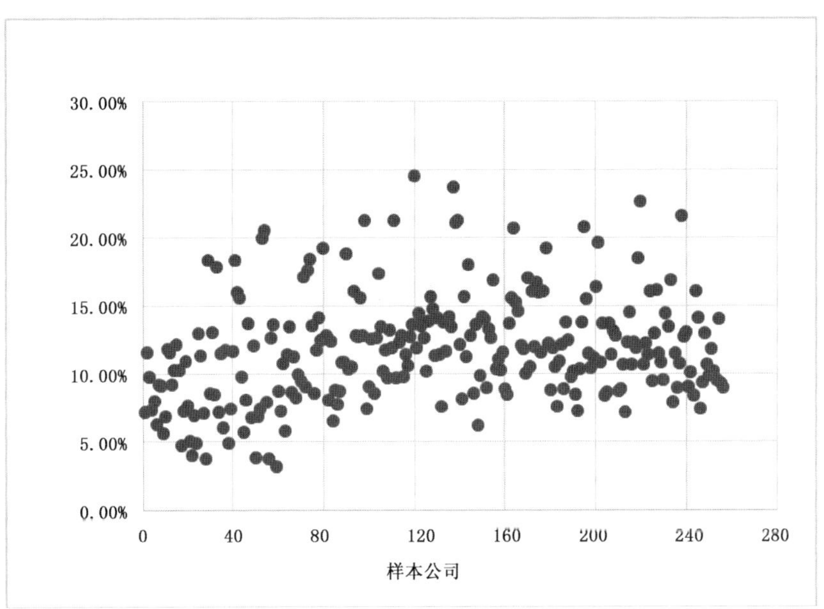

图 7-1　一年限售期对应限售折扣

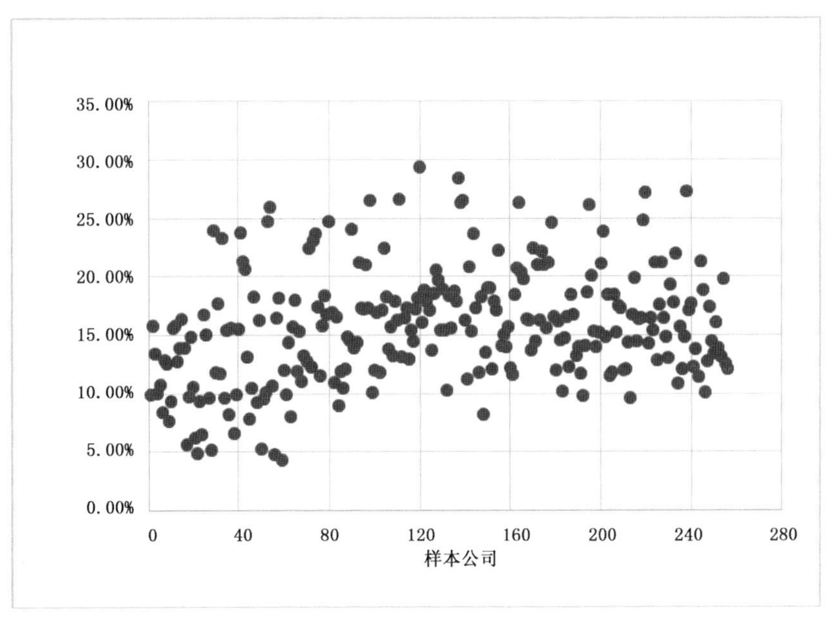

图 7-2　两年限售期对应限售折扣

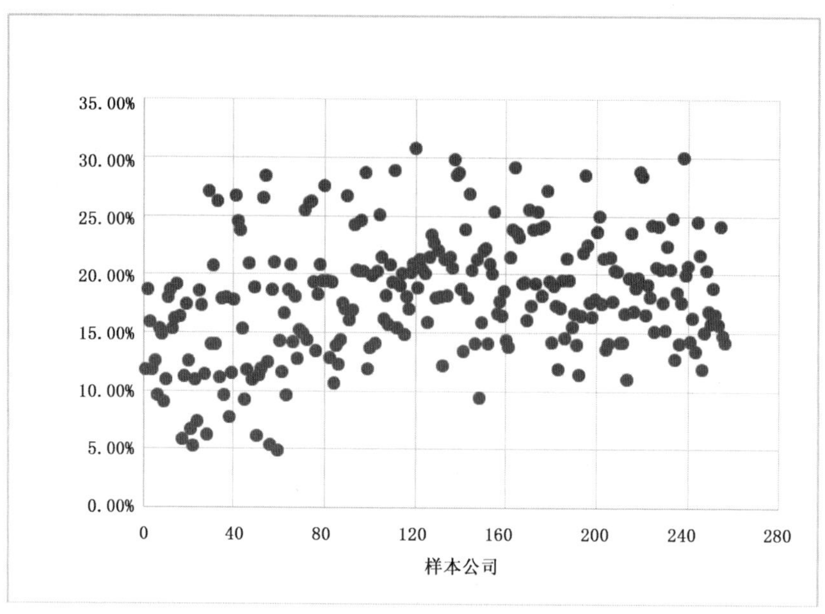

图 7-3　三年限售期对应限售折扣

表 7-13　一到三年限售期统计

板块		主板	创业板	科创板	合计
上市家数		85	55	116	256
一年限售期	限售折扣大于 10% 家数	38	46	86	170
	限售折扣大于 10% 占比（%）	44.71	83.64	74.14	66.41
	限售折扣大于 20% 家数	1	5	4	10
	限售折扣大于 20% 占比（%）	1.18	9.09	3.45	3.91
二年限售期	限售折扣大于 10% 家数	60	55	113	228
	限售折扣大于 10% 占比（%）	70.59	100.00	97.41	89.06
	限售折扣大于 20% 家数	11	11	23	45
	限售折扣大于 20% 占比（%）	12.94	20.00	19.83	17.58
三年限售期	限售折扣大于 10% 家数	71	55	115	241
	限售折扣大于 10% 占比（%）	83.53	100.00	99.14	94.14
	限售折扣大于 20% 家数	16	28	46	90
	限售折扣大于 20% 占比（%）	18.82	50.91	39.66	35.16

从不同板块测算结果来看，创业板和科创板限售折扣大于20%的比例明显高于主板。将考虑限售对应流动性后的股价与发行股份交易最低限价对比，其中，主板和创业板按照定价基准日前20个交易日交易均价、60个交易日交易均价和120个交易日交易均价中最小值的九折计算，科创板按照定价基准日前20个交易日交易均价、60个交易日交易均价和120个交易日交易均价中最小值的八折计算，统计结果如表7-14所示。

表7-14　各板块12~36个月限售期统计

选项		12个月限售期	24个月限售期	36个月限售期
主板	样本家数	85	85	85
	超定价范围家数	54	64	67
	占比（%）	63.53	75.29	78.82
创业板	样本家数	55	55	55
	超定价范围家数	50	52	53
	占比（%）	90.91	94.55	96.36
科创板	样本家数	116	116	116
	超定价范围家数	15	43	63
	占比（%）	12.93	37.07	54.31
合计	样本家数	256	256	256
	超定价范围家数	119	159	183
	占比（%）	46.48	62.11	71.48

样本中沪深主板分别有63.53%、75.29%、78.82%的上市公司考虑12个月、24个月、36个月限售流动性折扣后股价低于2020年12月31日前20个交易日交易均价、60个交易日交易均价和120个交易日交易均价中最小值的九折；创业板分别有90.91%、94.55%、96.36%的上市公司考虑12个月、24个月、36个月限售流动性折扣后股价低于2020年12月31日前20个交易日交易均价、60个交易日交易均价和120个交易日交易

均价中最小值的九折；科创板分别有 12.93%、37.07%、54.31%的上市公司考虑 12 个月、24 个月、36 个月限售流动性折扣后股价低于 2020 年 12 月 31 日前 20 个交易日交易均价、60 个交易日交易均价和 120 个交易日交易均价中最小值的八折。科创板低于最低限价的比例相对较小主要由于其定价弹性较大，达到基准价格 80%。

由此可见，在考虑发股限售流动性折扣后，沪深主板和创业板大量的上市公司定价基准日前 20 个交易日交易均价、60 个交易日交易均价和 120 个交易日交易均价中最小值的 90%的最低限价无法覆盖上述流动性折扣的影响，科创板 80%的最低限价覆盖率也不高。因此，应该考虑进一步增加定价的弹性空间。

三、注入资产评估定价可能存在的问题

《公开发行证券的公司信息披露内容与格式准则第 26 号——上市公司重大资产重组（2018 年修订）》中规定："上市公司董事会应当对本次交易标的评估或估值的合理性以及定价的公允性做出分析。包括但不限于：……如交易定价与评估或估值结果存在较大差异，分析说明差异的原因及其合理性。"

根据上述规定，制度上允许交易定价与评估或估值结果存在较大差异，但需进行分析，然而在实践中统计期间，参照资产评估结果进行交易定价的重大资产重组事项占全部重大重组事项比例超过九成；少数上市公司之间的吸收合并案例，其估值定价主要参照相应上市公司市场价格及财务顾问估值意见确定。资产评估机构的估值意见成为上市公司并购重组定价的主要依据。

现阶段在并购重组交易，特别是关联交易中，以专业机构的评估结果作为注入资产定价依据有其必要，有利于保护中小投资者的利益。但值得

注意的是，目前的机制中也存在一定的局限。估值时往往较少考虑交易的商业因素，比如协同效应，并购交易对企业发展战略的影响，交易各方的动态博弈等，因此其定价的市场化和商业化程度受到一定影响。此外，目前评估实务中的一些特点，比如基于得出相对具体的评估值等原因，往往设定并依赖特定的假设，这种假设往往与实际存在一定的误差，诸如资产权属瑕疵问题等等，都要求交易作价不应机械地援引评估结果，而应作适当的分析调整。

第四节　关于完善境内并购重组交易的定价机制建议

目前我国资本市场上，不同类型的并购重组交易的定价机制不尽相同，各种交易的定价自由度也有一定差异。其中，要约收购的定价机制相对较为市场化；而发行股份购买资产的定价机制受到交易均价的限制，灵活性相对较低。为了促进我国资本市场的长远健康发展，提升并购重组交易的活跃度和市场化，建议有序地渐进地逐步放开监管，在规则设计上更趋于原则化，在细节操作上给市场主体留有充分的空间和余地，进一步激发市场各参与主体的积极性和创新能力，同时加强对于中介机构责任的要求，促进市场更加成熟和理性地发展。

一、定价机制改革是促进市场化并购重组的核心要求

围绕定价机制进行的改革一直是证监会推动并购重组市场化进程，调整相关制度的重点，2006 年修订的《上市公司收购管理办法》规定，要约收购中要约价格可以低于上市公司前 30 个交易日均价，但财务顾问应对该

要约价格的合理性进行分析。2008 年证监会出台的《关于破产重整上市公司重大资产重组股份发行定价的补充规定》，补充规定上市公司破产重整，涉及公司重大资产重组拟发行股份购买资产的，其发行股份价格由相关各方协商确定后，提交股东大会作出决议，决议须经出席会议的股东所持表决权的2/3以上通过，且经出席会议的社会公众股东所持表决权的 2/3 以上通过。关联股东应当回避表决。2014 年修订的《上市公司重大资产重组管理办法》较 20 日均价制度增加了 60 日和 120 日的定价选择，并设置了 90% 折扣和对价调整机制，显著提升了交易定价的灵活性，但同时也废止了上市公司破产重整中协商定价模式。

2020 年 10 月 9 日，国务院发布《国务院关于进一步提高上市公司质量的意见》，文件指出，要促进市场化并购重组。充分发挥资本市场的并购重组主渠道作用，鼓励上市公司盘活存量、提质增效、转型发展。完善上市公司资产重组、收购和分拆上市等制度，丰富支付及融资工具，激发市场活力。发挥证券市场价格、估值、资产评估结果在国有资产交易定价中的作用，支持国有企业依托资本市场开展混合所有制改革。支持境内上市公司发行股份购买境外优质资产，允许更多符合条件的外国投资者对境内上市公司进行战略投资，提升上市公司国际竞争力。研究拓宽社会资本等多方参与上市公司并购重组的渠道。

二、增强定价机制灵活度的思路探讨

基于并购重组交易具有市场化、多样化、复杂化的特点，建议对于发行股份的定价规定给予更多的灵活性，以大力推进市场化改革为路径，增加并购重组市场的发展活力。同时，为减少定价机制改革可能带来的负面影响，保护中小股东的利益，辅之以必要的配套机制。考虑到我国资本市场特有的发展阶段及市场参与者的特点，短期内，不宜较快地全面放开管制，以防给市场带来不稳定因素。

（一）对于定价逐步放松管制

随着资本市场的不断发展和市场参与者的日益成熟，市场化是并购重组交易发展的必然趋势。与此同时，上市公司内部治理机制不断健全和完善，财务顾问、资产评估、审计、法律等中介机构的执业水平得到较大提高，广大投资者对并购重组的理解和风险认知程度也大幅加强，监管机构可以逐渐由实质性审批过渡到以信息披露为形式上的审批，对于具备充分博弈机制的市场化交易的并购定价可进一步全面放宽监管规定。从规则的制定上来看，应当强调普适性、可操作性和一定的灵活性，从原则层面对交易作出规定，减少在操作细节层面作出过于细致的规定。

从境外并购重组实践来看，一般股份发行价格均由重组各方以市价为基础协商确定，监管机构没有强制性要求，也不设置价格底线，只要上市公司股东大会批准就能实施。例如香港的重大资产收购或出售方案由股东大会审批即可，其发行定价自由协商确定，仅在《公司条例》中要求不能低于面值。

从这个思路进一步延伸，考虑到市场具有发现价格的功能，随着市场上非关联交易的重组项目越来越多，应逐步放松管制、给予重组定价更多的自由度和灵活性，以充分发挥市场自身具有的定价博弈机制，反映买卖双方的真实意愿和需求，平衡各方利益，使并购重组项目真正为股东创造价值。

具体来说，对于个股股价走势严重偏离正常水平，即使采用较长的定价区间也无法消除市场整体影响或股票锁定期较长、股价波动较大，定价折扣与非流动性折扣存在显著差异的，可参考历史上国内上市公司破产重整企业重组的定价规定，由交易各方根据公平、公允、合理的原则，根据交易的特点来协商确定交易定价。

上述协商定价模式能够充分发挥资本市场的定价功能，体现“资本说话”的原则，有利于真实反映资产价值和市场供需状况、避免股价虚高、资产估值泡沫等现象的产生，有利于激发重组各方的积极性，也便于各方灵活地选择重组时机，有利于推进上市公司市场化并购重组项目的发展。

但考虑到我国资本市场特有的发展阶段及市场参与者的特点，短期内，不宜较快地全面放开管制，以防给市场带来不稳定因素。因此，对于大部分股价波动较小、股价相对合理的上市公司，其发股定价仍可沿用现有规定，更有利于提升交易效率。

此外，对于与发股定价所对应的锁定期安排也应随着定价逐步市场化而相应放松管制，由制度安排向商业安排逐步演进。

（二）强化中介机构职责

进一步发挥财务顾问、资产评估、审计、律师等中介机构在上市公司并购交易定价中的作用。建议通过进一步细化明确相关制度要求来推动加强中介机构在并购交易定价中作用和责任，比如，研究颁布并购重组定价工作指引，对于估值定价工作提出明确的工作细则和披露要求，并明确相应的责任。可以考虑在现有资产评估报告或估值报告基础上，建议进一步完善上市公司并购重组中涉及相关资产的估值体系和定价体系，无论是交易标的价值，包括上市公司股权、非上市公司股权和其他资产的价值，还是作为支付手段的股票、可转债等价值及其限售期对应的流动性折扣等，均可由专业机构提供价值参考意见；同时增加对控制权折溢价、协同效应等定价影响因素的分析，采用估值区间、敏感性分析、情景分析等手段，满足充分翔实的信息披露要求。

（三）进一步完善内外部监督机制

在完善定价规则的同时，也需要充分发挥上市公司内外部力量的作用，内外部监督机制双管齐下，加强和完善对于上市公司重大资产重组定价的监管。

1. 充分发挥公司治理结构的作用，强化股东利益保障机制

公司内部自治能否充分有效地发挥作用，中介机构能够客观公正地发表专业意见，将对定价机制能否取得预期效果、避免滥用产生决定性影响。因此，除了在相关规定上逐步放开外，为了促进市场参与者的积极性，同时从市场化的角度加强监管，建议进一步加强公司内部的监督机制，从内部充分发挥公司治理和股东利益保障制度。

可考虑进一步发挥股东大会的平台作用，给中小股东更多的话语权。采用协商确定的交易价格时，给予出席会议的公众股东表决权等相关机制。

2. 加强信息披露，确保中小股东的知情权

建议在放松定价管制的同时对于定价信息披露的翔实和充分程度应提出更高的要求。上市公司相关信息披露文件中对于定价的决策过程、决策依据以及合理性等应进行详细、深入、透彻的论证分析。比如，标的资产的基准价格是如何确定的，在基准价格基础上有哪些折价或溢价因素，如何进行量化调整等。通过充分翔实的信息披露以确保中小股东能够获得全面的信息，对交易定价进行合理评估。

第八章

结论及政策建议

第一节 主要研究结论及未来研究方向

一、主要研究结论

（一）中国并购市场估值体系日渐完善，但对交易定价的研究仍有待深入

企业并购作为一种重要的投资活动，其产生的动力主要来源于追求资本最大增值的动机。并购双方通过资产置换、资源整合、优化配置在生产规模、经营规模、市场占有等诸多方面形成协同效应或多元化发展，从而提升公司质量。由于规模经济、交易成本以及代理理论等的长足发展，企业并购理论和实践发展迅速，并成为西方经济学最活跃的领域之一。

价值评估历来都是企业并购中的核心要素，不仅为并购定价提供了参考依据，同时也为并购双方厘清重组后发展战略、全面把握和控制并购风险提供全面审视的专业意见。随着我国近年并购市场尤其是上市公司并购市场的快速发展和实践，评估业界也逐渐形成了较为完善的企业估值体系。

对于并购双方来说，交易对价的确定除了企业估值的核心要素外，还与控制权、流动性、协同效应等因素有关，但是当前传统企业定价在支付方式不同、收购股份比例不同、协同效应量化、并购对象稀缺性等方面的考虑存在一定局限，而从近年监管政策的演变和上市公司并购实践来看，我国上市公司并购定价的确定目前主要依据企业价值的评估结果，差异化定价实践不足，因此有必要进一步强化对交易对价相关因素的讨论研究。

（二）企业价值评估随着并购市场的日渐成熟逐渐完善，评估方法的选用呈多样化趋势

随着近年并购市场的成熟与完善，我国上市公司并购重组逐渐由“高量”向“高质”转变。企业价值作为衡量标的质量的重要标准，已成为上市公司并购重组定价的核心，而资产评估机构评估意见则成为上市公司并购重组定价的主要依据：近九成上市公司重大资产重组交易定价参照资产评估结果进行；通过对交易资产的合理估值，大量优质资产价值在上市公司重组中得以发现和挖掘，提高了市场对优质资产的利用水平和认知程度，提升了上市公司的资产质量，资本市场有效配置和利用资源的功能得到进一步发挥。

企业价值评估的方法选用在并购重组实践中呈现出多样化趋势，目前，上市公司重大重组股权类资产评估方法以资产基础法和收益法为主，资产基础法和收益法的使用比例均过半。其中，收益法应用比例最高且呈现上升趋势，市场法结果作为最终评估结论的比例一直维持在较低水平。随着资产价值衡量角度和方式的不断成熟与完善，不同方法所对应的参数选取也逐步形成了相对成熟、普遍认同的标准体系。

（三）三种企业价值评估方法的运用在上市公司并购重组的实践中已逐渐完善，但仍有进一步提升空间

收益法以其对影响企业价值因素的相对全面衡量和对未来收益的现时量化考量，对于以改善和提升经营业绩为目标的上市公司并购重组意义重大，对于各行业企业具有相对普遍的适用性。但是，评估人员在实践中对收益法参数的选择缺乏深入和全面的认识与掌握。为了进一步引导规范评估参数确定，将不同评估机构确定的同类可比参数间差异控制在合理范围，有必要建立行业内统一的数据库，从信息获取源头为评估师提供一致的信息平台；同时，针对一些通用性参数的确定，如无风险利率、市场风

险溢价等，制定细化性指南，规范评估师对于参数选取、数据处理方面的具体操作；对于个性特色较强的参数，如个别风险调整系数等，有必要开展深入研究，建立相对规范的指导体系。

市场法以其对于市场价格信息的及时反映在服务及时性和短时性的投资决策方面具有突出优势，但其自身的灵活性对其应用和评价带来了一定的困难，在可比信息不断丰富和完善的中国资本市场也必将得到更进一步的应用。

资产基础法以其对于企业各项资产价值的综合性考量，在实物性资产比重较高、商誉对企业价值贡献因素较小以及亏损或破产的企业价值评估中具有较强的适用性，但考虑到该方法对于一些对企业价值有潜在影响的无形因素反映的相对欠缺，因此还具有一定局限性。

（四）投资价值的合理运用可以为企业并购活动的战略性考虑以及对协同效应的追求提供更为全面的交易价格参考

投资价值作为非市场价值类型中重要的一种价值类型，从分析并购双方协同效应类型、量化协同效应价值的角度体现被并购方对于特定投资者的资产价值，可以为上市公司并购活动提供多角度决策依据、完善收购方案进而提升对标的资产的收后管理与经营规划。近年来上市公司并购活动以上下游整合或者横向并购以实现产业延伸，上市公司拟定收购计划时从标的资产自身质量、与上市公司协同发展的经济效应等多角度出发综合判断收购对价，但实务操作中对于被并购方的价值判断多以体现自身价值的市场价值为主，一定程度上形成了标的资产价值判断的价值类型与发起并购行为的最终目的脱节、市场价值与投资价值界定模糊的情况。

2020 年 11 月中评协在财政部指导下，发布《企业并购投资价值评估指导意见》，对于规范评估机构执行投资价值评估业务，推动资产评估服务于企业并购决策和监管，具有十分重要的现实意义。并购监管也多次强调与呼吁完善上市公司并购投资价值评估专业服务体系，要求充分披露上市公司发起并购活动时并购双方的协同效应类型与量化分析，为投资者进行决策判断提供充分的参考依据。但由于我国资产评估实践多年来以市场价值评估为主，对于投资价值运用的相关政策及指引还有待完善，例如：可以对上市公司并购双方具有显著协同效应的，要求充分披露协同效应经济效益的量化分析；鼓励选用投资价值或市场价值+协同效应量化分析的方式为交易对价的确定提供参考等。

（五）并购交易的定价受控制权、流动性、协同效应、支付方式等多重交易因素的影响，为了提升并购重组交易的市场化，需要进一步增强定价机制灵活度

并购交易价格的确定基于目标资产或股权的公允价值，但在目标资产或股权公允价值的基础上一宗并购交易最终价格的确定又会受多重交易因素的影响，比如是否获得控股权、获得股份是否具有流动性、交易所能产生的协同效应、买方的支付对价形式及成本等。此外，定价也受制于市场本身应有的制衡机制，由供需决定，是交易双方博弈力量的体现。资产评估机构的估值意见成为上市公司并购重组定价的主要依据，但评估时往往较少考虑交易的商业因素，比如协同效应，并购交易对企业发展战略的影响，交易各方的动态博弈等，因此其定价的市场化和商业化程度受到一定影响，这就要求交易作价不应机械地援引评估结果，而应作适当的分析调整。

随着我国资本市场的不断发展，与国际市场逐步接轨，并购重组交易的定价机制也越来越成熟和市场化，目前要约收购和上市公司吸收合并的定价基本已体现了市场化的精神，对于发行股份购买资产还有价格底限的规定。为了促进我国资本市场的长远健康发展，提升并购重组交易的活跃度和市场化，建议有序地渐进地逐步放开监管，在规则设计上更趋于原则化，在细节操作上给市场主体留有充分的空间和余地，进一步激发市场各参与主体的积极性和创新能力，同时加强对于中介机构的要求，完善上市公司并购重组中涉及相关资产的估值定价体系，无论是交易标的价值，还是作为支付手段的股票、可转债等价值及其限售期对应的流动性折扣等，均可由专业机构提供价值参考意见；同时增加对控制权折溢价、协同效应等定价影响因素的分析，采用估值区间、敏感性分析、情景分析等手段，满足充分翔实的信息披露要求，促进市场更加成熟和理性地发展。

（六）跨境并购日趋成熟，境外标的估值体系与定价支付政策有待进一步提升

近年来，随着跨境并购市场的日趋成熟以及国内金融去杠杆和资管新规实施，在资金供给收缩、收购成本上升的大环境下，中国投资者跨境并购更加理性，对于并购标的的资产质量愈加重视。虽然近几年跨境并购交易案例总量有所下降，但并购标的类型从传统能源企业到高端制造、信息技术等高新领域过渡，更加贴合中国智造发展规划和先进技术“引进来”战略。

境外企业价值评估随着跨境并购市场的发展，也逐渐建立了更加完善的估值体系。从境外标的评估方法的选择上来看，当前市场以收益法和市场法为主，资产基础法为辅；不同评估方法所对应的参数确定也在实践中不断完善与总结。但在评估程序所面临的重难点、非价值因素的判断等方面还有待进一步提升。

当前上市公司直接向境外卖方支付股份在现行法规下仍面临诸多限制，例如上市公司主要采用先由大股东或第三方过桥收购、再与大股东或第三方换股的方式进行，因此需要有序地渐进地逐步放开管制，进一步简化跨境换股的行政程序、缩短审理时限，使得上市公司跨境换股的可操作性增强，得以通过更广泛和灵活的支付手段参与到跨境并购交易中。

（七）通过适用、灵活的估值体系与定价制度，夯实企业价值，活跃新经济企业并购市场

新经济企业由于其自身的独特性，例如前期研发投入较大、尚未形成较成熟的业务模式等，使得传统企业价值评估的估值方法并不完全适用。然而当前无论是理论还是实践，对于新经济企业的估值体系仍在探索和发展阶段，且尚没有完善的定价制度，进而使得新经济企业市场整体估值偏高、存在“三高”等的情况。

对于新经济企业在评估方法上需要“量体裁衣”，以更加灵活、更适用新经济企业的价值模型，突破传统估值方法的局限性。同时，在考虑发股并购的定价时可以对市场参考价折扣做进一步的调整，或从股票的流动性上再做一定的要求，通过定价方法的调整抑制高估值，打造健康活跃的并购市场。

二、未来研究方向

目前应特别加强评估、定价的理论研究，规范评估、定价实践应用。因此，未来主要集中在以下方面进行深入的研究：

（1）加大对市场法研究的深度和力度。一方面，市场法在目前的上市公司并购重组企业价值评估应用中尚未普及，但随着中国资本市场市场化信息的不断丰富，市场法的应用前景值得期待；另一方面，现有案例中各家机构对于市场法的具体操作方式各不相同，加大了评价与监管的难度。建议行业内对市场法的应用进行深入探索，形成一定的指导性意见，引导和规范市场法的进一步应用，也为监管机构对于尚处在应用初期的市场法操作的科学性、合理性判断提供参考。进一步研究可比对象选择中，细分行业和经营模式的可比性标准，研究价值比率选择的行业适用性，研究价

值比率的确定方法（回归分析、加权平均等）。

（2）加大对流动性和控制权折（溢）价问题以及锁定期对于股权价值的影响等问题的深入研究，形成适用并指导中国市场估值定价应用的有益结论。定价环境和考虑因素往往较为复杂，中国资本市场由于发展较短，前期许多实证性数据均借鉴于国外的研究成果，但随着中国资本市场的逐渐成熟，开展相关实证研究的条件也逐渐成熟，组织相关方对一些影响资本市场定价的重要因素进行研究将具有重要的实践指导意义。上市公司并购重组市场法评估中，进一步进行流动性量化的实证分析；进一步进行控制权溢价量化的实证分析。

（3）上市公司并购重组中的评估，是各种并购重组方式以及支付手段定价的基础，特别是股票的评估。在股票评估技术研究的基础上，根据股票评估的技术体系，配合监管部门进一步研究定价监管政策，下一步继续就并购重组定价，特别是股票定价展开研究，具有重要的现实意义。

第二节　完善上市公司并购重组定价机制的建议

一、促进上市公司并购重组定价机制的市场化

《上市公司重大资产重组管理办法》为发行股份价格设定了底线，在一定程度上使定价程序得到简化，提高了市场效率，有利于维护上市公司的话语权和中小投资者的利益。但从相关实践来看，由于重大资产重组中注入资产通常进行评估，而上市公司股票仅基于一定其间的交易均价，两者之间缺乏一致的对价基础，资本市场的资源配置功能无法得到有效发

挥，因此现行定价机制难以应对国内市场不同类型并购重组的复杂情况，难以为参与各方达成利益平衡提供合理平台。

对于买卖双方具备充分博弈条件的非关联重组交易来说，可由交易各方根据每宗交易的特点来协商确定交易定价，以真实反映资产价值和市场供需状况，便于各方灵活地选择重组时机，推进上市公司市场化并购重组项目的发展。因此，建议逐步推动并购重组定价工作商业化，以适应市场实践发展的需要。

目前上市公司重大资产重组中大量采用以股票为支付手段，随着资本市场的发展，支付手段将更为复杂、多样，对于这些涉及的资产，应同样遵循上述估值、定价思路。

二、协商设置定价调整机制

考虑到市场具有发现价格的功能，随着市场上非关联交易的重组项目越来越多，应逐步放松管制、给予重组定价更多的自由度和灵活性，以充分发挥市场自身具有的定价博弈机制，反映买卖双方的真实意愿和需求，平衡各方利益，使并购重组项目真正为股东创造价值。

对于个股股价走势严重偏离正常水平，即使采用较长的定价区间也无法消除市场整体影响的，及股票锁定期较长、股价波动较大，定价折扣与非流动性折扣存在显著差异的，可参考历史上国内上市公司破产重整企业重组的定价规定，由交易各方根据交易特点，按照公平、公允、合理的原则协商确定交易定价。相关各方协商定价时可以在专业机构出具的该上市公司股票的合理评估结果、股票市场价格的基础上，结合锁定期的缺乏流动性折扣、控制权溢价（非控制权折价）、协同效应等因素，对发行价格进行调整、确定，使其更好的接近股票公允价值。此外，对于与发股定价所对应的锁定期安排也应随着定价市场化而相应放松管制，由制度安排向商业安排逐步演进。

考虑到我国资本市场特有的发展阶段及市场参与者的特点，短期内不宜较快地全面放开管制，以防给市场带来不稳定因素。因此，对于大部分股价波动较小、股价相对合理的上市公司，其发股定价仍可沿用现有规定，更有利于提升交易效率。

进一步发挥财务顾问、资产评估、审计、律师等中介机构在上市公司并购交易定价中的作用。建议通过进一步细化明确相关制度要求来推动加强中介机构在并购交易定价中作用和责任，在现有资产评估报告或估值报告基础上，建议进一步完善上市公司并购重组中涉及相关资产的估值定价体系，无论是交易标的价值，包括上市公司股权、非上市公司股权和其他资产的价值，还是作为支付手段的股票、可转债等价值及其限售期对应的流动性折扣等，均由专业机构提供价值参考意见；同时增加对控制权折溢价、协同效应等定价影响因素的分析，采用估值区间、敏感性分析、情景分析等手段，满足充分翔实的信息披露要求。

此外，虽然评估机构目前提供的结论大多数为独立的市场价值，但其也可以针对交易方的不同需求，根据交易目的提供不同类型的价值判断，如为投资人提供投资价值评估服务等。评估机构应不局限于法定业务，而是充分发挥自身在价值发现方面的专业优势，延伸拓宽服务领域，为并购重组市场的规范与发展发挥更大作用。评估机构根据不同交易目的提供市场价值、投资价值的服务，可以满足并购重组不同需要。

三、完善上市公司内部监督机制

公司内部自治能否充分有效地发挥作用，中介机构能否客观公正地发表专业意见，将对定价机制能否取得预期效果、避免滥用产生决定性影响。因此，除了在相关规定上逐步放开外，为了促进市场参与者的积极性，同时从市场化的角度加强管制，建议进一步加强公司内部的监督机制，从内部充分发挥公司治理和股东利益保障制度。

四、规范上市公司并购重组价值评估的信息披露

在放松定价管制的同时对于定价信息披露的翔实和充分程度应提出更高的要求。上市公司相关信息披露文件中对于定价的决策过程、决策依据以及合理性等应进行详细、深入、透彻的论证分析。比如，标的资产的基准价格是如何确定的，在基准价格基础上有哪些折价或溢价因素，如何进行量化调整等。通过充分翔实的信息披露以确保中小股东能够获得全面的信息，对交易定价进行合理评估。

第三节　评估行业创新发展的建议

一、拓展评估机构的服务深度和广度

随着我国资本市场的发展和市场参与主体的不断成熟，并购重组交易的市场化和商业化程度正日益提升，为了适应市场发展的需要，应当进一步鼓励和发展市场化的估值定价工作，为上市公司和专业机构提供更大灵活性和发挥空间。

考虑到我国资本市场的发展现状及并购重组交易的主要类型和特点，专业机构的评估结果具有一定的公允性，也较难被人为操纵，因此现阶段我国市场重大资产重组交易定价主要参考资产评估的结果。随着市场和上

市公司的逐步成熟，交易市场化程度的日益提高，估值的方式、方法也需与时俱进，体现并购重组交易的实质和精髓。

当前在上市公司收购领域，随着上市公司收购业务的不断增加、收购类型和对价方法的复杂化，中小投资者对不同交易类型下价格公允性日益关注。因此，评估行业应该发挥专业机构的独立作用，为被收购方的企业价值进行评估，使市场信息更加公开透明的同时，为广大中小投资者提供客观的参考，对投资风险进行理性判断，使企业价值评估能够有效维护上市公司收购过程中定价的公允性和合理性。

专业机构可以利用多年积累的专业评估经验，为上市公司全面评估被收购公司的财务和经营状况，在确定被收购公司价值的基础上，结合公司战略发展，为收购人提供投资价值等其他价值类型的评估，不断拓展在上市公司并购重组中的专业服务。在涉及收购人以多样化的支付手段支付收购价款的，专业机构还可以对相关支付工具进行估值分析，并就收购条件对被收购公司的社会公众股股东是否公平合理、是否应该接受收购人提出的收购条件等为被收购人提出专业意见。作为国内资本市场最主要的估值服务机构，资产评估机构应该突破法定评估的局限，以更加广阔的业务领域，为资本市场发现和衡量价值，技术上可以采用情景分析、敏感性分析等多种估值分析手段；报告形式也可以在传统的评估报告基础上，按照项目需要，定制各类价值分析报告，以协助投资者以更加理性的思维评判资本市场的价值。

二、持续推进评估理论研究

专业胜任能力是评估行业的安身立命之本，只有通过提供真正有质量、有价值的专业报告来服务市场和客户，才能赢得市场和客户的尊重与认可，因此要从科学性、实用性、市场性等方面入手，持续推进评估理论研究和实证研究。这既包括对价值类型等基础理论问题的进一步深入剖析，也包括对流动性、控制权折（溢）价、股票定价等应用问题的更全面更透彻的实证研究，同时还包括对跨国并购、金融衍生品等新领域下评估方式方法的不断探索完善。要通过扎实的研究，强化行业的执业规范，同时也为市场参与者提供更为客观、有效的指引。

三、针对上市公司并购重组的特点持续完善相应评估准则体系和监管指引

近年来，为进一步解决评估行业实务中遇到的各类现实问题，中评协对《资产评估执业准则——企业价值》等准则进行了修订与完善，此外，为指导资产评估机构及其资产评估专业人员以提升上市公司并购重组及相关业务的执业质量，又先后制订了《资产评估专家指引第 6 号——上市公司重大资产重组评估报告披露》（2015 年 7 月）、《资产评估专家指引第 8 号——资产评估中的核查验证》（2019 年 12 月）、《资产评估专家指引第 11 号——商誉减值测试评估》（2020 年 12 月）、《资产评估专家指引第 12 号——收益法评估企业价值中折现率的测算》（2020 年 12 月）等一系列专家指引。

与此同时，市场监管方面，证监会也陆续发布《会计监管风险提示第 5 号——上市公司股权交易资产评估》《会计监管风险提示第 7 号——轻资产类公司收益法评估》《会计监管风险提示第 8 号——商誉减值》《监管规则适用指引——评估类第 1 号》等监管指引，督促资产评估机构及其从业人员勤勉尽责、规范执业，提高资本市场信息披露质量。

依据上述行业准则及监管指引，资产评估在上市公司并购重组项目中的执业质量有了显著提升，后续可针对上市公司并购重组的特点，持续制订、完善相关的准则或操作指南，更好地发挥评估在证券市场上的作用。如，针

对市场法运用的薄弱环节，进一步明确市场法应用过程中的一些技术性操作规范，像可比性的判断、可比因素的考虑和量化方法等，引导建立比较体系，为市场法的应用创造条件。又如，考虑到为上市公司并购重组提供以财务报告为目的的投资公允价值计量、商誉减值、合并对价分摊、股份支付、股权激励等，监管部门也需要制订、完善相应配套的准则和监管指引。

四、提高并购重组企业价值评估工作的国际化水平

近年来，国内资本市场与国际接轨的步伐日益加快。从并购重组的角度来说，表现为上市公司的海外收购日趋增多，面临的交易挑战和风险也越来越高，对于交易的专业中介机构，提出了越来越高的要求。一方面，境外并购风险往往相对隐蔽，单纯通过与国外公开交易市场估值作比得到估值结果或是对收益预测过于乐观却没有对部分可能风险充分考虑情况下得出的估值结论作为定价依据，会致使国内上市公司处于非常不利的地位；另一方面，国际性的估值工作对于相关信息、经验等要求都非常高，即使是对所属行业情况非常了解的并购方，通过几个月的尽职调查也未必能掌握足够的估值定价信息。因此，国际性的估值工作对相关人员的专业能力、信息及经验积累等素质要求非常高。借助专业中介机构完成这些工作，是并购方的合适之选。为满足国内上市公司走出去的估值需求，国内的估值机构必须具备国际化视野，苦练内功，与国内上市公司走出去的同步，甚至要走在后者的前面。

五、提升服务上市公司并购重组的专业能力和水平，促进专业机构归位尽责

进一步推动专业机构归位尽责，认真履行责任，不断提高执业水平和

质量，切实发挥专业服务功能，审慎合理估值定价，理性引导市场预期。要通过信息化建设等手段大力提升评估机构估值水平，充分发挥评估机构的价值标尺功能，为资本市场的合理定价奠定基础。

上市公司并购重组估值业务所涉及的资产规模庞大、资产结构复杂、业务类型多样、估值结果影响广泛等诸多特点，对相关专业机构的综合素质和竞争能力提出了更高的要求。培养一批规模大实力强、凝聚大量优秀人才、具有较强竞争实力的大型机构，是提高估值服务质量的重要措施。机构做优做大做强和抓好扶优限劣是相辅相成的。

在国家推进“放管服”改革、活跃市场主体的大背景下，为配合新《证券法》实施、顺应资本市场证券发行注册制改革的要求，2020 年 7 月 24 日证监会等四部门发布了《证券服务机构从事证券服务业务备案管理规定》，备案制释放权利同时提高执业标准。在将评估等专业机构从事证券服务业务的行政许可调整为事后备案管理、取消准入限制的情况下，更加需要明确评估机构“看门人”责任，提升评估质量，切实保障资本市场信息披露质量。在一定程度上赋予评估机构更多的权利的同时，通过建立联合监管工作机制，加强制度机制的顶层设计，厘清“故意”与“过失”责任，推动专业机构归位尽责，提高价值评估质量。

六、改善上市公司并购重组价值评估环境，提升并购重组质量和效率

上市公司并购重组已成为资本市场规范发展和资源整合的最重要途径之一。科学合理的估值是上市公司并购重组合理定价的基础和前提。资本市场监管部门本着公开、公平、公正的原则与立场，从提升资本市场资源配置水平出发，监管专业评估机构得出合理的估值结论。并在合理估值基

础上，通过建立有效的定价机制完成交易。

监管部门应当从源头上重视上市公司并购重组的价值评估与定价工作，营造良好的外部市场环境，强化作为交易双方定价基础估值工作的中立性；通过科学倡导与合理机制的建立，避免各利益主体施压估值机构、影响估值结论公正性情况的发生；通过科学的价值评估机制和体系，保证估值机构顺利和有效开展估值工作。

在科学估值基础上，结合合理定价机制，实现以市场化手段保证并购重组质量、提高重组效率的目标。

后　记

2019年秋，在中国证监会、中国资产评估协会的大力支持下，“上市公司并购重组企业价值评估和定价研究”课题组正式成立。课题组汇聚众多来自中国证监会、中国资产评估协会、中联资产评估集团有限公司、中国国际金融股份有限公司、华泰证券股份有限公司、中国人民大学等单位具有丰富企业并购理论、实战经验的一流专家与学者，历时一年多，通过实践调研、专题座谈、案例研论和数据统计分析等多种形式，对上市公司并购重组中的估值和定价问题进行了全面的梳理，对存在的突出问题进行了深入探讨和研究。几经打磨，课题最终顺利完成。为便于更好地分享本次课题研究成果，真正彰显本次课题的研究意义，课题组成立了编委会，在课题研究成果基础上编著成书。

在本书的撰写过程中，我们克服了因疫情带来的诸多困难，如一些访谈、调研工作安排不得不屡屡进行调整，但这些困难也让我们在此期间获得的各方支持与帮助显得弥足珍贵。在这里特别感谢国投创益产业基金、富浙基金、太平创新投资、星路资本、毅达资本等机构的专家，感谢他们分享的宝贵经验。

最后，我们衷心希望本书能够帮助读者进一步了解上市公司并购重组中估值与定价方面的关注重点，同时也希望本书能够为我国上市公司并购重组定价机制的不断完善提供一些新的思路，希望我们能够为我国上市公司并购重组市场的持续健康发展献出绵薄之力。

参考文献

蔡曼莉，徐翌成，陈洁，2011. 关于完善重大资产重组股份发行定价机制的思考［J］. 证券市场导报（6）：4-8.

曹国良，2020. 浅谈高新技术企业价值评估方法［J］. 财经界（32）：88-89.

陈乐娟，2014. 基于期权定价模型的控制权溢价探析［J］. 中外企业家（25）：89-129.

程凤朝，刘旭，温馨，2013. 上市公司并购重组标的资产价值评估与交易定价关系研究［J］. 会计研究（8）：40-46.

范雨雨，2020. 上市公司并购重组企业价值评估值与交易价格差异的影响因素分析［D］. 徐州：中国矿业大学.

郭雨露，2018. 基于市盈率对比模型度量缺乏流动性折扣的研究［J］. 现代商贸工业，39（9）：116-118.

胡晓明，张祖遥，2018. 我国上市公司控制权溢价及其影响——2012—2016 年相关数据的分析［J］. 中国资产评估（11）：23-27.

胡晓明，施冰一，2020. 基于行业异质性的控制权溢价差异研究［J］. 中国资产评估（5）：22-26.

黄福广，王贤龙，田利辉，孙凌霞，2020. 标的企业风险资本、协同效应和上市公司并购绩效［J］. 南开管理评论，23（4）：96-165.

J. Fred Weston，S. 郑光，Susan E. Hoag，1998. 兼并、重组与公司控制［M］. 唐旭，等，译. 北京：经济科学出版社.

蒋玲，2019. 企业并购重组的财务协同效应研究［J］. 现代经济信息（2）：296.

姜楠，2019. 资产评估［M］. 5 版. 沈阳：东北财经大学出版社.

郎朗，2017. 国际会计准则趋同背景下无形资产披露及无形资产对企业并购的影响［J］. 金融经济（2）：107-109.

李常青，2016. 入世以来中国企业海外并购定价理论与实践运用［J］. 价格月刊（12）：27-30.

李文秀，2020. 2019 年度上市公司重大资产重组资产评估分析报告［J］. 中国资产评估（4）：26-34.

李颖毅，2017. 基于自由现金流量的企业价值评估方法的优化［J］. 中国管理信息化，20（8）：14-15.

刘灿灿，徐明瑜，2020. 上市公司比较法在企业价值评估中的应用——基于并购重组案例的研究［J］. 中国资产评估（10）：63-80.

刘水兵，2020. 企业价值评估市场法中价值比率优化研究分析［J］. 商讯（27）：105-106.

刘永雄，2008. 无形资产价值的不确定性及其影响［J］. 财经界（学术版）（16）：89-90.

龙大伟，黄红选，王梦月，杨永森，2016. 带回购条款的境外企业并购交易价格形成机制［J］. 清华大学学报（自然科学版），56（8）：851-859.

马学颖，2015. 上市公司并购重组中的控制权溢价和流动性折扣研究［D］. 北京：首都经济贸易大学.

梅芳，胡立勇，郭化林，2021. 控制权、流动性及协同效应对评估值矫正的基本逻辑与框架——基于国际评估准则等经验的梳理与借鉴［J］. 中国资产评估（2）：36-42.

普华永道，2010. 中国企业海外投资的十二条风险［J］. 中国经贸

（8）：30–33.

苏站站，2018. 上市公司并购重组价值评估与交易定价的关系［J］. 时代金融（27）：155–159.

王竞达，2010. 跨国并购知识产权价值评估相关问题研究［J］. 经济与管理研究（5）：69–77.

王瑞芬，2021. 企业并购重组的财务协同效应研究［J］. 商讯（4）：33–34.

王宇，2020. 支付工具对并购交易定价的影响：定向可转债与现金和股份的比较［D］. 北京：北京交通大学.

吴冲锋，穆启国，2008. 资产定价研究［M］. 北京：科学出版社.

夏倩，2010. 知识经济背景下的会计工作创新［J］. 会计之友（下旬刊）（12）：41–43.

于德炜，2020. 并购估值与定价风险的成因及防范对策研究［J］. 财富生活（22）：197–198.

俞明轩，2004. 企业价值评估［M］. 北京：中国人民大学出版社.

俞明轩，王逸玮，2020. 资产评估［M］. 2 版. 北京：中国人民大学出版社.

张本磬，2011. 浅谈我国企业会计准则（CAS）与国际财务报告准则（IFRS）的差异及趋同［J］. 财会通讯（25）：139–141.

张新，2004. 中国并购重组全析（上册）［M］. 上海：上海三联书店.

章子夏，2016. 我国上市公司重大资产重组交易定价影响因素的研究［D］. 上海：上海社会科学院.

赵强，2019. 解析市场法评估中缺少流动性折扣或者控制权溢价的调整［N］. 中国会计报，2019–12–27（005）.

赵永平，李玉红，2003. 论我国证券法对上市公司协议收购的法律规制［J］. 黑龙江省政法管理干部学院学报（4）：22-23.

郑美芬，2016. 我国企业价值评估的方法研究［J］. 现代经济信息（3）：203.

郑征，2020. 如何科学评估新三板企业实物期权价值——基于期权定价理论与模糊层次分析模型［J］. 金融监管研究（11）：83-99.

中国资产评估协会，2017. 资产评估准则——企业价值［M］. 北京：科技出版社.

中国资产评估协会，2017. 资产评估准则——利用专家工作［M］. 北京：科技出版社.

周炜，2008. 企业价值分析［M］. 北京：中国人民大学出版社.

朱荣，严章瑶，晏玥，2020. 生命周期视角下科创板企业价值评估探讨［J］. 中国资产评估（11）：4-14，39.